일본 최강의 경영자들

일본 최강의 경영자들

초판 1쇄 펴낸 날 | 2016년 2월 22일

편저 | 조준용, 늑상위
펴낸이 | 이금석
기획 · 편집 | 박수진
디자인 | 김현진
마케팅 | 곽순식
물류지원 | 현란
펴낸곳 | 도서출판 무한
등록일 | 1993년 4월 2일
등록번호 | 제3-468호
주소 | 서울 마포구 서교동 469-19
전화 | 02)322-6144
팩스 | 02)325-6143
홈페이지 | www.muhan-book.co.kr
e-mail | muhanbook7@naver.com
가격 13,500원
ISBN 978-89-5601-404-3 (03320)

잘못된 책은 교환해 드립니다.

마쓰시타에서 이나모리 가즈오까지

일본 최강의
경영자들

조준용, 늑상위 편저

목 차

제1장

도요타
: 우수한 품질과 창의력

01. 넘쳐흐르는 활력과 창조성 추구 · 10

02. 사치를 버리고 근검절약에 힘쓰다 · 19

03. 직원을 소중히 여기고 인재를 배양한다 · 26

04. 신뢰와 협력의 노사관계 · 33

제2장

소니
: 남다른 독창성

01. 새로운 것을 개척하고 한발 앞서 업계를 리드하다 · 43

02. 소니의 직원은 한 가족 · 56

03. 시기적절하게 고객의 소비를 유도한다 · 64

04. 자신의 능력을 최대한 발휘하라 · 77

제3장

파나소닉
: 물건을 만들기보다 사람을 먼저 만든다

01. 꿈과 신념을 가진 지도자 · 89

02. 우수한 품질과 저렴한 가격정책으로 브랜드 효과를 중시한다 · 95

03. 화목제일주의 · 104

04. 회사와 동화되고 겸양을 몸에 익힌다 · 112

도시바
: 성실과 신용

01. 용맹스럽고 강인한 경영자가 되다 · **120**

02. 지력, 기력, 체력, 속력 · **132**

03. 적재적소에 인력을 배치하다 · **138**

04. 자기 PR하는 법을 배우다 · **144**

혼다
:우수한 품질과 저렴한 가격

01. 젊고 개성 있는 인재를 등용해 기업의 이상과 활력을 유지한다 · **161**

02. 다른 사람의 충고를 받아들이고 조화로운 업무환경을 만들어 나간다 · **173**

03. 용감하게 도전하고 용감하게 돌파하라 · **181**

04. 너그러운 마음으로 직원들을 사랑하라 · **193**

05. 사람을 위한 기술 · **202**

교세라
: 간단한 활법

01. 간단한 활법(活法)이란 무엇인가? · **215**

02. 불황은 성장의 기회다 · **218**

03. 새로운 가치 창조의 방정식 · **230**

04. 결과에 집착하지 마라 · **235**

제 **7** 장

미쓰이
: 숨겨진 제국

01. 서로 화목하게 지내며 가운(家運)을 트이게 하다 · 242

02. 지휘에 복종하는 통일된 관리체제 · 248

03. 상호 이익과 공동 번영 · 254

04. 긴밀한 협조와 통일된 정책결정 · 260

제 **8** 장

미쓰비시
: 탁월한 품질

01. 가족 내에서의 기업 계승으로 단결을 도모하다 · 272

02. 인재를 제일로 여기다 · 279

03. 집중적인 관리와 협력 · 283

04. 자질을 중시하는 탁월한 품질 · 288

제 **1** 장

도요타

— 우수한 품질과 창의력 —

일본 미쓰이 재벌에 속하는 도요타 자동차는 2008년부터 제너럴 모터스를 제치고 세계 1위의 자동차 생산업체 자리에 올랐다. 도요타 자동차는 일본 최대의 그리고 세계에서 3번째로 큰 규모의 기업으로 렉서스(Lexus), 도요타 시리즈 등의 다양한 다목적 차량 브랜드를 포함하고 있다. 또한 도요타는 렉서스, 다이하쓰(Daihatsu), 히노(日野) 브랜드의 모회사이자 후지(富士) 중공업〈스바루(SUBARU)의 모회사〉의 최대 주주이기도 하다.

초기 도요타는 주로 방직기계를 제조했다. 기업의 창시자 도요타 기이치로가 1933년에 방직기계 제작소에 자동차 부서를 설립했고 이때부터 도요타의 자동차 제조 역사가 시작되었다.

1935년에 도요타는 AI형 자동차 시험제작에 성공했고 이듬해 정식으로 자동차 공업회사를 설립했다. 그리고 2차 세계대전 후 도요타 자동차는 빠르게 발전하기 시작했다. 도요타는 일본인의 특성을 바탕으로 한 도요타식 생산관리 스타일을 창조했고 끊임없이 완벽을 추구해 공장의 생산 효율을 크게 향상시켰다.

1970년대는 도요타 자동차가 비약적인 발전을 이룬 황금기였다. 1972년부터 1976년에 이르기까지 도요타는 천만 대의 자동차를 생산했고 연간 생산량은 200만 대에 달했다. 1980년대에 들어서도 도요타 자동차의 생산 및 판매량은 변함없이 수직으로 상승했다. 1990년대 초에 도요타의 연간 생산량은 500만 대에 달했고 포드(Ford) 자동차를 제치고 세계 2위의 자동차 생산량을 자랑하게 되었다. 2008년 1분기에 도요타 자동차는 241만 대의 자동차를 생산해 225만 대를 생산한 미국의 제너럴 모터스를 제치고 세계 1위 자리에 등극했다.

그러나 금융위기의 영향으로 2009년 1월 도요타 자동차는 2차 세계대전 이후 첫 적자를 기록했다. 2009년 3월 말까지 포함하는 2008년 회계연도에 기록된 도요타 자동차의 누적 적자 금액은 무려 4,369억 엔에 달했다. 이에 사장 와타나베 가쓰아키가 퇴임하고 도요타 가문에서 3번째로 배출된 사장인 도요타 아키오가 그 자리를 이어받았다.

2009년 8월 미국 캘리포니아 주에서 발생한 교통사고로 도요타 자동차에 안전상 문제가 있다는 의혹이 제기되었다. 조사를 통해 플로어매트가 가속 페달을 압박한 것이 사고 원인으로 판명되었다.

도요타는 2010년 1월에 미국에서 판매하고 있는 8종의 자동차를 대상으로 리콜을 시행한다고 발표했다. 이때 리콜 수는 420만 대로 예상되었으나 2010년 1월에 자동차 결함 사건이 다시 터지면서 전 세계적으로 총 790만 대의 차량이 리콜되었고 그 수는 여전히 증가하고 있다.

같은 해 2월에는 제3대 프리우스(Prius)의 브레이크가 작동하지 않아 전 세계적으로 27만 대가 리콜되었다. 이는 도요타 역사상 가장 처참한 1년이었다. 제이피 모건 체이스(J.P. Morgan Chase)의 분석가들이 예상한 바로는 리콜 사태가 야기한 도요타의 직접적인 손실은 18억 달러에 달할 것이라고 한다. 그 밖에도 가속 페달 수리로 말미암아 판매중지된 문제 차량 8종의 예상 손실액이 7억 달러에 달하리라 전망하고 있다.

넘쳐흐르는 활력과 창조성 추구

창업 이래 지금까지 도요타는 창조성을 추구하는 전통을 이어받아 우수한 사풍을 조성하고 있다. 도요타의 창시자 도요타 사키치는 어릴 때부터 발명왕이라고 불렸다.

1880년, 당시 23세였던 도요타 사키치는 목제 방직기를 발명했다. 그가 발명한 방직기는 본래의 방직기와 비교했을 때 천의 짜임이 고르고 정연할 뿐만 아니라 결점이 없었으며 작업 효율도 40~50% 향상되었다. 6년 후인 1895년에는 목제 자동 방직기를 발명했다.

도요타 사키치는 만년에 자동차에 대한 깊은 흥미가 생겼고 아들 도요타 기이치로가 자동차 사업을 맡아주기를 바랐다. 그는 아들에게 의미심장하게 말했다.

"기이치로, 나는 방직기를 발명했으니 너는 자동차를 만들지 않겠니?"

그는 한 분야의 전문가가 되어 연구와 창작에 힘쓰라는 유언을 남겼다. 또한 사업이 발전하기 위해서는 창조적인 연구가 매우 중요하다는 사실을 강조했다.

도요타 사키치의 연구정신과 실사구시적인 태도는 많은 이들의 칭송을 받았다. 하라구치 아키라는 〈도요타 사키치 선생을 만나다〉라는 글에서 다음과 같이 평가했다.

"그는 상품의 견본이나 서적을 보지 않으며 신문이나 잡지의 힘을 빌리지도 않는다. 게다가 다른 사람에게 가르침을 청하지도 않는다. 그는 수학이나 물리를 공부한 적이 없지만 자신만의 사고와 구상에 의지해 깜짝 놀랄 만한 발명품을 만들어낸다. 그는 남의 도움을 받지 않았기 때문에 자문을 구할 사람이나 조수도 없고 특별한 연구실이나 손쉽게 정보를 얻을 수 있는 참고문헌도 없다. 자택의 침실이 그의 연구실이자 사무실이다. 찾아오는 손님도 없고 다른 사람을 초대하지도 않는다. 그저 며칠간 밤낮으로 천장을 뚫어지게 쳐다보거나 다다미방을 내려다보며 조용히 생각한다. 바로 이렇게 해서 그는 110여 개의 특허를 생각해냈다."

도요타 사키치는 지혜에 의지해 도전해야 한다고 말했다. 그는 일본인 고유의 지혜를 훈련하고 연마해야 한다고 강조했으며 이러한 성과로 얻은 독창적인 상품을 해외에서 판매하면 국민의 부를 증가시킬 수 있다고 했다. 이를 통해 그의 강력한 창조정신을 알 수 있다. 도요타식 생산관리 스타일의 창시자 오노 다이이치는 이러한 창조적 정신을 가진 도요타 사키치를 매우 존경했다.

"저는 도요타 사키치 선생을 매우 존경합니다. 그분은 사람의 지혜를 중요시하고 어떻게 하면 일본인의 지혜를 충분히 발휘할 수 있는지 방법을 제시하고 신념을 굽히지 않았습니다. 도요타 자동차 덕분에 현대 일본 공업은 성숙하기 시작했습니다. 이는 도요타 사키치 선생의 가르침대로 일본만의 독창적인 기술을 탐구하는 태도를 관철했기 때문이라고 할 수 있습니다."

오노 다이이치는 두 가지 방법을 통해 이러한 생각을 더욱 발전시킬 수 있다고 했다. 하나는 실사구시적인 태도이고 다른 하나는 창조적인 정신이다. 오노 다이이치는 다음과 같이 결론지었다.

"도요타 사키치 선생과 도요타 기이치로 선생은 생산현장 구석구석 직접 뛰어들어 항상 객관적이고 냉정한 태도로 사물을 관찰했고 이를 통해 그 본질에 더 가깝게 다가갔습니다. 이것이 바로 두 사람의 공통점입니다."

도요타 사키치는 당시 일본이 세계 경제의 무역 분야에 큰 변화를 일으켰으므로 이 변화를 성공적인 방향으로 이끌어가기 위해서는 반드시 사람들이 원하는 가치가 높은 상품, 즉 지력을 발휘한 상품을 수출해야 한다고 생각했다.

그는 일본만의 독창적인 기술을 추구했고 이를 통해 성공을 이루었다. 또한 성공한 후에도 상아탑 안에만 갇혀 있지 않고 일상생활 속에서 연구의 소재를 찾아냈다. 그가 발명한 자동 방직기는 구조와 성능 면에서 당시 세계 최고의 수준에 도달해 있었다.

도요타 기이치로는 도요타 사키치의 외아들로 머리가 좋아 공부를 잘했다. 그는 기계를 좋아하는 부친의 영향으로 어릴 때부터 각종 기계를 가지고 놀며 자랐다. 부친 덕에 부유하게 자랐지만 여느 부잣집 도련님과는 다르게 성실한 기술자였다. 도요타 기이치로는 어릴 적부터 기계를 제작하는 것이야말로 자신이 평생토록 매진할 사업이라고 생각했다. 그리하여 1920년 3월에 그는 도쿄 제국대학(현 도쿄 대학)의 공학부 기계과를 졸업했고 대학을 졸업하자마자 창립 3년째를 맞이한 부친 도요타 사키치의 회사 도요타 방직에 입사했다.

1929년 가을, 도요타 기이치로는 영국 런던으로 출장을 가게 되었다. 그는 영국의 거리에서 자신의 옆을 끊임없이 오가는 자동차들을 보고 깊은 흥미를 느꼈다. 한 대 한 대 질주하며 지나가는 자동차를 눈 한 번 깜빡이지 않고 바라보며 그는 머릿속으로 이런저런 생각을 하기 시작했다. 자동차와 관련된 일을 하라며 당부한 부친의 말이 아직도 귀에 생생했다. 그리고 그의 마음속에 자동차에 대한 소명의식이 솟아오르기 시작했다.

그는 평생을 바쳐 미국산에 뒤지지 않는 국산 승용차를 만들어내겠다고 결심했다. 그는 귀국 후 자동차의 심장이라 할 수 있는 엔진을 철저히 이해하기 위해 1932년 4월에 지인에게 부탁해 미국 제너럴 모터스가 생산한 쉐보레(Chevoret)의 엔진을 구매했다. 그리고 그는 누추하고 좁은 방에 틀어박혀 연구에 몰두했다. 집안사람들이 대부분 그의 결심을 지지하지 않았기 때문에 도요타 기이치로는 몰래 연구를 진행할 수밖에 없었다. 그는 훗날 당시의 생활을 다음과 같이 회상했다.

"그때 저는 거의 식음을 전폐하고 온 힘을 학습과 연구에 쏟아 부었습니다. 저는 과거에 한 번도 접해본 적이 없는 자동차에 대한 연구를 해야 했고 자동차의 사소한 부품 하나도 소홀히 하지 않고 철저하게 이해해야 했습니다."

도요타 기이치로의 반복된 노력과 건의 끝에 1934년 1월, 도요타 자동 방직기계 제조공장 이사회에서는 자동차를 생산하기로 결정을 내렸다. 이는 역사적 의미가 깊은 중요한 결정이었다. 도요타 기이치로가 동분서주하며 자동차 생산공장을 준비하고 있을 때 한 가지 소식이 날아들었다. 1934년 6월에 도쿄의 아유카와 요시스케가 요코하마에 닛산(日産) 자동차를 설립한다는 소식이었다.

닛산은 전체 공정의 설비를 미국에서 들여왔다. 이 소식을 듣고 도요타 기이치로는 다른 사람도 그와 마찬가지로 자동차 생산을 위해 노력하고 있다는 사실을 깨닫게 되었다. 상대와의 경쟁에서 승리하기 위해서는 모든 역량을 발휘하여 더욱 박차를 가해야 했다. 공정 속도를 올리기 위해 도요타 기이치로는 식음을 전폐하고 필사적으로 일에 몰두했다.

1934년 9월에 자동차 공장은 엔진 시험제작에 들어갔다. 도요타 기이치로는 자동차를 만드는 데 있어 엔신이 얼마나 중요한지 알고 있었기 때문에 항상 현장에 출근해서 직접 작업을 지휘했다. 장기간의 연구와 시험제작을 거쳐 직원들의 피땀이 응집된 첫 엔진이 탄생했다.

1935년 8월, 천신만고 끝에 도요타는 최초의 도요타 트럭을 만들어냈다. 도요타 사람들에게 이날은 역사적으로 의미가 있는 중요한 날이 되었다. 1937년 8월 27일에는 도요타 자동차가 정식으로 설립되었고 도요타 기이치로는 도요타 자동차의 부사장과 회사에 소속된 시바우라(芝浦) 연구소의 책임자를 겸임하게 되었다.

1936년, 도요타 기이치로의 사촌 동생 도요타 에이지도 대학을 졸업하고 도요타 자동 방직기 제조공장에 입사했다. 그러나 그의 사촌 형 도요타 기이치로는 그를 시바우라에 설립된 연구소로 보내 연구를 시켰다. 연구소는 시바우라의 자동차 여관 내에 마련되어 있었는데 자동차 여관이란 바로 차고를 의미한다. 그곳의 직원은 도요타 에이지 단 한 명뿐이었다. 도요타 에이지는 그때를 회상하며 말했다.

"연구소 설립의 첫 단계는 바로 사무실 청소와 책걸상 구매, 그리고 제도판 구매 등이었습니다. 어찌 됐든 제도를 할 재료는 반드시 제대로 준비되어 있어야 했으니까요."

그로부터 1년 후 도요타 자동차가 정식으로 설립되고 연구소는 가리야(刈谷)의 본사로 이전하게 되었다. 당시 연구소의 직원은 10명이었다. 연구소가 설립되고 맡은 최초의 업무는 자동차용 공작 기계를 연구제작하는 것이었다. 하나부터 열까지 모두 처음부터 시작해야 했기 때문에 당시의 업무 조건은 매우 험난했다.

도요타 에이지는 훗날 말했다.

"연구라고는 하지만, 저는 아무것도 모르는 상태였기 때문에 완전히 기초부터 배우기 시작했습니다."

한편 도요타 기이치로는 자동차 제조에 전력을 쏟고 있었지만 다른 분야에도 큰 흥미를 느끼고 있었다. 그는 자신의 취미에 도요타 에이지를 끌어들였고 '퓌스(Puce, 프랑스어로 벼룩이라는 뜻—역주)'라는 이름의 프랑스산 일인용 경비행기를 사서 도요타 에이지에게 주었다. 그리고 도요타 에이지는 이 경비행기의 엔진을 전부 분해해 그 구조도를 그렸다. 이뿐만 아니라 도요타 기이치로는 로켓에도 흥미가 있었다. 어느 날 그는 연구소에서 갑자기 100엔짜리 지폐를 꺼내 들고 도요타 에이지에게 말했다.

"이 돈으로 로켓 관련 책자를 사 와라."

도요타 에이지는 니혼바시(日本橋) 부근에서 가장 규모가 큰 마루

젠(丸善) 서점에 가서 점원에게 말했다.

"여기 있는 로켓 관련 책자를 전부 사고 싶은데요."

점원은 여기저기를 다 뒤졌지만 로켓 관련 서적은 채 10권도 되지 않았다. 수량도 적은 데다 전부 외국 원서였다.

도요타 에이지는 회사에 돌아가서 구매한 책을 읽으며 열심히 연구하다가 그중 몇 권의 책에 '로켓 실험은 매우 위험한 일 중 하나다'라고 쓰여 있는 것을 발견했다. 이것을 보고 도요타 에이지는 로켓 연구를 포기하기로 마음먹는다. 비록 허무하게 끝나버렸지만 이때 그가 한 공부는 훗날 도요타의 자동차 공업 발전에 많은 도움을 주게 된다. 도요타 에이지는 이렇게 말했다.

"비록 우리는 로켓 발사대의 모형밖에 만들지 못했지만 비행기와 로켓에 대한 기본 이론을 바탕으로 한 연구는 훗날 자동차 제조에 큰 효과를 발휘했습니다."

당시 도요타 자동차는 자동차 조립공장에 불과했다. 카뷰레터, 속도계, 점화 플러그에 이르기까지 필요한 부품은 모두 미국에서 수입해왔다. 그때 도요타 기이치로는 여전히 자동차 개발과 연구에 몰두해 있었는데 동창 구마베 가즈오(부사장을 역임)가 출국할 때 그는 '재미있는 차를 발견하면 좀 사 가지고 오라'고 간곡히 부탁했다.

구마베는 독일에서 DKW의 이륜구동 자동차 한 대를 구매해서 연구소로 보냈다. 도요타 에이지와 다른 사람들은 즉시 연구에 착수했다. 그들은 시운전을 해본 후 자동차를 분해했고 이를 모델로 시험 삼아 자동차를 만들어 보았다.

도요타 에이지는 엔진의 구조도를 그리는 일을 맡았고 타이어, 브레이크, 구동축 등 자동차의 하부 및 기타 부품의 구조도는 이케나가 미노루가 맡았다. 도요타 자동차의 이륜구동은 도요타 에이지가 그린 설계도에 의해 만들어진 것이다. 설계부터 시험제작을 거쳐 자동차가 완성될 때까지 총 2년이 넘는 시간이 걸렸다. 이 기간에 그들은 연구와 시험제작을 반복한 끝에 총 10대의 시험 차량을 만들어냈다. 그들은 자동차 한 대가 만들어질 때마다 우선 시운전을 해본 후 그것을 분해하고 연구했다.

연구소에서는 목탄 자동차를 연구제작한 적도 있었다. 당시 목탄 자동차 기술은 아직 완성 단계가 아니었고 시동을 거는 것조차도 매우 어려웠다. 어느 날 목탄 버스를 제조하고 있는 오사카 사람이 도요타 직원들에게 참관을 권했다. 도요타 에이지는 직원들을 데리고 한밤중에 오사카로 가서 견학했다. 당시 오사카 시가지는 비교적 평탄해서 아직 기술이 완전하지 않은 목탄 자동차가 장시간 운전하는 일이 가능했지만 조금이라도 경사가 있는 곳에 이르면 결함이 드러나 버리고 말았다.

시운전을 통해 결함을 확인한 연구소는 전력을 다해 목탄 자동차를 연구했다. 중일 전쟁 시기에 수차례의 개량을 거친 결과 목탄 자동차의 성능은 크게 향상되었다. 그들은 4톤 목탄 트럭에 다른 4톤 목탄 트럭을 연결해 하코네(箱根)의 산비탈을 올라가는 실험을 한 적이 있는데 결과는 성공적이었다.

도요타는 이처럼 힘들게 자동차 공업을 발전시켜 나가면서도 항상 창조성의 추구를 주요 목표로 삼았다.

1933년, 도요타 기이치로는 대중화된 일본 국산 자동차의 연구제작 방침을 제시했다. 그 방침에는 '생산방법은 미국식 대량생산방식을 배워야 하지만 절대 그대로 모방해서는 안 된다. 반드시 우리의 주동성과 창조정신을 발휘해 일본의 현실에 맞는 생산방식을 개발해야 한다'라는 항목이 있었다. 도요타 기이치로는 자동차 산업은 다양한 산업 분야와 광범위하게 연관된 종합적인 산업이기 때문에 유럽이나 미국 같은 선진국의 자동차 산업과 격차를 줄이기 위해서는 우선 전반적인 기초지식을 파악해야 한다고 생각했다. 그런 다음 다양한 전문기술별로 일본식 제조기술을 개발하고 최종적으로 일본식 생산 체계를 세워야 한다는 것이다.

도요타 사키치와 도요타 기이치로는 도요타에 실사구시의 자세와 창조적 정신이라는 큰 재산을 남겼다. 이를 바탕으로 도요타는 크게 발전했고 도요타식 생산관리 스타일을 확립할 수 있었다. 지금도 도요타는 일본의 독창성을 추구해야 한다는 이념을 줄곧 계승해 나가고 있다.

Point

도요타식 생산관리 스타일의 창시자 오노 다이이치는 말했다.
"도요타 사키치 선생은 독창적인 일본 고유의 기술을 만들어내지 못한다면 영원히 유럽이나 미국을 따라 잡을 수 없다고 생각했습니다. 이것은 단순히 한 기업에 국한된 문제가 아니라 일본 전체의 심각한 문제라고 했습니다."
그는 다음과 같이 결론지었다.
"도요타 사키치 선생과 도요타 기이치로 선생은 생산현장 구석구석 직접 뛰어들어 항상 객관적이고 냉정한 태도로 사물을 관찰했고 이를 통해 그 본질에 더 가깝게 다가갔습니다. 이것이 바로 두 사람의 공통점입니다."

사치를 버리고 근검절약에 힘쓰다

2차 세계대전에서 일본이 패하고 도요타의 공장은 폐허가 되었다. 그러나 도요타 기이치로는 낙심하지 않고 단호하게 말했다.

"우리는 3년 이내에 미국을 따라잡을 것이다. 그렇지 않으면 일본의 자동차 공업은 재건할 수 없다."

도요타 기이치로는 낭비를 철저히 없애기 위해 근검절약 정신을 제창했다. 그의 격려 아래 도요타 전체에는 사기가 충만했다.

근검절약의 정신은 도요타 기이치로가 창업 초기에 제시한 저렴한 자동차를 생산한다는 사명과 일맥상통한다. 그는 근검절약 정신을 바탕으로 가장 좋은 기계를 사용해 가장 좋은 제품을 생산해야 하고 낭비를 철저히 줄여야 한다고 강조했다. 도요타는 비생산적인 지출에 매우 인색한 회사였다.

한번은 파나소닉의 관리자가 도요타 자동차 공장에 참관을 온 적이 있었다. 서비스를 맡은 직원은 매우 공손하고 예의 바른 태도로 커피를 내왔다. 그 커피 그릇을 보고 손님은 매우 놀랄 수밖에 없었다. 커피잔이 아닌 사기대접에 커피를 담아 왔던 것이다. 당시 도요타에는 커피잔이 없었기 때문에 직원들이 커피를 마시거나 손님 접대를 할 때 모두 일반적인 사기대접을 사용했다.

도요타 에이지는 직원들에게 다음과 같이 요구했다.

"할 일이 다 끝나면 언제든지 집에 가도 좋습니다. 불필요하게 회사에 계속 남아 있는 것도 낭비입니다. 하지만 일을 할 때는 반드시 열심히 하십시오."

오노 다이이치는 이를 더욱 강조해서 말했다.

"도요타 생산방식의 목표는 철저하게 기업 내부의 각종 낭비를 줄여서 생산 효율을 높이는 데 있습니다. 기업이 반드시 지켜야 할 규칙이 바로 낭비를 줄이는 것입니다."

낭비를 줄이기 위해 도요타 기이치로는 다음과 같이 요구했다.

"자동차 생산처럼 종합적인 산업은 직원이 매일 필요한 수량을 만들어내기만 하면 됩니다. 필요한 모든 부품은 정확한 시간에 조립라인에 모여야 합니다."

도요타 기이치로의 말은 그대로 자동차 생산현장에 응용되어 '필요한 물건을, 필요한 수량만큼, 필요한 시간에 받게' 되었다. 항상 시간을 정확하게 지켜서 효과적으로 활용하여 과잉 설비와 중간 재고를 최대한 줄이고 노동력을 절약하기 위해 노력했으며 원가를 낮추기 위한 대책을 강구했다.

도요타에서는 업무 과정에서 자원을 소비했는데도 가치를 창출하지 못하면 이를 낭비라고 여겼다. 낭비를 발견하고 이를 줄이기 위해 도요타는 '수건이 말랐어도 끝까지 짜야 한다'라는 철저하게 합리적인 정신을 제창했다.

도요타에서 낭비란 생산현장에서의 불필요한 자원소비와 과잉생산을 포함한 개념이다. 생산현장에서의 불필요한 자원소비란 주로 원가를 상승시키는 원인인 각종 요소를 가리킨다. 예를 들어 과도한 인원, 과도한 재고, 과도한 설비 같은 것들이 있다. 이러한 요소가 일단 수요량을 초과하고 나면 생산원가가 올라가게 된다. 이러한 낭비는 또한 이차적인 낭비를 파생시킨다.

과잉생산은 제품의 재고처리로 말미암아 소모되는 인력, 재력, 설비를 말한다. 만약 주문을 받지 못했는데도 제품을 생산한다면 제품을 만드는 데 과도한 인원을 고용하게 될 뿐만 아니라 제품의 재고가 대량으로 축적된다. 이 때문에 저장과 운송비용이 생겨나고 결국 원가 낭비를 초래하게 된다. 도요타의 판매담당 사원들은 모든 것은 시장의 수요에 달려 있으며 이를 임의대로 증가 혹은 감소시킬 수는 없다고 생각한다. 그러므로 상품의 대량생산으로 발생하는 낭비를 줄이고 원가를 절감하기 위해서는 반드시 생산량을 수요량과 일치시켜야 한다는 것이다.

도요타에 있어서 과잉생산은 가장 심각한 낭비였다. 그들은 과잉생산으로 발생한 낭비가 또 다른 낭비(혹은 이차적인 낭비)를 야기한다고 보고 만약 이러한 악순환이 계속된다면 기업의 생존과 발전에 심각한 악영향을 끼칠 것이라고 우려했다.

도요타에게 있어 가장 큰 낭비는 과도하게 쌓인 재고품이었다. 만약 생산이 수요를 초과하게 되면 그 제품들은 창고에 쌓이게 된다. 또한 재고를 창고로 옮기기 위한 운반 직원을 고용해야 하고 이러한 운반 직원에게는 한 사람당 한 대의 운반 차량이 필요하다. 창고에는 재고를 관리하고 녹스는 것을 방지하기 위해 관리직원을 배치해야 한다. 이렇게까지 한다고 해도 재고품은 녹이 슬고 손상되기 마련이며 출고가 된다고 해도 결국 사용 전에 수리를 받아야 한다. 이러한 과정에 필요한 인원, 승강기식 운반차, 운반용 상자, 새로운 창고 건설 등 모든 것이 다 낭비다. 도요타는 낭비를 줄이고자 반드시 판매할 수 있는 양만 생산한다는 원칙을 세웠고 수요량에 맞춰서 생산량을 조절해 재고가 생기는 것을 막았다.

도요타는 자동차를 생산하기 시작했을 때부터 '반드시 판매할 수 있는 양만 생산한다'라는 합리적인 생산원칙을 고수해왔다. 또한 생산 인원의 능력을 조정하고 생산라인을 개편해 남는 인원이 발생하는 것을 사전에 막았다. 그리고 '경영 합리화 위원회'를 설치해 낭비를 줄이고 품질을 개선하는 업무를 전문적으로 맡겼다. 이를 위해 도요타 내부에서는 재활용 편지봉투를 사용했는데 직원들이 한 번 사용했던 편지봉투 위에 흰 종이를 붙이고 그 위에 받는 사람의 주소와 성명을 써서 다시 사용하는 식이었다. 도요타에서는 이렇게 모든 부서에 엄격하게 낭비 금지를 요구했다.

도요타 총무부 비서과의 직원이 외부에 편지를 부치려던 때의 일이었다. 그 직원은 문득 받는 사람의 주소와 이름을 적기 위해 덧댄 종이가 새 종이라는 사실을 발견하고 머릿속으로 계산해 보았다. 그깟 종이 한 장이 별거냐고 생각할 수도 있겠지만 그 무렵 도요타 각 부서에서는 매일 대량의 서신이 왕래했기 때문에 연간 사용량을 고려한다면 꽤 많은 백지를 사용하는 셈이었다. 이것을 다른 종이로 대체

할 방법이 없을까? 그는 회사 컴퓨터실에서 매일 대량의 프린터 용지를 사용한다는 사실에 주목하고 만약 사용하지 않은 면에 받는 사람의 주소와 이름을 적는다면 어떨까 생각했다. 그는 자신의 생각을 경영 합리화 위원회에 보고했고 이에 따른 포상을 받았다. 그의 합리적인 의견을 채택함으로써 도요타는 1년간 10만 엔에 가까운 금액을 절약할 수 있었다.

또한 오노 다이이치는 생산 작업현장을 자세히 관찰해서 작업 인원의 움직임 중 어느 것이 낭비이고 어느 것이 작업인지 구분해야 한다고 지적했다. 낭비란 작업에 있어 완전히 불필요한 움직임을 나타내는 것으로 반드시 제거해야 한다. 이렇게 하면 작업시간이 단축되어 낭비를 줄일 수 있다. 생산현장 작업 인부들의 쉴 새 없는 움직임이 반드시 부가가치를 창조하는 노동이 아닐 수도 있다. 그리고 부가가치를 창조할 수 없는 활동은 그저 움직임일 뿐이지 결코 노동이 아니다. 노동이라는 것은 반드시 모든 제조 공정에 진전과 성과를 창조할 수 있어야 하기 때문이다.

도요타는 항상 최소의 인원으로 더욱 많은 제품을 생산한다는 경영이념을 고수해왔다. '소수정예화'는 오노 다이이치가 오랫동안 경영관리를 실천하면서 찾아낸 경영 철학이다. '소수정예화'란 생산량에 따라 인원을 결정한다는 뜻인데 처음에 일을 시작할 때 적은 인원으로 작업을 하게 하면 5명이 할 수 있는 일을 3명이 할 수 있다는 것이다. 오노 다이이치는 이렇게 말했다.

"우리 공장은 1950년에 인원감축으로 말미암아 노사분규가 일어났습니다. 그리고 노사분규가 해결된 후에 한국 전쟁으로 특별 군수 주문을 받을 수 있었습니다. 이 기간에 우리는 제한된 인력으로 생산량을 크게 늘렸습니다. 후에 우리는 이러한 귀중한 경험을 바탕으로 생산라인을 정비해 다른 기업보다 20% 적은 인력으로도 항상 같은 수준의 생산량을 유지해 왔습니다. 비결이 뭐냐고요? 그 비결은 바로 도요타인의 창조력과 노력, 그리고 실천 능력입니다. 이것이 바로 도요타 생산방식이 길러 낸 도요타의 정신입니다."

도요타는 낭비를 줄이기 위해서 진정한 의미의 '경제성'을 추구했다. 경제성이란 경영에 있어 제품생산 및 서비스에 필요한 자원을 최소화하는 것을 말한다. 진정한 의미의 경제성을 달성했는가의 여부는 기업의 흥망성쇠에 직접적인 영향을 끼친다.

진정한 의미의 경제성을 추구하기 위한 도요타의 방법은 바로 업무 시간을 줄이는 것이었다. 오노 다이이치는 원가를 절감할 수 있는지 여부를 판단할 수 있는 방법이 두 가지가 있다고 생각했다. 하나는 A 방안과 B 방안 중 어느 것이 더 유리한지 판단하는 '문제 판정'이라는 방법이고 다른 하나는 A, B, C 등 많은 방안 중에서 어느 것이 경제적으로 가장 유리한지 생각하는 '문제 선택'의 방법이다. 오노 다이이치는 다음과 같이 지적했다.

"우리는 종종 어느 방안이 가장 좋은 선택인지 판단해야 하는 상황을 만나게 됩니다. 예를 들자면 어떤 제품을 공장 내부에서 생산하는 것이 좋을지 아니면 외부에 주문하는 것이 좋을지 선택하는 것과 같은 상황입니다. 이러한 상황에 부딪쳤을 때는 냉정하게 내부의 조건을 따져야 합니다. 논리적인 근거가 부족한 경제 계산을 맹신해서 외부에 주문하는 것이 공장 내부에서 생산하는 것보다 원가가 저렴하다는 결론을 내려서는 절대 안 됩니다."

'문제 선택'에 관해 오노 다이이치는 인원을 감축하는 과정에서 다음과 같은 몇 가지 방법을 고려해야 한다고 예를 들어 설명했다. 첫 번째 방법은 조작 과정과 편성을 변화시켜 인원을 감축하는 방법이고 두 번째 방법은 자동화 설비를 갖추어 인원을 감축하는 방법이다. 그 밖에 로봇으로 인력을 대체하는 방법도 고려할 수 있다.

그는 각종 방안의 우열을 종합적으로 분석해서 가장 경제적인 방법을 선택하는 것이 중요하다고 말했다.

"충분한 생각을 거치지 않고 개선에 착수한다면 종종 오히려 돈이 더 많이 들고 원가가 올라가는 방안을 선택할 수 있습니다. 예를 들어 인원을 한 사람 감축하려면 10만 엔이 넘는 전기 제어 장치를 설치해야 한다는 방안이 있다고 생각해 봅시다. 만약 10만 엔의 돈을 들여 한 사람을 감축하는 것이 합리적이라면 이는 회사로서는 적합한 해결 방법이 될 것입니다. 그러나 그 후에 세밀한 연구를 거친 끝에 돈을 쓰지 않고도 단지 조작 과정을 개선해서 한 사람을 감축시킬 수 있는 방법을 발견한다면 앞서 말한 10만 엔이나 들여야 하는 방안은 결국 실패한 방안이 되는 것입니다."

Point

1. 오노 다이이치는 직원들에게 말했다.
"도요타 생산방식의 목표는 철저하게 기업 내부의 각종 낭비를 줄여서 생산 효율을 높이는 데 있습니다. 기업이 반드시 지켜야 할 규칙이 바로 낭비를 줄이는 것입니다."
2. 도요타 에이지는 다음과 같이 요구했다.
"할 일이 다 끝나면 언제든지 집에 가도 좋습니다. 불필요하게 회사에 계속 남아 있는 것도 낭비입니다. 하지만 일을 할 때는 반드시 열심히 하십시오."

직원을 소중히 여기고
인재를 배양한다

미국의 잡지 〈포춘(Fortune)〉은 도요타 특집에서 '도요타 자동차의 눈부신 발전의 비결은 탁월한 배치 관리와 효율성 높은 직원의 배치에 있다'라고 지적했다. 도요타의 관리자는 이렇게 말한다.

"우리 회사에서 가장 소중한 것은 바로 사람입니다. 제품을 제조하는 것보다는 제품을 판매하는 것이 더 중요하고 제품을 판매하는 것보다는 인재를 배양하는 것이 더욱 중요합니다."

이를 통해 도요타의 눈부신 발전의 비결이 바로 우수한 인재에 있다는 사실을 알 수 있다.

도요타는 직원을 소중히 여기고 사람을 근본으로 하는 인사 강령을 제시했다. 도요타의 인사 강령에는 '직원은 단지 노동을 제공하는 사람이 아니라 우리 회사 자본의 일부분이다'라고 명확하게 제시되어 있다. 사업의 성패는 모두 인재 양성에 달려 있다. 우수한 제품을 제조하거나 판매수익을 높이기 위해 장기적으로 유효한 방법은 탁월한 인재를 양성하는 것이다. 모든 직원은 회사의 중요한 무형 자산이며 회사는 직원들을 적절하게 보살펴야 한다.

도요타는 또한 직원들의 성격 차이를 중요하게 생각한다. 제때에 직원들의 요구를 들어주려면 그들의 소소한 사생활부터 관심을 가져야 한다고 여긴다. 또한 직원의 종합적인 소질과 능력에 근거하여 업무를 분배하고 각자에게 맞는 물질적인 대우를 한다. 그리고 될 수 있는 한 모든 직원의 요구를 만족시킬 수 있는 조건을 제정한다. 종종 능력이 뛰어난 부하직원이 직속 상사와 관계가 좋지 않은 경우가 발생하는데 이럴 때는 둘 다 포용하거나 부하직원을 직속 상사보다 중요한 자리에 발탁하기도 한다.

사람을 근본으로 하는 도요타의 기업문화는 직원에게 관심을 두고 그들을 양성하는 등 구체적인 행위로도 나타난다. 대표적으로 도요타가 다양한 비정규 교육 활동을 시행한 것을 들 수 있는데 이는 직원들 간의 돈독한 파트너십을 형성시켰다. 도요타의 어느 중간층 간부는 이렇게 말했다.

"신입사원이 처음 입사하면 전부 모르는 얼굴뿐이어서 외로움을 느낄 수 있습니다. 그러나 이러한 비정규 활동에 참여하면 자연스럽게 동료의식이 생겨납니다."

도요타는 신입사원들이 새로운 환경에 적응할 수 있도록 열렬하게 그들을 환영하고 고독감을 해소할 방법을 모색한다. 예를 들어 신입사원이 입사하면 회사는 그를 돌보아 줄 전담 선배를 선발한다. 이 전담 선배는 모든 상황에서 신입사원을 보살피고 전체적인 업무를 지도한다. 업무, 생활, 작업현장 등에서 신입사원을 지도하고 보살피며 신입 직원의 인간관계, 상하관계 등을 조정한다. 이러한 지도를 통해 신입사원은 단기간에 도요타 회사의 일원으로 융화될 수 있다.

또한 도요타는 직원을 위해 평생 계획을 세우고 있다. 신입사원은 입사한 후부터 조립라인의 작업을 시작하게 되고 매일 조립라인과 기숙사 두 지점을 오고 가는 충실한 생활을 하게 된다. 2년이 지나면 작업단계의 책임자는 그에게 도요타의 소형 자동차를 구매하도록 권유하고 차를 구매하는 대금은 회사가 선불로 지급한다. 5년 후 직원은 원룸으로 이사할 수 있게 되고 회사는 중형 자동차로 바꾸어준다. 회사에 대한 직원의 공헌도가 높아질수록 얻을 수 있는 복리 또한 매년 늘어나게 된다.

도요타는 직원을 훈련시키는 일을 매우 중요하게 생각한다. 회사의 발전을 위해서는 먼저 직원에게 투자해야 한다는 신념을 바탕으로 적극적으로 인력을 양성한다. 그리고 섣불리 공장을 세우지 않고 잠재력 있는 직원이 승진할 때까지 기다린 다음 작업에 착수한다. 이런 인재 양성에는 심혈을 기울인 계획과 전략이 선행되는데 예를 들어 어느 지역에 새로운 공장을 건설하게 된다면 도요타는 그전에 현지에 적합한 도요타 문화를 만들기 시작한다. 그리고 이를 위해 현지의 교육 시스템과 협동하여 젊은이들이 도요타 문화에 들어올 수 있는 준비 과정을 운영한다.

도요타의 공업 부문이나 판매 부문 역시 직원 교육을 중시한다. 도요타 자동차 공업 회사 사장으로 일했던 이시다 다이조는 〈80년간의 비즈니스 혼〉이라는 책에서 어떻게 도요타식 인재를 배양했는지 설명했다.

"사업의 성공은 인재 양성에 달려 있습니다. 어떠한 업무나 사업이 발전하기 위해서 가장 중요한 조건은 바로 인재를 양성하는 것입니다. 그러므로 인재를 배양하기 위한 교육을 꾸준히 시행해야 합니다."

도요타 자동차 판매회사의 사장을 지냈던 가미타니 쇼타로도 〈자동차와 함께 전진하다〉라는 책에서 다음과 같이 말했다.

"직원은 단지 노동력을 제공하는 사람이 아니라 우리의 자산입니다. 기업발전의 원동력은 사람이라 할 수 있으며, 이는 바로 직원입니다."

이렇듯이 도요타는 인재를 존중했고 새로운 인재를 배양하기 위해 노력을 아끼지 않았다. 사실 인재의 존중과 배양은 근본적으로 일맥상통한다고 할 수 있다.

도요타는 계획적인 기업교육을 통해 각 계층의 직원들을 독립적인 업무능력과 일에 대한 의욕, 그리고 독특한 풍격을 지닌 도요타식 인재로 양성해냈다. 도요타의 전임 회장 조 후지오는 우수한 제품을 만들기 위해서는 먼저 우수한 인재를 양성해야 한다고 생각했다. 그래서 도요타는 창립 이래 '제품을 생산하기 전에 인재를 양성하는 것'을 경영 목표로 삼아왔다. 도요타의 이념은 '제품을 제조하는 것'이지만 이러한 제품은 결국 사람이 만들어내기 때문이다.

도요타는 도요타 재단을 설립함으로써 이러한 경영 목표를 실현했다. 1974년 10월에 정부의 허가를 얻어 도요타는 도요타 에이지를 이사장으로 하는 도요타 재단을 설립했다. 도요타 재단의 설립 목적은 기업의 사회적 책임을 다하기 위함으로 절대 도요타에 돌아오는 이익을 고려한 것이 아니었다. 현재도 도요타 재단은 일본 국내뿐 아니라 세계적으로 광범위하게 다양한 연구 활동을 지원하고 있다.

도요타 재단의 설립은 도요타 교육투자 사업의 시작이었다. 도요타는 그 밖에도 도요타 공업대학을 직접 운영했고 국제경제연구소와 도요타 공업대학 대학원을 설립했으며 도요타 학원 등을 창립해 많은 인재를 양성했다.

그들은 회사 내부에서도 인재양성에 힘썼다. 도요타 역사상 중요한 경영자들은 모두 적합한 시기에 회사 내부의 판매, 상품개발, 제조, 설계 등의 분야에서 발탁된 사람들이다.

또한 도요타는 경영자라면 반드시 도요타 문화를 신봉하고 철저히 이해해야 한다는 입장을 고수했다. 현장에서 인재를 발탁하는 것은 도요타 기업문화에서 중요한 요소이다. 도요타는 경영자는 도요타 문화를 반드시 이해해야 할 뿐 아니라 공장 현장의 실질적 작업 상황에 대해서도 깊이 알고 있어야 한다고 규정했다. 도요타는 외부에서 성공한 경영자를 초빙하지 않았다. 도요타가 경영 위기에 처했을 때에도 이러한 원칙만큼은 변하지 않았다. 바로 오쿠다 히로시의 임용을 통해서 이러한 원칙을 엿볼 수 있다.

오쿠다 히로시는 도요타 가문의 일원이 아니라 줄곧 도요타에서 근무한 사람이었다. 그는 회계, 구매 및 국내외 판매업무를 담당했었고 실무를 잘 이해하고 있었다. 도요타가 제작한 모든 차량과 경쟁회사가 제작한 신차는 그가 시운전을 맡았고 매년 10여 차례의 해외여행을 통해 정보를 수집했다. 또한 도요타의 모든 TV 광고는 방송 전에 그의 심사를 거쳤다.

오쿠다 히로시의 업무방식은 단도직입적이었다. 거리낌 없이 솔직하게 말하는 그의 성격은 다른 도요타 가문 사람들의 업무 스타일과 뚜렷하게 달랐다. 한번은 디트로이트(Detroit)의 경쟁 업체가 일본의 협소한 도로 사정에 맞지 않는 육중한 자동차를 수출한 적이 있었는데 이에 대해 오쿠다 히로시는 조금도 거리낌 없이 그들을 바보라고 불렀다. 그러나 도요타 가문은 한 가지 방법에만 구애되지 않고 인재를 임용했기 때문에 그의 업무 처리 스타일에 대해 편견을 갖지 않았다. 그 결과 그의 업무 스타일은 도요타의 대기업 병을 없애는 데 큰 역할을 했다.

그러나 1990년대 초, 도요타는 느슨한 정책결정과 기업 전체에 만연한 자만심으로 말미암아 중대한 실수를 하게 된다. 바로 지프의 외관 문제가 그것이었다. 당시 미국과 일본의 소비자들은 기존의 지프보다 외형 면에서 예쁘게 빠진 스타일을 선호했다. 그런데 도요타는 자만에 빠져 계속해서 보수적인 디자인을 고집했고 이것이 화근이 되어 위기에 빠졌던 것이다.

1995년에 오쿠다 히로시는 사장으로 부임하자마자 개혁을 시행했다. 그는 도요타 부서의 피라미드식 기업구조를 타파하고 임금과 실적을 고려해서 30세 전후의 관리자를 대량으로 발탁했다. 이 관리자들은 1980년대 버블 시기에 도요타에 고용된 직원들이었지만 업무상황이 쉽지만은 않았다. 이와 동시에 비교적 연령이 높은 관리자들을 해고하고 젊은 관리자들에게 그 자리를 양보하게 했다.

회계사 정규 교육을 받은 오쿠다 히로시는 개혁 과정에서 특히 수치를 중시했다. 그는 시장 경영 및 매출에 대해 위탁판매업자들의 의견을 구했고 광고비용을 30% 증가시켰다. 동시에 위탁판매업자들의 장려금을 높여 차량 한 대당 약 1,500달러를 지원해 신차의 판매를 더욱 촉진했다. 그 밖에도 도요타가 경쟁상대로 말미암아 타격을 받지 않도록 하기 위해 오쿠다 히로시는 기획에서 통과된 디자인을 빨리 생산하라고 설계사들을 재촉했다.

회사가 큰 성장을 이룬 후에도 여전히 도요타 가문은 배후에서 영향력을 발휘했다. 당시 오쿠다 히로시는 대만에 공장 설립을 준비하기 위해 지출을 증대하려고 노력하고 있었지만 담판에 오랜 시간이 걸렸다. 도요타 에이지는 비록 회의적이기는 했지만 결국 오쿠다 히로시의 결정을 지지해 주었고 이로써 도요타의 중형 코롤라(corolla)는 대만에서 단번에 성공을 거둘 수 있었다.

직원을 소중히 여기는 도요타의 이념을 바탕으로 한 교육방식은 기업의 응집력을 강화시키는 데 직접적인 영향을 미쳤다. 이러한 응집력으로 직원들은 서로 단결하고 도왔고 이는 도요타가 절약형 생산방식을 순조롭게 시행하는데 튼튼한 기초가 되었다.

Point

1. 이시다 다이조는 〈80년간의 비즈니스 혼〉이라는 책에서 도요타식 인재 양성에 대해 설명했다.
"사업의 성공은 인재 양성에 달려 있습니다. 어떠한 업무나 사업이 발전하기 위해서 가장 중요한 조건은 바로 인재를 양성하는 것입니다."

2. 가미타니 쇼타로도 〈자동차와 함께 전진하다〉라는 책에서 다음과 같이 말했다.
"직원은 단지 노동력을 제공하는 사람이 아니라 우리의 자산입니다. 기업발전의 원동력은 사람이라 할 수 있으며, 이는 바로 직원입니다."

신뢰와 협력의
노사관계

　노사관계는 기업의 생존과 발전에 직접적인 영향을 끼친다. 도요타는 장기간에 걸쳐 생산과 경영에 있어 상호 신뢰를 기초로 하는 노사관계를 수립했고 이를 더욱 강화해 왔다. 이러한 과정에서 도요타의 노사관계는 많은 우여곡절을 겪었다. 다양한 경험으로부터 얻은 도요타의 교훈은 우리도 배울 만한 가치가 있다.

　도요타는 1940년 말에서 1950년 초에 이르는 시기에 한 차례 큰 노사분규를 겪었다. 이를 계기로 도요타의 노사 쌍방은 서로 노력하여 과거의 대립과 투쟁의 관계에서 벗어나 우호적인 협력 상태로 들어서게 되었다. 도요타 인사 부문의 보고서에는 다음과 같은 내용이 있다.

　"2차 세계대전 이전의 도요타는 가족적인 분위기의 회사였다. 그러나 전후의 혼란기와 쇼와 24년에서 25년(1949~1950년)까지 지속된 노사분규 이후 과거와 같은 관계는 이미 파괴되었다. 그러나 노사분규가 심화함에 따라 합리적인 직원들 사이에 회사와 직원이 서로 대화하고 협력해서 회사의 발전을 촉진하고 직원들의 생활수준을 향상시킬 수 있는 방법을 강구해야 한다고 주장하는 동향도 생겨났다. 이러한 직원들의 활동을 통해 회사와 직원 간의 불신이 해결되었다. 직원들은 솔직한 의견과 생각을 회사에 전달했고 동시에 회사도 부서의 실질적인 상황과 직원들의 상황을 이해하기 시작했다."

도요타 자동차는 1949년 하반기(1950년 결산 시)에 누적된 손해액이 7천 6백만 엔에 달했고 또한 앞으로도 손해액이 매달 3만 4천 엔일 것으로 예상되는 상황이었다. 이러한 위기 상황에서 회사의 책임자 도요타 기이치로는 1950년 초에 구조조정과 임금 삭감 및 부서의 직위를 재조직하겠다는 3항의 조치를 제시했다. 구체적인 내용은 '본사에 등록된 직원 중 자진 퇴직자 1,600명을 선별하고 그 외의 직원들에게는 임금의 10% 삭감을 요구하며 동시에 시바우라와 가마타(浦田)의 공장 문을 닫는다'라는 것이었다.

밀린 임금을 받지 못하고 있던 직원들은 이 소식을 듣고 매우 분노했다. 그들은 길거리로 나가 시위를 벌이며 대규모 노사분규를 일으켰고 회사는 혼란에 빠졌다. 당시에 은행은 도요타에게 감원을 통해 부담을 줄이거나 차라리 폐업을 하라고 건의했다. 그러나 도요타의 책임자 도요타 기이치로의 선택은 다음과 같았다.

첫째, 직원들과 의사소통을 통해 회사가 직면한 상황을 솔직하게 이야기했다. 회사를 존속시키기 위해서는 적어도 1,500명의 직원을 감원해야 했다. 그는 마음 아파하며 도요타를 존속시키기 위해 누군가 나서서 도요타를 떠나주지 않겠느냐고 물었다. 도요타가 회복되면 반드시 그들을 다시 데려올 생각이었다.

둘째, 그는 침착하게 자신의 책임을 받아들였다. 경영의 위기는 그가 회장을 맡고 있을 때 발생한 것이므로 자신이 계속해서 회사를 이끌어 나가거나 월급을 받을 수는 없었다. 그래서 그는 회장직을 물러났고 이에 그의 사촌 동생 도요타 에이지가 회장 자리를 이었다.

셋째, 회사를 떠나기 전에 도요타 기이치로는 고급 경영진 회의를 개최해 모두 반성하는 시간을 갖고 회사의 미래에 대해 함께 토론했다. 어째서 도요타는 오늘과 같은 상황을 맞이하게 되었는가? 문제가 발생하게 된 원인은 경영이 순조롭지 못했을 뿐 아니라 경영이념에 결함이 있었기 때문이다. 회사의 경영자는 단체고 그 배후에는 문화가 있다. 또한 문화의 배후에는 심리 상태가 있다. 바로 그 심리 상태의 배후인 기업경영이념에 결함이 있었던 것이다.

위기를 겪으면서 도요타는 몇 항의 중요한 원칙을 제정했다. 도요타의 관리자와 직원들은 반드시 서로 신뢰해야 하며 대항해서는 안 된다. 관리자와 직원은 반드시 긴밀하게 협력해 제품의 개선에 전력을 다하고 도요타를 세계적인 회사로 만들기 위해 노력해야 한다. 너무 급하게 직원 수를 늘리지 않도록 주의하며 임시직 제도를 채택해 경제적인 압박을 완화한다. 이 몇 가지 항목의 원칙은 도요타의 기본 문화를 형성했다. 직원과 기업 간에는 신뢰와 협력이 있어야 한다. 인재는 제일 중요한 가치의 원천이며 낭비를 줄이거나 경영을 개선하는 것은 사람을 대상으로 시행되는 것이 아니라 사람에 의해 시행되는 것이다.

1960년대 일본 자동차의 무역 자유화는 이미 눈앞에 닥쳐 있었다. 일본이 '무역에 관한 총체적인 협정'을 맺으면 도요타는 국제 시장에서 치열한 경쟁 상태에 놓이게 된다. 험난한 형국을 맞아 도요타와 노동조합은 노사 상호 간의 화해와 지지를 바탕으로 쌍방이 힘을 합쳐 이러한 난관을 돌파하기로 결정을 내렸다. 그들은 1962년 2월에 유명한 〈노사 선언〉을 발표했고 다음과 같은 3개의 원칙을 제의했다.

1. 자동차 산업의 번성을 위해 전력을 다하고 국민의 경제 발전에 공헌한다.
2. 노사관계는 반드시 상호 신뢰를 기초로 한다.
3. 노동 생산력을 향상시키기 위해 기업의 번영을 유지하고 노동 조건을 개선한다.

이 선언은 회사에서 노사관계를 조정하는 데 준칙이 되었다. 또한 노사 쌍방은 일련의 조치를 취해 상호 간의 신뢰와 이해를 강화했다. 예를 들어 정기적으로 작업현장의 간담회, 노사 간담회, 노사 협의회를 개최하고 이미 나타났거나 나타날 가능성이 있는 문제에 대해 상호 토론을 거쳐 문제 발생 전에 이를 해결했다. 그들은 모두 문제가 발생하거나 격화되고 나면 그때는 이미 문제를 해결하기에 너무 늦다는 사실을 알고 있었다.

일본의 노동조합은 매년 봄(4~5월경)에 임금 인상과 노동 강도의 감소를 위한 투쟁을 벌였다. 도요타는 이러한 투쟁에서 한 차례 접촉만으로도 결과를 도출해 냈다. 이것이 바로 많은 기업이 부러워하는 '한 번의 회답'의 유래다. 도요타는 '한 번의 회답'의 성공으로 노사 간에 장기적인 신뢰와 협력관계를 구축할 수 있었다.

1976년 춘계 투쟁에서 도요타 자동차의 노조는 12%의 임금 인상을 요구했지만 원래 회사 측은 9.96%의 임금 인상 계획안을 갖고 있었다. 그러나 회사는 노조 측의 요구를 고려하여 10.27%의 임금 인상에 동의했고 그 밖에 모든 직원에게 평균 3만 엔의 위로금을 지급했다. 사실 회사 측이 노조의 요구를 받아들일 수도 있었지만 몇 가지 요소를 고려한 결과였다. 첫째, 임금 인상 폭이 너무 크면 사회의 주목을 받게 되고 이는 도요타에 속한 각 회사와 전국의 대리점에 영향을 미치게 된다. 둘째, '산골짜기 이론'에 근거해 회사 측은 경영 상태가 양호할 때 재력의 일부분을 저축해 놓아야 앞으로 닥칠 수도 있는 위기에 대비할 수 있다고 생각했다. 산이 높을수록 산골짜기는 깊다. 설령 직원들의 불만을 사더라도 산 정상에 있을 때 장래를 생각해서 비축해 두어야 한다. 후에 산골짜기가 나타나면 회사는 인색하게 굴지 말고 비축한 자금을 내놓아야 한다. 쌍방은 이러한 인식을 바탕으로 합의에 성공했고 노조 측은 시원스레 회사의 의견을 받아들였다.

1977년 춘계 투쟁 때 노사 쌍방은 10.09%의 임금 인상과 그 밖에 일만 이천 엔의 수당을 더 지급하는 것으로 타협했다. 담판을 지을 때 도요타 자동차의 노조 집행 위원장 우메무라 지로(梅村志郎)는 이렇게 말했다.

"우리의 기본 원칙은 노사 간의 상호 신뢰에 입각해 쌍방의 장기적이고 안정적인 이익을 모색하는 데 있습니다. 올해 일본의 경제와 산업계의 상황은 비교적 험준하지만 결과적으로는 경기가 반등하기 시작할 겁니다. 그러므로 임금 인상은 꼭 필요합니다. 특히 실적이 좋은 회사는 반드시 일반 회사보다 임금 인상 폭이 더 높아야 합니다."

그러나 어떤 노조 조합원들은 노조 지도자의 협의에 대해 불만을 표했다.

"도요타는 자신들을 합리화하고 있다. 직원들은 필사적으로 일하고 있고 업무능력은 일본에서 제일 뛰어난데 이로 인해 얻는 수익은 별로 차이도 나지 않는다. 이는 절대 합리적이라고 할 수 없다."

이러한 상황에 대해 우메무라 지로는 조합원들을 위로했다.

"자유주의 경제구조에서 열심히 일한 사람이 더 많은 임금을 받는 것은 당연합니다. 이것은 일을 하려는 의욕을 고취하는 원천이 됩니다."

그는 이렇게 위로한 후 그들 모두에게 멀리 내다보아야 한다고 주장했다.

"지금 임금 상승률을 크게 높일 수는 없습니다. 노조에 속한 다른 기업이나 전국의 특약 대리점 및 사회의 일반적인 상승률과 큰 차이를 두어서는 안 되기 때문입니다."

그렇다. 정말 중요한 것은 장기적으로 안정적이게 임금을 상승시켜야 한다는 점이다.

도요타는 노사관계가 마치 자동차의 바퀴 같아서 한 부분도 소홀히 할 수 없다고 생각했다. 현재 도요타의 성공은 바로 상호 간의 신뢰를 기초로 한 양호한 노사관계에서 비롯되었다.

조화로운 노사관계를 형성하기 위해 도요타는 노력을 아끼지 않았다.

물질적인 이익을 직원들과 공동으로 나누기 위해 직원들의 대우를 매우 중시했다. 도요타 직원들의 임금 수준은 같은 업계의 기업에 비해 매우 높았고 복리 대우도 좋았다. 신입사원은 저렴한 직원 기숙사에 살 수 있었고 5년 이상 근속한 직원은 낮은 이자로 주택 구매 대출을 받을 수 있었다. 도요타는 직원의 미래와 생활에 책임을 지는 태도를 보여주었고 그 결과, '도요타인'이라는 자부심이 모든 직원의 마음속 깊이 자리 잡았다.

업무능력과 기술의 숙련 정도는 직원들의 근속 연수와 정비례하기 때문에 근속 연수가 늘어남에 따라 회사에 대한 공헌도 늘어났고 이에 보수도 매년 인상되었다. 도요타에 입사하면 임금과 대우는 경력에 따라 안정적으로 상승했고 뚜렷한 개인차는 발생하지 않았다. 이는 직원들에게 안정을 가져다주었다.

다음으로 도요타는 훈련을 강화시켜 직원들을 독립적인 업무능력을 가진 사람으로 만들었다. 기업의 인재 양성 시스템은 기업 내지는 사회가 비약적인 발전을 할 수 있는 기반이 된다. 도요타는 기업의 교육을 매우 중시했고 이는 큰 성과를 거두었다. 수준 높은 기능을 지닌 집단을 양성하기 위해 도요타는 신입사원에 대해 계획적으로 기업교육을 시행했고 기업교육을 받았던 사람은 승진함에 따라 더욱 높은 수준의 교육을 받았다.

도요타 교육의 범위는 단지 업무상의 교육에만 한정된 것이 아니라 개인의 생활에까지 깊이 침투해 있었다. 이러한 교육은 평범하게 보일 수도 있지만 사실 절대 간단하지 않다. 이는 철저하게 철학적인 생각을 기반으로 행해진 것이다. 그렇다면 도요타 문화교육의 실질적인 목표는 무엇인가? 도요타의 회장은 다음과 같이 대답했다.

"인사관리와 문화교육의 실질적인 목표는 교육을 통해 직원들의 근로의욕을 유발하는 것입니다."

도요타 교육의 기본이념은 근로의욕을 유발하는 것을 핵심으로 하고 있으며 도요타의 전 직원은 이러한 교육을 매우 환영하고 있다.

"도요타의 진정한 역량은 바로 학습능력에 있습니다. 도요타에 고용된 사람들은 문제 사고능력이 뛰어나고 소비자를 위해 생각합니다.

이는 바로 도요타의 생동감 넘치는 기업문화의 원천입니다."

Point

도요타의 전임 회장 조 후지오는 다음과 같이 말했다.
"최근 몇 년간 생산과정의 기계화와 자동화가 실현되고 있습니다. 그러나 기계를 만드는 것이나 의외의 사고에 정확하게 대응하는 것은 모두 사람이 하는 일입니다. 상품을 만들기 위해서는 통상 그 과정에 참여하는 '사람'과 '노하우(know-how)'가 필요합니다. 저는 '우수한 제품을 만들기 전에 먼저 우수한 인재를 배양해야 한다'고 믿습니다."

제 **2** 장

소니

- 남다른 독창성 -

소니는 디지털, 생활용품, 엔터테인먼트 등의 분야에서 세계적인 권위를 지닌 기업으로 그 전신은 '도쿄 통신 공업 주식회사'다. 이는 1946년 5월, 공공 관계에 뛰어난 수완을 가진 모리타 아키오와 기술자 출신의 이부카 마사루가 공동으로 창립했다. 현재는 미디어 엔터테인먼트 분야 출신의 하워드 스트링거와 기술 연구 분야의 경력을 가지고 있는 주바치 료우지가 함께 이끌고 있다. 사람들은 소니를 높은 품질, 높은 기술을 대표하는 상품으로 인식하고 있다. 확실히 소니의 이름은 세계 최초의 트랜지스터 라디오, 최초의 트리니트론(Trinitron, 평면 브라운관) 컬러텔레비전, 최초의 가정용 캠코더 등 일련의 새롭고 창조적인 제품들과 함께하고 있다. 소니를 든든히 지탱해주는 것은 세계 일류의 최첨단 기술이다.

소니의 출발점은 2차 세계대전 직후로, 비록 전통적인 기업처럼 장구한 역사를 가진 것은 아니다. 소니는 적은 자금을 바탕으로 전쟁의 폐허 속에서 건립된 젊은 기업이다. 그러나 전후에 생겨난 소니는 오로지 용기와 개척 정신으로 경쟁이 치열한 시장에서 새로운 사업에 도전했고, 불과 십몇 년이라는 짧은 기간 안에 기적처럼 세계를 무대로 활약하는 기업의 행렬에 들어섰다.

새로운 것을 개척하고
한발 앞서 업계를 리드하다

'다른 사람이 원하지 않는 일을 한다, 한발 앞서 업계를 리드하고 최고로 강력한 기술을 발휘한다, 새로운 의견을 펼친다······.'

이것이 바로 소니의 정신이다.

1957년 가을에 평론가 오오야 소이치는 〈주간 아사히(週刊朝日)〉의 연재 칼럼 〈일본의 기업〉에서 소니를 크게 칭찬했다.

"급속한 발전의 시대를 지나버린 오늘날, 소니처럼 주식의 초과 이익 내에서 60%의 이익을 분배하고 그 이익이 자본금의 75%를 유지하는 회사는 일본에 매우 드물 것이다."

그러나 10개월 후 오오야 소이치는 같은 칼럼에서 갑자기 소니를 '실험용 쥐'라 칭했다. 이는 1958년 8월 17일에 게재된 〈도시바 편〉에 나온다.

"트랜지스터 제품 방면에서 소니는 일본 최고의 위치에 있었다. 그러나 현재는 도시바가 우위를 차지하고 있고 생산량도 거의 소니의 2배에 달한다. 도시바의 장점은 일단 이익을 창출할 수 있다고 판단하면 끊임없이 필요한 자본을 투입한다는 데 있다. 그리하여 소니는 도시바를 위해 실험을 하는 '실험용 쥐'처럼 되어 버렸고 매우 미미한 이익을 얻고 있다."

오오야 소이치는 유명한 평론가이며 날카로운 관찰력과 신랄한 필체로 일본에서 이름난 사람이지만 평론가는 통상 기회주의적이고 이랬다저랬다 하는 경향이 있다. 그의 박정하고 과장된 말은 속사정을 모르는 언론매체에는 받아들여졌을지 몰라도 그는 과학 기술 분야의 전문 지식이 매우 부족한 사람이었다.

오오야 소이치는 그저 손이 가는 대로 비유를 들었을 뿐 소니에 대해 진심으로 악의가 있는 것은 아닐 수도 있었다. 그는 당시 규모가 비교적 작은 소니를 실험용 쥐에 비유했다. 실험용 쥐의 역할은 단지 선구자로서 희생을 감당한다는 뜻으로 진정한 성과는 결국 도시바와 같은 대기업의 손에 돌아간다는 의미를 담고 있었다.

이러한 의견에 대해 모리타 아키오는 매우 가슴 아파했다.

"우리는 트랜지스터라디오같이 아직 시장에 나오지 않은 제품을 끊임없이 출시해왔습니다. 그래서 우리는 선구자로서의 명성을 얻을 수 있었습니다. 이는 물론 영광스러운 일이지만 그에 따른 대가도 높습니다. 우리가 새로운 상품을 제작할 때마다 대기업은 그저 묵묵히 바라만 보고 있다가 만약 우리 상품이 성공을 거두면 그들은 즉시 비슷한 상품을 출시해 우리가 심혈을 기울여 개척한 활로를 이용합니다. 우리는 나날이 발전하고 있지만 상대편이 우리를 추격하는 데 걸리는 시간도 갈수록 짧아지고 있습니다. 현재 우리는 업계를 단지 3개월 정도 앞서서 리드하고 있을 뿐입니다."

소니의 기술자들은 실험용 쥐라는 비유에 격노했다. 그들은 천신 만고의 노력 끝에 카세트리코더, 트랜지스터의 실용화에 있어 전대미문의 업적을 달성했고 칭찬에 도취되어 있었다. 그런데 갑자기 실험용 쥐에 비교당하다니 화가 나서 견딜 수 없었다. 실험용 쥐라는 의견은 소니 전 직원들의 자존심에 깊은 상처를 주었다. 혈기 왕성한 젊은 기술자들은 너무 화가 난 나머지 〈주간 아사히〉와 오오야 소이치에게 항의를 하자는 의견을 내세우기도 했다. 그러나 모리타 아키오는 이러한 비이성적인 방법에 반대했다. 그는 참을성 있게 기술자들을 말렸다. 신문업계의 인기인과 논쟁을 벌이는 것은 시간과 노력이 많이 들게 분명했고 논쟁에서 이길 가능성도 매우 희박했다. 남이 뭐라고 하든 말든 그저 자신의 길을 묵묵히 가는 것이 가장 좋은 해결책이었다.

그러나 화를 참으며 아무 말도 하지 못하고 있을 수만은 없었다. 모리타 아키오는 이부카 마사루가 귀국하기를 기다렸고 두 사람은 함께 의논한 후 적절한 조치를 취하기로 결정했다.

이부카 마사루는 귀국 후 이 소식을 듣고 격노했다. 오오야 소이치가 참으로 가당치 않은 사람이라고 생각되었다.

"자신이 쓴 글에 대한 책임은 자신이 져야 합니다. 내 당장 그가 악의적으로 소니를 공격했다고 고소하겠습니다."

이부카 마사루는 노기가 충천해 말했다. 소니의 기술자들도 불난집에 부채질하는 격으로 오오야 소이치가 신문상에 공개 사과를 하게하자는 등 이부카 마사루가 강력한 조치를 취하도록 부추겼다. 그때 모리타 아키오는 오히려 냉정을 유지하면서 가장 좋은 대책이 무엇인지 계속 생각했다.

생각을 마친 후 그는 자신의 의견을 이부카 마사루에게 말했다. 어떻게 보면 오오야 소이치가 소니를 실험용 쥐라고 한 것은 고의적인 비난이 아닐 수도 있었다. 이러한 상황에서 소니가 나서면 오히려 여론만 분분해지고 외부에서는 소니가 켕기는 구석이 있어서 저러는 거라고 할지도 몰랐다. 실험용 쥐라는 말을 선구자라는 뜻으로 받아들이면 어떨까? 이부카 마사루는 냉정을 찾았고 모리타 아키오의 말에 일리가 있다고 생각했다. 모리타 아키오와 이부카 마사루는 적극적으로 회사 외부에 선전하기 시작했다.

"저희 회사는 기꺼이 업계의 실험용 쥐가 되겠습니다. 선구자, 개척자로서의 역할을 다하겠습니다."

물론 그들의 말은 다음과 같은 내용을 내포하고 있었다.

"우리 소니는 그저 실험용 쥐가 아니라 항상 대기업을 이끌어 나가는 개척자다. 우리는 돈, 물질, 지식과 체력을 다해 얻은 성과를 대기업이 손쉽게 빼앗아 가는 것에 대해 문제 삼지 않겠다."

모리타 아키오와 이부카 마사루는 여기저기에 개척자 정신을 알리기 시작했고 실험용 쥐의 가치관을 회사 내부에 수립시켰다. 그들은 적극적으로 회사 내부와 외부에 널리 홍보했고 심지어 'SONY' 상표를 실험용 쥐의 형상으로 바꿀까도 생각한 적이 있었다.

당시(1958년 전후)에 소니는 개척 정신을 바탕으로 일본 전자 공업계에서 활약하고 있었다. 또한 이 시기에 노벨상 수상자 에사키 레오나가 발견한 '터널 다이오드'를 통해 모두가 깜짝 놀랄 만한 업적을 이루어냈다.

1957년 가을, 에사키 레오나는 자신의 연구 성과를 일본 물리학회에 보냈다. 그러나 젊은 연구원들과 저명한 학자들의 집중 공격을 받았다. 그들은 에사키의 연구가 이론상 치밀하지 못하다고 생각했고 비난을 받은 에사키 레오나는 입장이 매우 난처했다. 그럼에도 1958년 1월에 그는 이 논문을 미국 물리학회의 잡지에 투고하고 초조하게 회답을 기다리고 있었다. 후에 이는 예상치도 못한 성공을 거두게 되었다.

1958년 6월, 에사키 레오나는 벨기에 브뤼셀에서 열리는 국제 고체 물리학회의 초청에 응해 유럽으로 날아갔다. 그의 논문은 회의의 사회자 윌리엄 쇼클리 박사(트랜지스터 발명자 중 한 사람)에게 대단한 칭찬을 받았다. 일본에서의 에사키 레오나에 대한 평가는 즉시 바뀌었고 동시에 소니가 이렇게 위대한 과학자를 배출해낸 것에 대해 많은 사람이 주목하기 시작했다.

바로 그해 가을에 소니는 일본 최초의 4헤드 비디오리코더를 시험 제작하는 데 성공했다. 4헤드 비디오리코더 제품의 개발을 담당한 기하라 노부토시는 전형적인 소니의 기술자로 그는 텔레비전 방송이 정식으로 시작된 1953년에 최초로 비디오리코더를 시험제작한 사람이다. 이는 미국의 RCA 회사에서 세계 최초로 고정 헤드 비디오리코더를 시험제작하는 데 성공한 것과 거의 비슷한 시기였다.

기하라 노부토시는 자신의 경험에 대해 다음과 같이 말했다.

"저는 어릴 때부터 문제를 생각할 때 제 생각이 무의식중에 다른 사람들에게 드러나는 것을 원하지 않았습니다. 부주의하게 일단 입 밖으로 꺼내고 나면 방해를 받게 되어서 계속 생각하기가 어려워지기 때문입니다. 게다가 저는 성공한다고 확신할 수 있는 일만 합니다. 첫 비디오리코더를 시험제작할 때 저는 꽤 자신이 있었지만 다른 사람에게 말하지 않았습니다. 혼자서 시제품이 만들어질 때까지 조용히 일을 진행했습니다. 이것은 고정 헤드 형식의 흑백 비디오리코더로 보통 가청 주파수용의 4분의 1인치 자기 테이프를 사용합니다. 실험 당시 저는 영국 엘리자베스 여왕의 얼굴이 비춰지는 선명한 화면을 보았습니다."

모리타 아키오는 기하라 노부토시가 비디오리코더를 시험제작 중이라는 사실을 알고 통산성(通産省)에 실용화를 위한 연구기금을 신청하라고 했다. 그러나 통산성은 비디오리코더의 실용화 연구가 시기상조라는 간단한 이유로 신청을 기각했다. 당시의 통산성은 산업의 기초가 되는 화학 공업에 주력하고 있었다. 이러한 시기에 지명도도 낮은 전자기기 제조사가 앞날을 예측할 수 없는 비디오리코더 실용화 연구에 대한 보조금을 신청했으니 그들로서는 거절하는 것이 당연했다. 실용화 연구에 대해 자신감이 충만했던 기하라 노부토시는 매우 실망했다. 그러나 말이 통하지 않는 통산성 관원을 보고도 그에게는 아무 방법이 없었다.

1958년에 아펙스(Apex)의 방송용 비디오리코더가 일본에 진출하기 시작했지만 그 가격이 2천만 엔에 달했다. 그러나 텔레비전 방송 개시의 물결은 이미 일본 전역을 휩쓸고 있었고 통산성은 이 제품의 수입에 대한 23건의 보고를 받았다.

통산성은 사태의 심각성을 깨닫고 비디오리코더 실용화 연구가 시기상조라는 틀에 박힌 말을 다시는 입 밖에 꺼내지 않았다. 그들은 당장 각 텔레비전 제작사에 보조금을 제공하기로 결정하고 상품의 시험제작을 대대적으로 독려하여 비디오리코더의 국내 생산을 모색했다. 소니와 NHK의 기술연구소는 즉각 아펙스식 비디오리코더 시험제작 작업에 착수했고 4개월 만에 시제품을 완성했다. 이는 일본 국내 최초로 생산한 비디오리코더였다.

모리타 아키오와 이부카 마사루는 '실험용 쥐' 사건을 해결한 후 바로 개발 부문에 텔레비전용 규소 트랜지스터 연구를 진행하라고 지시했다. 1957년 여름에 그들은 트랜지스터를 사용한 텔레비전을 제작해야겠다는 생각을 하기 시작했다. 소니의 전문 직원들은 규소가 게르마늄에 비해 내열성이 강하고 성능이 좋지만 생산 방법에 어려움이 많고 순도가 높은 결정을 얻을 수 없다는 사실을 처음부터 알고 있었다.

1958년 가을에는 에사키 레오나가 '에사키 다이오드'의 개발을 위해 회사의 위임을 받아 미국으로 건너갔고 그는 3,400엔을 들여 1그램의 규소 단결정을 구입했다.

만약 이런 고가의 규소 단결정을 사용해 트랜지스터를 제작한다면 트랜지스터 하나의 가격은 수만 엔에 달하게 된다. 일반적인 상식으로 생각해 봐도 소비시장에 내놓을 방법이 전혀 없었다. 비록 힘든 상황이었지만 모리타 아키오는 실험에 돌입하라는 명령을 내렸다.

왜 굳이 이러한 위험을 무릅썼을까? 소니의 두 정책결정자는 다음과 같은 사실을 알고 있었기 때문이다.

규소는 매우 경제적인 물질로 게르마늄과는 달리 지구의 토양으로부터 지속적으로 얻을 수 있었다. 만약 규소 결정의 공업화를 실현하는 데 성공해 대량생산이 가능하게 된다면 가격은 반드시 하락할 것이고 규소가 게르마늄을 대체하는 시대가 도래할 것이다. 처음부터 미국 제품에 의지하다 보면 일본의 독자적인 발전의 길은 사라진다. 그래서 그들은 어찌 되었든 반드시 일본의 기술만으로 높은 순도의 규소 단결정을 제조해내야 한다고 생각했다. 그들은 앞으로 규소의 시대가 올 것이라고 굳게 믿고 있었다.

다량의 규소를 생산하기 위해서는 고도의 전문적인 화학 지식이 요구되었다. 하지만 소니의 기술은 아직 이러한 수준에 못 미쳤기 때문에 이미 탁월한 수준을 가지고 있는 일본 화학 전문회사와 협력하는 편이 좋았다. 바로 그때 질소 전자회사의 마에다 가즈히로가 방문했고 이부카 마사루는 이 기회를 통해 그에게 규소를 생산하라고 권유했다. 모리타 아키오와 이부카 마사루는 회사 내부의 관념을 새롭게 바꾸고 관련 기술자들에게 앞으로는 규소의 시대가 열릴 것이라고 공언했다.

1958년 1월에 소니와 질소 전자회사는 전대미문의 도전을 시작했다. 이에모토가 이끄는 결정 담당 조직은 우선 미국으로부터 들여온 다결정 규소를 가지고 심도 있는 연구를 거쳐 순도가 높은 단결정의 규소를 추출했다. 또한 질소 전자회사에 완전한 형태로 공급하기 전에 독립적으로 감정 장치, 측정 장치를 제작했고 정보를 질소 전자회사에 제공해 쌍방의 정보 교환을 시작했다.

1958년 6월에 질소 전자회사는 이미 생산용 규소 단결정을 제공할 수 있게 되었다. 이에모토와 다른 사람들은 수출 비율이 높은 규소 트랜지스터를 시험제작하는 데 착수했다. 또한 같은 해 9월에는 결정, 전기 회로 및 설계 등 각 방면의 책임자들을 소집해 제1차 연합회의를 열었다. 이 회의에서는 트랜지스터텔레비전의 대체적인 규모를 토의해 결정했고 곧바로 연구와 시험제작에 돌입했다.

1960년 5월에는 세계 최초의 트랜지스터텔레비전 'TVB-301'이 출시되었다. 이 텔레비전은 23개의 규소 및 게르마늄 트랜지스터, 15개의 다이오드(Diode), 2개의 고압 다이오드로 구성되어 있었고 당시에는 획기적인 상품이었다. '실험용 쥐' 소니는 다시금 선두에 나섰다.

'실험용 쥐' 소니가 선두에 나서기는 했지만 당시 'TVB-301'에 대한 세간의 평가는 그다지 좋지 않았다. 왜냐하면 트랜지스터텔레비전의 가격이 너무 비싼데다가 화질은 진공관 텔레비전에 훨씬 못 미쳤기 때문이었다. 또한 공률이 높은 트랜지스터의 특징으로 불안정해 고장이 잦았다. 당시 일본에서 판매되고 있던 진공관 텔레비전도 고장이 잦은 편이었으나 트랜지스터텔레비전에 비할 게 아니었다.

모리타 아키오는 기술 부문에 당장 이 난관을 돌파하라고 했다. '천신만고 끝에 세계 최초로 트랜지스터텔레비전을 출시했는데 만약 지금 상황에서 멈춰버리면 아무것도 안 된다'는 이유에서였다.

기술자들은 밤낮으로 고군분투해 기술적인 부분을 집중적으로 공략하기 시작했다. 3개월 후인 1961년 9월에 소니는 이미 관련 기술을 완전히 파악했다. 1961년 10월에는 공률이 높은 평면형 외연 트랜지스터(규소)의 시험제작에 성공했고, 1961년 12월에는 성공적으로 표준 견본품 몇 대를 생산해냈다. 1962년 4월에는 세계 최초로 5인치 소형 텔레비전 'TV-303'의 시험제작에 성공했고 이를 출시했다. 개척자로서의 기질을 지닌 소니의 기술 부문은 규소 트랜지스터텔레비전의 대중화의 선구자가 되었다.

'소니는 개척자다'라는 말은 모리타 아키오와 소니 사람들이 신제품을 이용해 대중을 인도할 뿐 결코 대중에게 필요한 제품이 무엇인지 묻지 않는다는 것을 의미한다. 소비자는 어떤 제품을 생산해내는 일이 가능한지 모르지만 모리타 아키오와 소니 사람들은 아주 분명하게 알고 있었다. 그렇기 때문에 소니는 굳이 번거로운 시장조사를 하지 않았고 끊임없이 제품을 보완해 소비자를 이끌고 교류하며 시장을 창조해 나갔다. 이렇게 해서 제품은 자연스럽게 출시되었다.

누구나 알고 있는 '워크맨(Walkman)'이 전형적인 예다. 어느 날 이부카 마사루는 녹음기와 거기에 딸린 헤드폰을 들고 언짢은 듯이 모리타 아키오의 사무실에 들어갔다. 무슨 안 좋은 일이라도 있느냐고 모리타 아키오가 묻자 이부카 마사루는 대답했다.

"저는 음악 듣는 걸 좋아하지만 음악 소리 때문에 다른 사람이 방해받는 것은 원치 않아요. 보세요. 그렇다고 온종일 전축 옆에 앉아 있을 수는 없어서 카세트를 들고 돌아다니고 있는데 거 참 무게가 만만치 않단 말이죠."

그때 모리타 아키오는 어떤 생각을 하고 있었는데 이부카 마사루의 말을 듣고 그 생각이 더욱 뚜렷해지기 시작했다.

모리타 아키오는 요즘 젊은이들이 음악 없이는 일상을 보낼 수 없다는 사실을 알고 있었다. 어느 날 그는 여행에서 돌아온 딸이 엄마에게는 인사도 안 하고 바로 자기 방으로 가서 카세트테이프를 오디오에 집어넣는 것을 본 적이 있었다. 이부카 마사루의 불평을 듣고 모리타 아키오는 즉각 행동으로 옮겼고 설계사들에게 특히 가볍고 정교한 이어폰을 만들어 오라고 했다. 이어폰은 '워크맨' 제작에 있어서 가장 어려운 부분이었다. 당시 거의 모든 사람이 그의 생각에 반대 의견을 나타냈다. 한번은 상품 기획 회의에서 설계사가 말했다.

"회장님의 생각은 좋은 생각입니다만 사람들이 녹음도 안 되는 카세트리코더를 사려고 할까요? 간단히 말해서 불가능합니다."

모리타 아키오는 말했다.

"많은 사람이 구입하는 자동차용 카세트리코더도 녹음을 할 수 없지 않은가. 내 생각에는 적어도 자동차용 카세트리코더를 구입하는 사람들만큼은 이 기계를 구입할 것 같소."

모리타 아키오를 공개적으로 비웃는 사람은 없었지만 그조차도 자신의 기획 구성원을 설득시킬 방법이 없었다. 그러나 그들은 이 연구 임무를 실행에 옮겼다. 모리타 아키오는 신제품이 나오기도 전에 젊은이들의 주머니 사정을 고려해 제품의 소매가격이 3만 엔을 넘어서는 안 된다고 결정했다. 회계 부서는 크게 불평했지만 그는 자신의 의견을 고집하며 한 치도 물러서지 않았고 오히려 그들을 설득했다.

"앞으로 신제품의 생산량이 크게 늘면 그만큼 원가도 하락하게 됩니다. 또한 필요한 부품은 세계 각지에 있는 소니의 수리 센터가 모두 가지고 있는 데다 이러한 기종은 내구성이 있기 때문에 고장 날 거라는 걱정은 안 해도 됩니다."

1979년 6월, 소니는 첫 워크맨을 출시했다. 소형 이어폰의 음향 전달 능력은 모리타 아키오가 예측했던 것보다 더 뛰어났다. 실험용 쥐 소니는 다시 한 번 선두에 나서게 되었다.

하루아침에 워크맨은 공급이 수요를 따르지 못하는 상황이 되었고 자동화 기계를 설비해야만 대량 주문에 대처할 수 있게 되었다. 또한 모리타 아키오는 젊은 커플들이 일요일에 워크맨을 가지고 긴자(銀

座)를 한가롭게 거니는 내용의 광고를 제작해 소비욕구를 자극했다. 그는 워크맨이 인기 있는 신제품이 될 거라고 자신하기는 했지만 이 정도로 매상이 좋을 것이라고는 생각하지 못했다. 사람들은 다들 자신만의 워크맨을 갖고 싶어 했다.

모리타 아키오는 신제품 출시에 회의적인 태도를 보였던 기획 직원들에게 예약 주문 500만 대를 달성하라고 지시했지만 워크맨이 정식으로 출시된 이래 소니는 이미 8천만 대의 매출을 달성했다. 90여 종류가 넘는 다양한 스타일의 워크맨은 심지어 방수, 방진의 기능까지 탑재한 개량된 상품이 출시를 기다리고 있었다.

초기의 워크맨은 녹음 및 회전 기능을 완벽하게 갖춘 오디오에서 몇 개의 기능만을 뽑아내 제작되었지만 후에 출시된 제품은 원래 오디오가 가지고 있던 기능을 거의 완벽하게 복원했고 소니는 워크맨에 새로운 부품과 기능을 증가시켰다. 이 자그마한 워크맨은 전 세계 사람들의 음악을 듣는 습관을 변화시켰다. 모리타 아키오의 음악계 친구들은 계속해서 그를 찾아와 더 많은 워크맨을 주문했다. 워크맨은 모리타 아키오의 창의성과 소니의 탁월한 제품 생산 능력이 낳은 최고의 성과였다.

워크맨 시리즈는 개발을 거듭해 이어폰을 더 작게 축소하고 품질을 개선했다. 또한 10여 개의 새로운 기종을 도입함으로써 소니는 세계 최대의 이어폰 제조업체가 되었고 일본 이어폰 시장의 약 50%를 점유했다.

모리타 아키오는 관리자로서 직원들의 잠재적인 창조력을 불러일으키는 것이 매우 중요하다고 말했다. 그는 사람들 모두 창조력을 갖추고 있지만 단지 소수의 사람만이 창조력을 어떻게 이용해야 하는지 알고 있다고 생각했다. 모리타 아키오와 이부카 마사루가 회사를 창업할 때의 이상은 바로 쾌적한 업무환경을 통해 직원들이 긴밀하게 협력하고 최대의 능력을 발휘할 수 있도록 하는 것이었다. 그렇게 되면 기업은 반드시 특별한 성과와 이윤을 얻을 수 있고 최고의 자리에 설 수 있다.

Point

소니의 지침서와 소책자에는 〈소니의 정신〉이라는 글이 실려 있다. 여기에는 '소니는 개척자다. 소니의 창문은 항상 생명력이 충만한 미지의 세계를 향해 열려 있고 생기 넘치는 풍경으로 가득 차 있다'라고 적혀 있다.
모든 사람은 능력에 따라 일하며 자신을 연마하고, 다양한 능력을 융화시켜야 한다. 소니는 사람을 격려하고 신뢰하며 끊임없이 능력의 한계를 개척하는 것을 가장 중요하게 생각한다.

소니의 직원은 한 가족

모리타 아키오는 말했다.

"기업경영은 독재가 아니다. 한 기업의 최고 관리 계층은 반드시 직원들을 인도하고 관리할 수 있는 능력을 갖추고 있어야 한다."

그러므로 그는 인재를 초빙할 때 학식과 능력이 부족하거나 업무 방향이 너무 단조로운 사람을 단호하게 추려냈다. 소니 회사 내부에는 기본적으로 화이트칼라와 블루칼라 계층이 구분되어 있지 않았다. 만약 누군가 성공적으로 노동자들을 관리하는 역할을 해낸다면 회사는 그를 관리자 계층으로 영입하기를 희망할 것이다. 물론 이러한 사람은 설득력을 가지고 있으며 다른 사람이 그와 기꺼이 같이 일하고 싶어 해야 한다.

소니는 직원들끼리 사이가 좋고 조화로워서 마치 모두가 한 가족 같다. 이곳에서 반대 의견을 부르짖는 사람은 회사 내에서의 입장을 확고히 할 수 없다. 소니 본사에는 두 개의 노동조합이 있지만 대다수의 직원은 노동조합의 회원이 아니다. 많은 이들이 노조에 가입하기를 원치 않으며 모리타 아키오를 필두로 하는 소니의 경영진 측과 전체 직원이 상당히 조화로운 관계를 유지하고 있다.

모리타 아키오는 말했다.

"직원 모두 자신들에 대한 경영진의 태도를 이해하고 있기 때문에 우리는 직원들과 양호한 관계를 유지할 수 있습니다. 일본의 기업은 창업자 한 사람의 힘으로 설립되는 것이 아니므로 부하직원들을 생산의 도구로 여기고 이를 이용해 폭리를 도모하려고 생각해서는 안 됩니다. 일본의 기업가는 자신의 이상을 실현하기 위해 인재를 초빙합니다. 그러나 일단 누군가를 초빙하면 반드시 그를 동료 혹은 일을 보조해 주는 사람으로 생각해야지 절대 돈을 벌기 위한 도구로 생각해서는 안 됩니다."

사람을 근본으로 여기는 소니의 경영관리 방식은 직원들이 서로 공경하고 사랑하는 마음을 바탕으로 성립된 것이다. 회사의 규정집에는 다음과 같이 규정되어 있다.

"소니는 소수의 경영관리자에게 속한 것이 아니라 모든 직원의 것이다. 고급 경영관리자는 책임을 가지고 기업을 이끌며 부하직원들을 보살펴야 한다."

모리타 아키오는 말했다.

"직원들은 바로 소니라는 큰 가정의 구성원이고 좋은 동료입니다. 그래서 영국에 공장을 개설할 때 우리는 현지의 관리직원과 기사들을 도쿄로 초청해 함께 훈련을 받고 일을 했습니다. 모두가 같은 재킷을 입고 계급에 상관없이 식당에서 같이 밥을 먹으며 그들을 한 가족처럼 대했습니다. 이를 통해 소니는 차별대우를 하지 않는다는 사실을 모두가 다 알게 되었습니다."

소니의 고급 경영관리자들은 개인 사무실이 없다. 공장의 공장장도 전용 사무실이 따로 마련되어 있지 않다. 모리타 아키오는 경영관리자들도 다른 직원과 같은 자리에서 일하고 같은 시설을 사용하기를 원했다. 매일 아침 하루의 작업을 시작하기 전에 각 부서의 대표자는 짧은 회의를 열어 그날의 업무를 지시한다. 대표자는 회의를 진행함과 동시에 각 구성원의 얼굴을 자세히 관찰하고 만약 누군가 불편해 보이면 대표자는 그가 아픈 것은 아닌지, 무슨 문제가 있는 것은 아닌지 묻는다.

모리타 아키오는 이러한 절차를 매우 중요하게 생각했다. 만약 직원이 아프거나 안 좋은 일이 있으면 업무에도 반드시 좋지 않은 영향을 끼치게 되기 때문이다. 모리타 아키오는 업무에 열심히 임하지 않는 직원을 해고하거나 제명하는 것이 아니라 그에게 맞는 새로운 업무에 배치하기 위한 온갖 방법을 생각했다. 그는 건강한 회사란 반드시 직원들을 행복하고 적극적으로 일할 수 있게 만드는 회사라고 생각했다.

그러나 만약 직원이 실수를 저지르면 어떻게 할까? 모리타 아키오는 부친의 교훈을 마음에 깊이 새기고 있었다.

"문제가 발생했을 때 덮어놓고 부하직원이나 다른 사람을 책망하거나 희생양을 찾는 것은 일을 해결하는 데 아무런 도움이 되지 않습니다. 반드시 기회를 만들어 직원을 격려하고 쌍방 모두 유리한 목적을 달성해야 합니다."

그는 직원이 잘못을 했을 때 책임자가 단지 그의 책임만 추궁하는 것은 무능한 방법이라고 명확하게 지적했다. 그는 잘못을 범한 직원을 질책하는 것이 중요한 게 아니라 잘못의 원인을 찾아내는 것이 중요하다고 생각했다.

도쿄의 어느 미일 합작회사 대표가 모리타 아키오에게 원망스러운 듯이 말했다.

"회사 내부에 문제가 생겼을 때 책임을 질 직원은 찾아냈는데도 문제의 원인을 찾아낼 방법이 없다면 도대체 어떻게 합니까?"

모리타 아키오는 그것이 오히려 좋은 일이라고 답했다. 만약 모두가 처벌을 받아야 할 대상을 알게 된다면 직원들의 사기에 타격을 줄 수 있다. 어느 누가 잘못을 저지르지 않고 산단 말인가? 대단한 지위에 있을수록 잘못을 저지를 기회는 더 많아진다. 그는 그 대표에게 자신이 저지른 일련의 실수를 이야기해 주었다.

크로마트론(Chromatron) 시스템을 개발할 때는 손해를 보았고, 랙(lag) 시스템(일종의 음향 효과가 뛰어난 대형 카드식 녹음테이프)은 시장에서 참패했다. 처음에 다른 제조업자와 공동으로 생산했지만 판매할 기회를 잡을 수 없었던 베타맥스(Betamax) 규격의 비디오테이프 리코더는 대부분의 제조업체가 VHS 시스템을 지지하면서 소니는 큰 타격을 입었다.

모리타 아키오가 강조하고자 하는 것은 앞서 이야기한 착오나 실패는 모두 사람으로 인한 것이며 누구든지 이러한 잘못을 저지를 수 있다는 점이다. 그러나 장기적으로 볼 때 이는 회사의 존망성패에 영향을 줄 정도의 위기는 아니다. 그는 부하직원들에게 다음과 같이 이야기했다.

"그냥 내버려두고 당신이 옳다고 생각하는 일을 하시오. 비록 잘못을 저지르기는 했지만 당신은 그 잘못으로부터 경험을 얻었을 것이고 앞으로는 같은 잘못을 덜 저지르게 될 것이오."

만약 누군가 잘못을 저질렀다고 해서 승진을 하지 못한다면 그는 앞으로 일을 하고자 하는 의욕이 생겨나지 않을 것이며 회사에 아무런 공헌도 하지 못하게 될 것이다. 그는 미국인 친구에게 말했다.

"당신이 찾아낸 사람은 아마도 회사에서 오랜 세월 일한 사람일 것입니다. 그를 해고하고 그의 자리를 대신할 사람을 찾는다고 해도 그의 경험과 지식이 사라짐으로써 발생하는 손해는 막지 못할 겁니다. 만약 잘못을 저지른 사람이 신입사원이라면 그저 어린아이가 실수를 한 것처럼 생각하고 다시는 추궁하지 말아야 합니다. 만약 잘못이 직원 개인의 장래에 지대한 영향을 미친다면 이는 다른 직원들에게 귀감이 될 수 있습니다. 그렇다면 그것은 손실이 아니라 오히려 귀중한 교훈이 됩니다."

모리타 아키오가 부총재를 맡고 있을 무렵, 그는 회장 다지마 미치지와 한 차례 언쟁을 벌인 적이 있었다. 다지마 미치지는 보수파 명문 귀족으로 황실의 일체의 사무를 책임지고 있는 사람이었다. 그와 모리타 아키오는 어떤 방면에 서로 다른 의견을 갖고 있었고 그가 고집하면 할수록 모리타 아키오는 더욱 반대했다. 그러자 다지마는 결국 회사를 떠나겠다는 이야기를 꺼냈고 모리타 아키오는 냉정하게 이야기했다.

"다지마 회장님, 만약 회장님과 저의 의견이 완전히 같다면 우리는 같은 회사 안에서 서로 봉급이나 축내고 있을 이유가 없습니다. 우리의 의견이 다르기 때문에 회사가 잘못을 범할 기회가 줄어드는 것입니다. 다시 한 번 생각해 보십시오. 만약 저와 의견이 달라서 사직하시는 거라면 그것은 회사에 대한 도리가 아닙니다."

모리타 아키오는 한가할 때 공장이나 지점을 방문해 직원들과 친밀하게 담소 나누기를 좋아했다. 그는 불시에 소니의 직원들이 모여 있는 곳을 방문했다. 그러나 이는 결코 기습방문으로 업무태도를 감시하려는 것이 아니라 단순히 직원들과 교류하려는 것이었다.

어느 날 모리타 아키오는 도쿄의 번화가에 갔다가 일정에 비는 시간이 있어 발길 닿는 대로 소니 여행사에 들어가 자기소개를 했다.

"저는 모리타 아키오입니다. 인사를 하려고 들렀습니다. 여러분은 TV나 신문을 통해 제 얼굴을 본 적이 있을 거라고 생각하지만 저의 실물을 한번 보고 싶어 했을지도 모르겠습니다. 어서 와서 보세요. 입장료는 안 받습니다."

그의 농담으로 모두 크게 웃었다. 이어서 그는 업무를 두루 살피고 그곳의 직원들과 일상적인 대화를 나누었다. 짧은 시간 동안 직원들은 그들이 소니의 직원이어서 정말 기쁘다고 생각했다.

모리타 아키오는 될 수 있는 한 직원과 하나가 되고자 했다. 1987년 7월에 그는 미국 캘리포니아 주에 있는 연구시설을 둘러볼 일이 있었다. 책임자는 데이비드라는 미국인으로 그는 모리타 아키오에게 기념사진을 몇 장 찍어도 되겠느냐고 물었다. 모리타 아키오는 매우 기쁘게 그의 요구를 받아들였다. 결국 모리타 아키오는 한 시간 동안 30~40명의 직원들과 일일이 기념 촬영을 해야 했다. 마치 그가 유명한 기념물이라도 된 것 같았다. 떠날 때가 되자 그는 데이비드의 어깨를 치며 기쁜 듯이 말했다.

"이봐, 데이비드. 나는 당신의 이런 점이 마음에 드네. 당신은 소니의 직원이 모두 한 가족이라는 사실을 잘 알고 있군"

소니의 미국 지사 창립 25주년을 맞아 성대한 축하 행사가 열렸다. 그는 직원들과 단지 밥 한 끼를 같이 먹기 위해 부인과 함께 미국으로 날아갔다. 그는 부인에게 뉴욕에 남아서 뉴욕지사의 소니 직원들과 같이 식사를 하라고 하고 자신은 앨라배마 주의 테이프리코더 공장으로 가서 직원들과 같이 식사를 했다. 그러고 나서 캘리포니아 주의 샌디에이고에 가서 소니 텔레비전 공장의 직원들과 함께 춤을 추었다. 모리타 아키오는 말했다.

"나는 조금도 피곤하지 않습니다. 이것은 일이 아니거든요. 나는 소니의 동료들을 좋아합니다. 그들은 내 가족과 같거든요"

모리타 아키오는 종종 직원들에게 상사의 지시를 너무 개의치 말라고 이야기했다.

"지시를 기다리지 말고 바로 행동에 옮기도록 하시오"

윗사람과 아랫사람이 친밀한 관계를 갖도록 모리타 아키오는 거의 매일 밤 젊은 중하급 관리자들과 함께 저녁식사를 하고 늦게까지 이야기를 나누었다.

소니에는 모든 신입사원에게 전해 내려오는 전통적인 이야기가 하나 있다. 바로 회사가 어려웠던 창업 초기에 미국의 대량 판매를 주로 책임지던 모리타 아키오가 각각 5천, 1만, 3만, 5만, 10만 대의 라디오 구매 단가를 보고한 이야기다.

일반적으로 주문량이 많아질수록 단가는 낮아지게 된다. 그러나 모리타 아키오는 계산을 해본 후에 이상한 단가를 보고했다. 5천 대를 주문하는 경우는 보통 가격이었고 1만 대의 경우는 할인 가격, 3만 대부터는 오히려 가격이 오르기 시작했다. 5만 대를 주문할 경우의 단가는 5천 대일 때보다 높았고 10만 대를 주문했을 경우에 단가가 제일 높았다.

이는 상식적으로 도무지 이해가 되지 않는 일이었다. 모리타 아키오는 만약 10만 대의 계약을 맺으면 공장을 새로 지어야 하고 새로운 설비를 구입하고 직원을 모집해야 하며 이듬해에 계속해서 재구매 계약을 맺지 못하면 회사는 곤경에 빠지게 된다고 설명했다. 그는 신중하게 이야기했다.

"물건 주문량의 증가와 감소에 따라 직원을 채용했다가 해고했다가 할 수는 없습니다. 우리는 직원들에 대해 장기적인 의무를 가지고 있고 직원들도 회사에 대해 의무를 가지고 있습니다."

소니의 직원들은 '은혜에 감사하는 교육'이 아닌 '책임에 대한 교육'을 받았고 그들의 책임은 대등했다. 이러한 기업에서 직원들은 해고의 위기보다는 공동체 의식과 존중을 받음으로써 생겨나는 자긍심, 의무를 담당하는 것에 대한 책임감을 먼저 생각할 수 있게 되었다.

Point

모리타 아키오는 말했다.
"직원 모두 자신들에 대한 경영진의 태도를 이해하고 있기 때문에 우리는 직원들과 양호한 관계를 유지할 수 있습니다. 일본의 기업은 창업자 한 사람의 힘으로 설립되는 것이 아니므로 부하직원들을 생산의 도구로 여기고 이를 이용해 폭리를 도모하려고 생각해서는 안 됩니다. 일본의 기업가는 자신의 이상을 실현하기 위해 인재를 초빙합니다. 그러나 일단 누군가를 초빙하면 반드시 그를 동료 혹은 일을 보조해 주는 사람으로 생각해야지 절대 돈을 벌기 위한 도구로 생각해서는 안 됩니다."

시기적절하게 고객의 소비를 유도한다

1979년, 시카고 대학의 경제학자 이스라엘 커즈너는 기업가를 '기회를 노리는 정탐꾼'이라고 정의했다. 그는 기업가는 마치 곡식 창고 앞의 수퇘지 같아서 다른 동물들이 보지 못하는 곡물 부스러기를 발견해낼 수 있다고 주장했다. 모리타 아키오와 같은 기업가는 이처럼 대담하면서도 세심한 책략가이자 기회에 즉각적으로 반응할 수 있는 사람이다. 그는 마치 곡식 창고 앞의 수퇘지처럼 예리한 천성을 가지고 있었다. 모리타 아키오의 판매 촉진 방법은 확실한 수요가 존재하지 않는 상품을 개발해 새로운 수요를 창조함으로써 소비자의 구매욕구를 자극하는 방법이다. 아래의 사례를 보자.

소니는 엄청난 비용과 노력을 들여 연구한 끝에 G형 카세트리코더를 제작했다. 하지만 관심을 보이는 사람이 별로 없었고 이내 회사는 어려움에 빠졌다. 당시 모리타 아키오와 이부카 마사루는 기술적인 방면에는 통달했지만 영업은 단 한 번도 해본 적이 없었다. 그러니 생산제품의 판매전략을 세우는 일에 대해서는 말할 필요도 없었다. 처음에 그들은 매우 자신이 있었다. 우수한 일류 상품을 제조하기만 하면 소비자가 벌떼처럼 몰려들어 큰돈을 벌 수 있으리라 믿었던 것이다. 그러나 현실은 정반대였다.

"모리타 씨, 우리는 지금 길을 잘못 들어선 것 같습니다."

이부카 마사루는 미간을 찌푸리고 탄식하며 말했다. 모리타 아키오의 얼굴에는 근심이 가득했다. 그는 그저 창밖의 먼지와 연기가 가득한 황혼을 바라보며 깊은 생각에 빠졌다.

모리타 아키오는 항상 성공을 꿈꿔왔지만, 이때가 되어서야 비로소 끊임없이 실패와 반성을 거듭해야만 성공할 수 있다는 교훈을 얻게 되었다. 사실 성공은 한 사람의 업무에서 단 1%만을 나타낼 뿐이다. 그리고 이 1%는 실패라고 불리는 99%의 결과다. 당시 그들은 독창적이고 우수한 제품을 개발해냈지만 이것만으로 성공할 수 있다는 보장은 없었다. 정말 중요한 것은 어떻게 제품을 판매할 것인가이다. 당면한 위기를 극복하기 위해 그들은 반드시 잠재적인 구매자에게 제품의 진정한 가치를 전달할 방법을 찾아내야 했다.

이러한 실패 이후에 모리타 아키오는 과감하게 기술업무를 포기하고 오로지 영업 활동에만 몰두했다. 그보다 더 독창적이고 기술 방면에 정통한 이부카 마사루가 신제품을 개발할 수 있도록 환경을 조성하려면 자신이 영업을 맡을 수밖에 없다고 생각했던 것이다.

모리타 아키오는 40kg에 달하는 G형 카세트리코더를 두 손에 받쳐 들고 회사나 학교 등지에 찾아가 선전하기 시작했다. 사람들은 이 제품을 보고 '이거 정말 대단히 재미있는 제품이네요.', '이 장난감은 참 재미있군요.', '이 제품은 참 편리하네요'라며 경탄했지만 정작 구매하려는 사람은 아무도 없었다.

그러던 어느 날, 어떤 사람이 회사에 연락해서 다음과 같이 이야기했다.

"참 흥미로운 물건이군요. 하지만 우리는 구매하기 전에 먼저 사용해보고 싶습니다."

이 제안을 듣고 모리타 아키오는 당장 G형 카세트리코더를 들고 찾아갔다. 그가 땀을 뻘뻘 흘리며 도착했을 때 상대방이 은근슬쩍 말했다.

"실은 오늘이 바로 연회를 여는 날입니다. 우선 같이 가시지요."

연회에서 모리타 아키오는 공연자와 손님들의 노래와 우스운 이야기를 녹음한 후에 이를 방송했고 연회의 분위기는 최고조에 이르렀다. 모리타 아키오는 제품을 판매하기 위해 거리낌 없이 어릿광대처럼 여흥을 돋우는 역할을 맡았다. 그러나 결과적으로 아무도 물건을 구매하지 않았다. 그저 '매우 편리하다.', '매우 재미있다'라는 칭찬의 말만 들었을 뿐이다. 일단 상대방을 설득해서 한 대 판매하려고 하면 대부분 '이 물건은 너무 비싸요'라며 천편일률적인 대답만 했다. 그렇다. 이 물건은 매우 비쌌다. 자그마치 16만 8천 엔이었다. 당시 대학 졸업자의 월급이 3,500엔 정도였으니 일반 사람들은 구매하기 힘든 물건이었다.

이렇듯 모리타 아키오가 속수무책으로 발만 동동 구르고 있을 때 어떤 사람이 G형 카세트리코더를 판매하기 위해 나섰다. 그는 바로 오와리(尾張)의 도쿠가 가산을 관리하는 야쿠모(八雲) 산업의 직원 구라하시 마사오였다. 그는 당시 오와리의 산업을 관리하는 책임자였지만 재정적으로 위기에 처한 야쿠모 산업을 돕기 위해 새로운 사업을 물색하고 있었다. 그 때문에 그는 소니에 야쿠모 산업이 나서서 G형 카세트리코더의 판매를 진행하겠다고 제의했다.

구라하시 마사오는 한 대당 12만 엔을 지급하고 총 50대를 사들였고 바로 도쿠가와 가의 소개장을 받아 제품을 팔기 시작했다. 그는 일본 전체를 동분서주했지만 물건은 반년 동안 단 한 대가 팔렸을 뿐이었다. 심지어 이것을 구매한 사람도 도쿠가와 가에서 일하는 사람이었다. 마침 도쿄의 야에스(八重洲)에 간이식당을 열었던 차라 손님을 끌기 위해 G형 카세트리코더를 구매했던 것이다. 야쿠모 산업이 본래 판매업무를 담당하는 회사가 아니었기 때문에 구라하시는 진정한 영업 기술이 무엇인지 알지 못했다. 그는 그저 기계를 가지고 여기저기 돌아다니며 사람들에게 보여줄 뿐이었다.

모리타 아키오는 구라하시 마사오가 혼자 고군분투하는 것이 미안해서 한가한 직원들을 동원해 적극적인 홍보 활동을 펼쳤다. 판매의 여지가 있는 곳을 단 한 곳이라도 찾으면 구라하시 마사오의 부담을 덜어줄 수 있을 터였다.

1950년 11월 5일에 일본 국회도서관에서는 '일본 신기술 전시회'가 열렸다. 도쿄 통신 공업회사(소니의 전신—역주)도 초청을 받아 그들의 G형 카세트리코더를 전시했다. 이날은 황후와 데이메이(貞明) 황태후, 몇 명의 공주들도 전시장에 찾아왔고 열심히 각 회사의 전시품을 참관하고 있었다.

그들은 도쿄 통신 공업회사의 전시대 앞에서 갑자기 발걸음을 멈추고 흥미진진하게 G형 카세트리코더를 감상하며 설명자인 구라하시 마사오에게 이것저것 물어보았다. 머리 회전이 빠른 구라하시 마사오는 기회를 놓치지 않고 즉시 대화를 녹음하기 시작했다.

그는 이렇게 녹음한 것을 황후에게 들려주려고 카세트테이프를 감아 작동 버튼을 눌렀다. 그러나 이렇게 중요한 순간에 카세트리코더는 계속 윙윙거리는 소리만 낼 뿐 황후의 목소리는 나오지 않았다. 구라하시 마사오는 허둥지둥하며 카세트리코더를 이쪽저쪽 두드리기 시작했다. 그가 서두르는 모습이 어찌나 익살스러웠던지 황후는 참지 못하고 웃음을 터뜨렸다.

후에 구라하시 마사오는 그때의 일을 회상하며 말했다.

"그때는 정말 식은땀이 줄줄 흘렀습니다. 아마도 전자관 접촉에 문제가 있었던 것 같아요. 다행히도 카세트리코더는 곧 음성을 내보냈습니다. 그때는 정말 거의 기절할 지경이어서 내가 도대체 무엇을 했는지 전혀 기억이 나지 않습니다."

그 다음 날 신문에는 '자신의 목소리를 감상하며 웃음을 참지 못하는 황후 폐하'라는 부가 설명이 달린 사진 한 장이 게재되었다. 구라하시 마사오는 이 소식을 듣고 부끄러워서 쥐구멍에라도 들어가고 싶은 심정이었다. 그러나 이 일이 전화위복이 되어 국회도서관에서 즉시 한 대를 구매했다. 그들이 G형 카세트리코더를 구매한 이유는 아마도 그 카세트리코더에 황후의 목소리가 녹음되었기 때문이었을 것이다.

G형 카세트리코더의 판매를 통해 모리타 아키오는 시장을 개척하는 것이 얼마나 중요한지 깊이 깨닫게 되었다. 신제품은 간단하게 판매할 수 있는 것이 아니다. 단지 기술에만 의지해서는 아무런 의미가 없으며 반드시 새로운 영업 및 판매전략이 필요하다. 판매원으로서 밤낮없이

고생한 끝에 모리타 아키오는 이러한 사실을 깨닫게 되었다.

어느 날 저녁 무렵, 모리타 아키오는 온종일 고된 판매업무를 마치고 도쿄 주택의 부근을 산책하다가 어느 골동품 가게를 지나게 되었다. 그는 골동품에 대해 조금의 관심도 없었고 그 가치도 전혀 이해하지 못했기 때문에 골동품 가게가 자신의 집 근처에 있어도 들른 적이 없었다.

하지만 그날따라 그는 마치 무엇인가에 홀린 것처럼 가게 안으로 들어갔다. 그는 낡아빠진 골동품에는 눈길조차 주지 않고 그저 물건에 붙어 있는 천문학적인 숫자의 가격표만 흥미진진하게 훑어보고 있었다. 그때 어느 손님이 오래된 화병을 고르더니 조금도 주저하지 않고 지갑을 꺼내 거액의 현금을 지불했다. 그러고는 매우 만족한 듯이 화병을 끌어안고 나갔다. 그 손님은 화병을 마치 잠자는 아기처럼 소중히 끌어안고 있었다. 조심조심하며 화병을 끌어안고 있는 모습은 우습기도 했고 귀엽기도 했다.

화병을 안고 나가는 손님의 뒷모습이 멀어지는 것을 지켜보며 모리타 아키오는 자신의 개발품인 G형 카세트리코더를 생각했다. 저 오래된 화병은 그의 카세트리코더보다 몇 배나 더 비쌌다. 이렇게 거금을 들여 실용적이지도 않은 골동품을 기꺼이 구매하는 사람도 있는데 왜 여러모로 실용적인 최신 카세트리코더는 고객의 마음을 움직일 수 없을까? 그는 아무리 생각해도 잘 이해가 가지 않았다.

적어도 모리타 아키오에게 있어 새로운 카세트리코더의 가치는 골동품과는 비교할 수도 없었다. 카세트리코더는 많은 사람에게 서비스를 제공하며 그들을 즐겁게 하고 양질의 교육을 제공하는 데 쓰일 수 있지만 오래된 화병은 단지 소수의 사람만이 감상할 수 있도록 집에 놓인 장식품에 불과하기 때문이다. 그는 골동품을 사는 사람 중 대다수가 단지 고상하게 보이기 위해 쓸모없는 물건에 거액을 지불한다고 생각했다. 그러나 판매전략을 세우면서 몇 번을 거듭 고민한 결과 그는 자신의 생각이 잘못되었음을 깨달았다.

골동품 수집가는 골동품의 가치를 알고 있고 그것을 구매하는 것이 일종의 투자라고 생각하기 때문에 거액을 지불한다는 것을 이해했던 것이다. 이 원리를 그대로 적용하자면 G형 카세트리코더를 판매하기 위해서는 반드시 제품의 가치를 이해하는 고객이 어디에 있는지를 먼저 알아야 한다. 이 문제를 해결하면 카세트리코더의 판매부진이라는 난제를 순리적으로 해결할 수 있을 것이다.

황혼 무렵, 만면에 미소를 띤 모리타 아키오는 경쾌한 걸음으로 골동품 가게를 나섰다. 그는 이제 G형 카세트리코더 판매부진의 문제점을 파악하고 있었다. 모리타 아키오는 이부카 마사루의 장인 마에다 다몬을 찾아가 한담을 나누며 돌파구를 찾아냈다. 그것은 바로 전쟁 후 속기사가 부족해졌다는 점이었다. 일본의 법정은 이 문제 때문에 골치를 앓고 있었다.

모리타 아키오는 즉시 이 아이디어를 구라하시에게 알렸다. 구라하시는 도쿠가와 가문의 가장인 도쿠가와 요시치카의 소개를 받아 나고야(名古屋)의 고등 검찰청에 찾아갔다. 그가 물건의 기능에 대해 설명하자 검찰청 사람은 즉시 한 대를 구매했다. 그리고 그에게 말했다.

"법무부에서 다양한 조사를 하는데 아마 이 물건이 필요할 겁니다."

검찰청에서는 정말로 물건을 사주었을 뿐만 아니라 소개장도 써 주었다. 그리하여 구라하시는 곧장 법무부에 물건을 판매하러 갔다. 그들은 카세트리코더의 성능을 이해한 후 바로 24대를 구매했다. 이들에게 카세트리코더는 막중한 속기 노동을 대신할 실용적인 장치이지 결코 장난감 같은 것이 아니었다. 이러한 경험을 하고 나서 구라하시는 점점 판매의 기술을 파악하게 되었고 결국에는 수중에 있던 카세트리코더를 전부 팔아치웠다.

모리타 아키오는 구라하시 마사오의 판매 실적을 알고는 곧바로 그를 야쿠모 산업에서 스카우트해 왔다. 그리고 1951년 2월에 도쿄 레코딩 회사를 설립하고 구라하시 마사오에게 그곳을 근거지로 하여 카세트리코더의 판매업무를 전개하도록 했다. 당시 모리타 아키오는 구라하시 마사오 한 사람에게만 일을 전부 맡길 수는 없다고 생각했다. 시장을 개척하기 위해서는 반드시 회사 전체를 총동원해야 했다.

레코딩 회사를 설립한 후 모리타 아키오, 이부카 마사루, 새로 부임한 구라하시 마사오는 카세트리코더에 적합한 판매방법을 채택하고 여러 차례의 상의를 거친 끝에 반드시 가격이 저렴하고 합리적인 상품을 생산해야 한다는 결론을 얻었다. 그들은 이미 그간 고수했던 정책이 무엇이 잘못되었는지 이해하고 있었다. 카세트리코더를 생산하기 전에 사용 목적과 수요를 심각하게 고려하지 않았고 비록 가격이 조금 비싸기는 하지만 이렇게 편리한 물건은 절대 팔리지 않을 리가 없다고 너무 단순하게 생각했던 것이다. 이것이 바로 판매부진의 근본적인 원인이었다. 이것을 깨닫고 그들은 수요를 끌어올릴 수 있는 판매전략을 세우기 위해 제대로 연구했다. 그리하여 이후로 생산한 몇몇 제품은 소비자에 큰 호응을 얻어내는 데 성공한다.

이러한 깨달음의 일환으로 모리타 아키오와 구라하시 마사오는 미국 도량형 단위 표준의 카세트리코더 사용설명서를 찾아 연구했다. 그리고 이 간단한 소책자에 소개된 사용방법을 따라 국산 카세트리코더의 사용법을 소개하는 책자를 만들어냈다. 그들은 사용설명서를 통해 카세트리코더의 사용 범위를 교육용, 방송용에서부터 연극 방송용, 홍보용, 여가용, 통신용, 연구 시험용 및 시각 장애인의 대화 기록용 등에 이르기까지 광범위한 영역으로 확장시켰다.

또한 그들은 다음 목표로 학교를 선택했다. 아부카 마사루는 모리타 아키오에게 이렇게 말했다.

"일본 교육은 줄곧 독해, 작문과 주산을 중시해왔다. 그러나 전후에 일본에 온 미국인들은 일본의 교육이 매우 낙후되어 있기 때문에 개혁이 필요하며 언어의 소통과 시청각 훈련을 가장 중요시해야 한다."

이러한 개혁 방안은 모리타 아키오에게 돈을 벌 수 있는 길을 만들어 주었다. 그 시절 일본에는 영어 발음을 위한 시청각 교재 이 외에 다른 교육 매체가 거의 없었다. 게다가 전쟁 중에 일본에서 영어 사용을 금지했기 때문에 학생들은 이러한 시청각 교재를 이해할 수 없었다. 보아하니 학교에 카세트리코더의 사용법을 설명하면 수요가 있을 것 같았다. 어학 관련 테이프를 들어주거나 시청각 교재와 병행하는 방법을 제시하면 영어교육에 골머리를 앓던 학교 측에서 반색하지 않겠는가.

모리타 아키오와 이부카 마사루는 이러한 방법을 듣고 흥분해서 즉각 실행에 옮겼다. 모리타 아키오는 카세트리코더를 가득 실은 트럭을 몰며 전국 각지의 학교에 홍보하러 돌아다녔다. 그는 유창한 말솜씨로 카세트리코더의 기능과 사용법을 소개했다. 이러한 상품판매 전략은 매우 효과적이어서 카세트리코더의 판매시장은 매우 빠른 속도로 확장되기 시작했다.

얼마 지나지 않아 일본에서는 문부성과 NHK가 공동으로 주최하는 방송교육연구대회가 열렸다. 당시에 이부카 마사루의 장인 마에다 다몬은 일본영어교육회의 회장을 맡고 있었다. 그는 이번 대회의 주요 인사였고 도쿄 통신 공업회사는 이번 기회를 이용해 몇 대의 H형 카세트리코더를 대회 측에 판매했다. 그 밖에도 도쿄 통신 공업회사는 녹음교육연구회를 조직하고 구라하시 마사오가 강사를 맡아 전국의 초중고교 및 대학에서 강연했다.

녹음교육연구회는 모리타 아키오가 생각해 낸 것이다. 만약 도쿄 통신 공업회사의 명의로 순회강연을 한다면 상대방은 영업하러 왔다고 생각해버리기 때문에(사실상 그러하지만) 사람들이 거부감을 나타내기가 쉽다. 그래서 구라하시 마사오는 강연을 하면서 카세트리코더의 영업과 관련된 이야기는 가능한 한 하지 않으려고 주의를 기울였다.

그는 그저 원하는 사람이 있으면 자연스럽게 걸려들도록 하는 작전을 썼다. H형 카세트리코더를 판매한 지 얼마 되지 않아 모리타 아키오는 후쿠오카(福岡), 센다이(仙台), 삿포로(札幌)에 상주하는 수리 기사를 파견해 순회 서비스를 시행했다. 이렇게 사후 서비스를 중시하는 도쿄 통신 공업회사라는 이미지로 신용 면에서 점수를 얻었다.

얼마 지나지 않아 모리타 아키오와 이부카 마사루의 영업전략은 효과를 나타내기 시작했다. 카세트테이프 리코더가 빠른 속도로 일본 전국의 학교에 보급되었고 수많은 학교 중 약 3분의 1이 H형 카세트리코더를 구매했다. 연이어 소비 계층 또한 경찰서, 방송국, 은행, 회사 및 개인으로 확대되었고 도쿄 통신 공업회사는 결국 카세트테이프 리코더 제작사로서 일본에서 견고한 입지를 다지게 되었다.

일전에 G형 카세트리코더를 판매하면서 모리타 아키오는 각양각색의 웃음을 배워 안면 유연체조를 몸에 익혔다. 웃음은 모리타 아키오의 방패이자 공격할 수 있는 창이기도 했다. 그는 얼굴 근육을 이용해 고객에게 자신이 우호적이고 배려 있는 사람으로 보이도록 했다. 그렇게 그는 고객과의 벽을 허물고 신뢰감을 형성할 수 있었다.

한번은 모리타 아키오가 〈뉴욕 타임스〉 기자들에게 픽업 카메라의 기능을 소개한 적이 있었다. 그 기자들은 시가를 입에 물고 각자 맡은 일을 하며 형식적으로 고개만 끄덕일 뿐 정신은 다른 곳에 가 있는 것 같은 모습이었다.

모리타 아키오는 만면에 영업용 웃음을 띠며 상대방의 환심을 얻기 위해 노력했다. 그는 이 기자들이 소니의 신제품에 관심이 없다는 것을 너무도 잘 알고 있었지만 계속해서 열변을 토하며 민첩하게 얼굴 표정 유연체조를 했다. 하지만 그의 노력이 무색할 정도로 반응이 없었고 모리타 아키오는 실망하여 의기소침해졌다. 그가 어쩔 수 없다는 듯 쓴웃음을 지었을 때 갑자기 구급차의 요란한 사이렌 소리가 들렸다. 어떤 건물에서 불이 나 짙은 연기와 화염이 하늘 높이 치솟고 있었다. 〈뉴욕 타임스〉 기자들은 흥분해서 웅성거리며 앞다투어 뛰쳐나갔다. 좋은 뉴스거리였기 때문에 아마도 신문의 톱뉴스가 될 수 있을 거라 생각했던 것이다.

그때 모리타 아키오는 기지를 발휘하여 크게 외쳤다.

"움직이면 안 되오! 큰 폭발이 일어날 수 있소!"

그 말을 듣고 기자들은 멈춰 섰다.

"이쪽으로 오세요. 다 나한테 붙어요. 가까울수록 좋아요."

그는 픽업 카메라를 쥐고 화재 현장과 불을 끄는 전체 실황을 찍어서 현장에서 〈뉴욕 타임스〉의 기자들에게 보여주었다. 기자들은 엄지손가락을 치켜세우며 말했다.

"오케이! 대단한 일본인!"

모리타 아키오는 웃었다. 그의 웃음은 자신감이 충만했다. 그의 뿌듯한 기분이 기자들에게도 전해졌고 마침내 양측 모두 마음을 열고 크게 웃기 시작했다. 기자들에게 있어서 카메라는 제3의 눈이라 할 수 있다. 그것은 계속 변화하는 상황에서 찰나의 순간을 포착해 저장한다. 현장에 있던 기자들은 픽업 카메라의 기능에 큰 감명을 받았다. 모리타 아키오에게는 고객이 또 늘어난 셈이었다. 때문에 그의 웃음소리에는 성공의 희열이 담겨 있었다.

시간이 흘러감에 따라 초특급 영업사원으로서 모리타 아키오의 명성이 높아지기 시작했다. 그는 창업 초기에 우리는 모두 성공을 꿈꾸는 설계자이며 독특한 제품을 만들어 내기만 하면 반드시 큰돈을 벌 수 있다고 이야기한 적이 있다. 그러나 이제 그는 만약 세계에서 제일 좋은 제품을 만들어낸다고 해도 사람들이 그 제품을 이해하지 못한다면 그것은 한 푼의 가치도 없다는 사실을 잘 알고 있었다.

기업가가 해야 하는 일은 바로 자신의 제품에 대해 대중의 주의와 흥미를 불러일으켜 잠재된 소비자들의 구매 욕구를 끌어내고 전력을 다해 제품을 판매하는 것이다. 만약 홍보를 하지 않는다면 아무리 좋은 제품이라 하더라도 이렇듯 격렬하게 경쟁하는 비즈니스업계에서는 아무도 알아주는 사람이 없을 것이다. 그렇다면 당연히 판매액은 증가할 수 없다.

Point

모리타 아키오는 말했다.

"새로운 제품은 간단하게 판매할 수 있는 것이 아닙니다. 신제품을 개발하면서 단지 기술에만 의존한다면 아무런 의미가 없습니다. 종종 민간인 발명가들이 소니가 신제품을 개발하는 것을 좋아한다는 소문을 듣고 각양각색의 물건들을 들고 찾아옵니다. 이러한 사람들과 만날 때 항상 느낀 점이 있습니다. 그들은 신제품의 연구와 개발에 대단한 노력을 쏟아 부었지만 일단 완성하고 나면 사고가 완전히 교착 상태에 빠집니다. 게다가 항상 자신감이 과도하게 넘쳐흘러서 이렇게 좋은 제품을 사지 않는 사람은 진짜 바보라고 생각해 버립니다. 만약 시장에 대한 영업 판매전략이 없다면 신제품은 아무런 가치도 없습니다."

자신의 능력을
최대한 발휘하라

전 세계를 아우르는 것은 모리타 아키오의 꿈이었다. 그래서 그는 줄곧 업무 확장에 관심을 기울였다. 그는 용감하게 할리우드에 뛰어들었고 막대한 자금을 들여 콜롬비아 영화사를 매입해 미국인들을 대경실색하게 하였다.

"미국의 영혼을 일본인이 사갔다!"

해외에서 업무를 확장해 나가는 것은 소니로서도 정말 힘들고 고생스러운 일이었다. 지금까지 유럽과 미국을 통틀어 소니처럼 수많은 좌절에도 굽히지 않고 대단한 용기를 발휘한 제조업체는 없었다고 단언할 수 있다.

외국인들은 종종 일본에서 사업하기가 매우 어렵다고 원망스럽게 말한다. 그러나 모리타 아키오에게도 거대한 미국 시장을 대상으로 사업을 시작하는 것은 결코 쉬운 일이 아니었다. 미국에 진출했을 때 확실히 처음 몇 단계에서는 시련이 계속되었다. 하지만 그는 항상 그 시련을 극복할 방법을 찾아냈고 자신의 능력을 최대한 발휘해 이루고자 하는 목표를 달성했다.

1950~60년대에 소니는 독일에 자신들의 제품을 판매하기로 결정을 내렸다. 이는 매우 큰 도전이었다. 독일은 전자제품업계의 선진국으로 당시 사람들은 독일의 전자제품이야말로 세계적으로 뛰어난 제품이라는 인식이 있었고 이런 독일의 위탁판매망을 뚫는 것은 매우 어려운 일이었다. 당시 소니에는 미즈시마라는 젊은 직원이 있었는데 그는 영어에 능하고 스페인어를 조금 할 줄 아는 사람이었다. 그는 전에 기술자로서 소니의 제품을 수리한 적이 있었다. 모리타 아키오가 독일에 지사를 설립하려고 준비할 때 미즈시마는 해외 지사를 담당하는 대표로 스위스에 파견되어 있었고 한창 불어를 배우는 중이었다.

독일에서 소니 제품의 판로는 결코 좋다고 할 수 없었다. 현지의 위탁판매 총괄업체는 소니의 제품에 조금도 관심이 없었다. 그래서 모리타 아키오는 다른 위탁판매업체를 찾았다. 그는 만약 곁에서 협조해 줄 위탁판매업체가 있다면 독일에서 지사를 설립할 때 더욱 큰 효과를 얻을 수 있을 것이라고 생각했다. 그리하여 그는 미즈시마를 도쿄로 다시 불러들이고 그에게 4주 동안 독어를 배워 독일 지사 설립 계획의 초안을 작성하라고 지시했다.

미즈시마는 〈4주 안에 독일어 마스터하기〉라는 책을 구매했다. 그러나 3주 후에 모리타 아키오는 그에게 빨리 출발하라고 다그치며 남은 한 주는 독일에 가서 직접 독일어를 배우라고 이야기했다. 이 일은 당시 소니에서 재미있는 이야깃거리가 되었다. 소니의 독일 위탁판매 총괄업체는 킬(Kiel)에 설립되었고 비용을 절감하기 위해 미즈시마는 위탁판매 총괄업체의 사무실에 자신의 자리를 마련했다. 그러나 6개월 후 모리타 아키오는 사무실을 함부르크(Hamburg)로 옮겼다. 이는 네덜란드, 오스트리아와 독일 전체를 총괄하는 업무를 준비하기 위해서였다. 게다가 킬은 교통이 매우 불편했다.

당시 일반적인 독일 소비자들은 결코 일본의 물건을 받아들이지 않았다. 이 시기에 소니의 위탁판매 총괄업체의 업무가 얼마나 힘들었을지는 미루어 짐작할 수 있을 것이다. 당시 미즈시마는 자비로 야간학교에 다녔고 독일어를 배우기 위해 힘썼다. 그는 모리타 아키오에게 독일에 소니 지사를 직접 설립하는 것이 어떻겠냐고 건의했다.

모리타 아키오는 미즈시마가 이 일에 전력투구하고 있다는 사실을 알고 있었기 때문에 그를 믿고 전권을 부여했고 미즈시마도 전력을 다해 일했다. 그러나 새로운 회사를 설립한 초기에 입사한 17명의 사원 중 소니가 어떤 회사인지 제대로 이해하고 있는 사람은 오직 한스뿐이었다.

새로운 회사를 설립한 후 최초의 목표는 시장에 진입해 고품질의 제품으로 지명도를 높이는 것이었다. 시장에 내놓기 시작한 제품은 확대기, 수신기, 녹음기 및 라디오 기능을 지닌 디지털시계처럼 갓 출시된 신제품이었고 모두 품질이 우수했다. 그들은 가장 좋은 전자제품 판매 전문점에서만 제품을 판매한다는 원칙을 고수했다. 미즈시마가 처음에 독일에 갔을 때 소니 제품의 한 달 판매량은 1천 대를 넘지 못했다. 그러나 몇 개월 후에는 라디오 기능을 탑재한 디지털시계 한 품목만 월 판매량이 3천 대에 달했다. 소니라는 이름이 사람들에게 알려지기 시작하면서 여러 백화점과 도매상이 소니의 제품을 판매하고 싶다고 요구하기 시작했으나 미즈시마는 이에 답하지 않았다. 미즈시마는 될 수 있는 한 주문을 많이 받으라는 본사의 압력에도 불구하고 최대한 고품질, 고가격을 유지하는 전략을 고수했다. 이 기간에 모리타 아키오는 3~4개월 간격으로 시찰을 위해 독일을 방문했지만 미즈시마의 전략에 간섭하지 않았다.

당시 미즈시마는 30세 정도에 불과했지만 그가 관리하는 무역의 금액만 해도 6천만 엔이 넘었다. 1년 후에 미즈시마는 벤츠 승용차를 구매했다. 독일 지사의 발전이 비교적 빨랐기 때문에 회사 직원 수는 천 명이 넘게 늘어났고 모든 직원이 직접 혹은 간접적으로 소니의 진취적인 기업정신을 본받았다.

잘 팔리는 제품을 출시하기 위해서는 반드시 시장에 대한 이해가 우선되어야 한다. 그 때문에 모리타 아키오는 젊은 이와이를 유럽으로 보내 상품판매 관리를 하도록 했다. 이와이는 유럽 시장에 내놓기에는 일본 제품이 많은 장애를 가지고 있다는 사실을 발견했다. 일본 제품의 외형과 음향이 유럽의 스타일과 많이 달랐고 특히 독일어에는 후두음이 많아 일본 제품의 음향으로는 제대로 들을 수 없었던 것이다. 이와이의 건의로 소니는 독일인들의 발음 습관에 맞도록 라디오, 텔레비전의 음향 체계를 대폭 수정하기 시작했다.

소니가 유럽에 진출하기 시작했을 때 그들은 주로 각이 진 형태와 윤곽을 한 제품을 팔았는데 이것도 거부감을 불러일으킨 요인이었다. 당시 유럽 사람들은 이미 둥글둥글한 유럽 제품 스타일에 익숙해져 있었기 때문에 어쩔 수가 없었다.

모리타 아키오와 몇몇 사람들은 몇 차례 의견을 나누면서 유럽 사람들의 취향에 맞춰 스타일을 다르게 해보는 것이 어떨지 고려했다. 하지만 결국 그들은 원래대로 소니만의 스타일을 유지하기로 결정했다.

소니는 자신만의 브랜드와 스타일을 설립해야 하므로 다른 제품을 모방해서는 안 되었다. 앞으로 소니가 어려움에 부닥칠지 탄탄대로를 걷게 될지는 이를 계속 견지해 나갈 수 있는가에 달려 있었다. 이것이 모리타 아키오의 방침이었다. 그는 계속해서 소니만의 스타일을 유지하도록 결정했다. 얼마 지나지 않아 소니의 깨끗하고 간결한 윤곽은 유럽인들의 심미적인 안목에 영향을 주어 그들의 안목을 변화시켰고 이내 소니의 제품이 널리 유행하기 시작했다. 소니 제품의 외형은 확실히 다른 브랜드와 달랐고 독특한 품격이 있었다. 종국에는 유럽인들이 소니 제품의 외형을 거울삼아 자신들의 제품에 적용하기에 이르렀다.

독일과 마찬가지로 프랑스에서 상품판매 체계를 구축할 때도 난관이 끊이지 않았다. 프랑스 정부는 있는 힘을 다해 자국 내의 모든 투자를 통제했고 타국의 제품으로부터 자국의 제품을 보호하기 위해 절치부심했다. 그러나 정부 정책과는 별개로 프랑스인들은 외국의 상품을 꽤 좋아했으므로 그들에게 물건을 파는 것은 독일인에게 파는 것보다 훨씬 수월했다. 그런데 프랑스에 소니 지사를 설립하기 위해서는 반드시 독일 대리상과의 계약관계를 중지해야 했다. 이를 결정하기까지 꽤 긴 시간이 걸렸고 결국에는 협의를 달성할 수 있었다.

원래 소니의 대리상은 프랑스 재정부 부장의 친구로 자가용 비행기를 소유하고 있는 부호였다. 그는 사냥에 빠져서 종종 자가용 비행기를 이용해 재정부 부장을 데리고 이곳저곳 사냥을 다녔다. 이러한 친분관계 때문에 모리타 아키오가 계약 중지를 요청하고 프랑스에 소니

지사를 설립하려고 했을 때 재정부는 허가하지 않았다. 그는 어쩔 수 없이 변호사에게 위탁해 장기간의 교섭에 들어갔고 결국 일본과 프랑스 쌍방이 50%의 공동 경영을 한다는 조건 아래 프랑스에 소니 지사를 설립할 수 있도록 허락받았다.

모리타 아키오는 어쩔 수 없이 이 가혹한 조건을 받아들였고 엥도수에즈 은행(Banque Indosuez)을 동업자로 선택했다. 이후에 결국 허가를 얻어 동업자의 주식을 사들였고 현재까지 엥도수에즈 은행 이 사회에서 소니 프랑스 지사가 대표 은행의 이사장 자리를 보유하고 있다.

한편 영국에 공장을 설립할 때 모리타 아키오가 제일 걱정한 것은 영국의 파업 문제였다. 만약 교통업계에 파업이 일어나면 공장의 생산에 지대한 영향을 미친다. 이러한 사태를 미연에 방지하기 위해 모리타 아키오는 공장 자체의 교통수단을 마련하여 직원들의 출퇴근을 담당하게 했다. 또한 공장 내에서 계급의 대립을 막기 위해 고급 관리직과 조장들을 위한 특별한 식당을 설립하지 않았고 특별 주차 구역을 나누지 않았으며 공장 내에서는 모든 구성원이 소니의 재킷을 입도록 했다.

물론 이것이 강제적인 규정은 아니었다. 그래서 처음에 설계자들은 재킷 입기를 거부했다. 영국인들은 전통을 중시하기 때문에 설계자들과 변호사는 모두 흰 가운을 입었는데 이는 신분과 지위를 나타냈다. 그러나 얼마 지나지 않아 흰 가운을 입던 사람들도 모두 소니의 재킷을 입고 일하기 시작했고 계급에 대한 인식은 자연스럽게 없어졌다.

모리타 아키오는 장기적인 전략 차원에서 콜롬비아 영화사를 인수했다. 당시 어떤 사람들은 이를 두고 미친 짓이라고 했는데 왜냐하면 이는 사업 영역이 확실하게 다른 분야였기 때문이었다. 당시 소니의 자회사 중 일본에서의 영화 필름 배급권을 가진 일류 영화사는 없었다. 게다가 일본에서 가장 큰 영화사였던 빅터가 MGM, 20세기 폭스, 콜롬비아 영화사의 배급권을 가지고 있어 소니는 업계에서 완전히 배제되어 있었다.

그뿐만 아니라 일본의 비디오테이프 리코더 시장은 수조 엔에 달하지만 비디오테이프 시장은 단지 수천억 엔에 불과해 큰 차이가 있었다. 그러나 모리타 아키오는 이러한 숫자에 현혹되지 않았다. 모리타 아키오는 처음에 MGM 영화사를 구매하려고 했지만 담판이 허사가된 후 콜롬비아 영화사로 마음을 돌렸다.

콜롬비아 영화사는 이미 몇 년 동안이나 좋은 작품을 제작하지 못하고 있었다. 게다가 경영도 순조롭지 못했고 빈번하게 고위 간부가 바뀌었다. 그때 49%의 주식을 소유하고 경영권을 가지고 있었던 코카콜라가 철수를 고려하고 있다는 이야기가 돌았다. 소니가 신중하게 타진해보자 콜롬비아 영화사의 경영권을 장악하고 있던 코카콜라 측에서 반응이 왔다. 그들은 만약 특정 조건을 들어줄 수 있다면 콜롬비아 영화사를 매각할 수 있음을 표명했다. 코카콜라 회사의 로베르토 고이수에타 회장과 모리타 아키오는 오래전부터 아는 사이였고 그는 주식을 양도할 대상으로 소니가 매우 적합하다고 생각했다.

1989년 9월 마침내 소니는 콜롬비아 영화사를 매입했다. 그때 매입 금액은 미화로 34억 달러였다. 거기다 콜롬비아 영화사가 가지고 있던 12억 달러의 부채까지 합쳐 총금액은 무려 48억 달러에 달했다. 콜롬비아 영화사를 정상 궤도에 돌려놓기 위해 소니는 두 명의 영화 제작자 피터 구버와 존 피터스를 찾아내 관리를 맡겼다. 피터 구버와 존 피터스는 〈레인맨(Rain Man)〉, 〈배트맨(Batman)〉 등의 인기작을 제작해 영화계에서 유명한 사람들이었다. 두 작품은 1989년 아카데미 시상식의 주요 수상 종목을 모두 휩쓸었다. 소니는 그들이 공동 경영하는 제작회사인 구버 피터스 엔터테인먼트를 원래 형태 그대로 2억 달러에 사들였다.

이러한 비용들을 다 합쳐 당시의 환율로 환산해보면 매입비용은 거의 7천억 엔에 달한다. 이는 소니 본사의 1년 판매 금액의 3분의 2에 해당하고 경영 이윤의 7배에 달하는 금액이다. 이는 또한 일본 기업 최초의 대규모 매입이기도 했다. 당시 업계에서는 그렇게 거대한 금액을 투자하는 것은 기업경영에 있어 장기적으로 좋지 않은 영향을 끼칠 것이라고 생각했다. 또한 누군가는 소니가 비디오테이프 리코더 경쟁에서 실패해서 성급한 조치를 취했다고 이야기했다.

그러나 모리타 아키오는 이러한 여론에 아랑곳하지 않고 자신감에 충만해서 말했다.

"비록 가장 좋지 않은 방법이기는 하지만 이 금액은 우리가 부담할 수 있는 금액입니다. 모두 우리가 콜롬비아 영화사를 매입한 진정한 의도를 이해할 수 없을 거라고 생각합니다. 저는 콜롬비아 영화사가 단기간에 실력을 발휘할 것이라고는 생각하지 않습니다. 콜롬비아 영화사의 진정한 위력은 1990년대 후반에서 다음 세기에 이르러서야 실현될 것입니다. 앞으로 10년 안에 콜롬비아 영화사는 다시 위풍당당한 풍모를 되찾게 될 것입니다."

이렇듯 모리타 아키오는 원래 1990년대 말에 승부수를 던져두고 있었다. 그러나 1992년 2월 20일에 UPI 통신에서는 한 가지 뉴스를 발표했다. 소니의 두 개의 영화제작소가 제64회 아카데미 시상식에서 36부문에 걸쳐 노미네이트되었으며 총 노미네이트 수의 3분의 1을 차지했다는 소식이었다.

구버 피터스 엔터테인먼트가 촬영하고 제작한 갱스터 무비 〈벅시(Bugsy)〉는 총 10개 부문에서 후보에 올라 함께 출품된 작품들 중 최다 노미네이트되는 기록을 세웠다. 이 작품은 또한 작품상과 남우주연상 부문에도 노미네이트되었고 덕분에 상업적으로도 큰 성공을 거두었다. 〈벅시〉 외에도 구버 피터스 엔터테인먼트가 제작한 〈피셔킹(The Fisher King)〉 등 3편의 작품이 모두 17개 부문에 노미네이트되었다. 콜롬비아 영화사는 기대 이상의 성적을 거두었다.

그들이 제작한 〈사랑과 추억(The Prince of Tides)〉은 7개 부문에 노미네이트되었고 박스오피스 수입도 이미 5천만 달러를 넘어섰다. 당시 할리우드는 3대 영화 제작사가 장악하고 있었는데 그것은 바로 워너브라더스, 월트디즈니, 소니 엔터테인먼트였다.

1993년 1월 4일자 미국 〈월 스트리트 저널〉의 보도에 따르면 1992년 박스오피스 수입 경쟁에서 3대 회사는 거의 막상막하였고 거의 비슷한 횟수로 1위에 올랐으며 각 사가 대략 20%의 시장 점유율을 차지하고 있었다. 이렇게 근접한 성적을 거둔 원인은 3대 영화사가 1992년에 평균적으로 박스오피스 성적이 좋은 영화를 배급했기 때문이다.

예를 들어 월트디즈니사의 애니메이션 〈알라딘(Aladdin)〉은 크리스마스부터 신년까지 7일 동안 상영 수입이 3천 2백만 달러에 달했고 이는 역대 같은 기간에 상영된 영화 중 최고의 수입이었다. 콜롬비아 영화사의 〈어 퓨 굿 맨(A Few Good Men)〉은 1992년 12월 11일 상영 개시일부터 1993년 1월 4일까지 관객들의 사랑을 가장 많이 받은 영화였고 총이익은 7천 7백 2십만 달러에 달했다.

모리타 아키오는 자신의 능력을 최대한 발휘하기만 하면 반드시 성공할 수 있다고 믿었고 결국 그의 결단은 옳았다. 할리우드에 입성하고 나서 소니의 활동 영역은 이전보다 크게 넓어졌다. 만약 세계의 전자제품업계가 위축된다고 해도 소니는 엔터테인먼트 사업 분야에서 활약할 수 있게 되었다.

1989년 소니가 34억 달러에 할리우드의 구버 피터스 엔터테인먼트와 콜롬비아 영화사를 매입한 것은 현명한 일이었다. 오늘날 소니는 파나소닉(일본), 지멘스(독일), 필립스(네덜란드)에 이어 세계 4대 전자제품 회사일 뿐 아니라 세계 3대 영화 회사 중 하나다.

Point

모리타 아키오는 말했다.
"경쟁이란 비록 암담한 면이 있기는 하지만 제가 볼 때 그것은 공업과 기술발전에 있어 매우 중요한 부분입니다. 이는 미국이나 일본이나 마찬가지입니다. 자유롭고 공개적인 경쟁을 할 수 있도록 참견을 최대한 줄여야 합니다."

제 3 장

파나소닉

_ 물건을 만들기보다 _
사람을 먼저 만든다

파나소닉은 세계적인 전자제품 생산기업으로 일본 전자제품 생산업계의 선두를 달리고 있으며 다양한 전자제품을 생산·판매한다. 파나소닉의 전신은 창시자 마쓰시타 고노스케가 1918년에 창립한 '마쓰시타 전기(電器) 제작소'로 주로 간단한 전기 콘센트를 생산하며 시작되었다.

현재 파나소닉이 생산하는 제품은 가정용 전자기기, 사무용 전자기기, 생산용 전자기기 및 사회 시스템 등 광범위한 영역에 이르고 있다. 또한 세계 각국과의 업무협력을 통해 '국제적인 종합 전자기술기업'으로서 높은 평가를 받고 있다.

파나소닉은 다국적 기업으로 세계 최대 규모의 50대 기업 명단에 이름을 올리고 있고 전 세계에 230개가 넘는 회사를 보유하고 있다. 또한 130여 개국에 공장이 분포되어 있으며 부속회사까지 포함해 그룹에 속한 직원이 20만 명에 달한다. 그러나 70년 전, 파나소닉은 단지 3명이 경영하는 작은 전기기재 회사였다. 그리고 몇 대에 걸친 노력을 통해 현재는 세계적으로 유명한 대형 종합전자기업이 되었다. 이러한 신화와 같은 기적을 창조한 사람은 바로 '경영의 신'이라 불리는 파나소닉의 창시자 마쓰시타 고노스케다.

'기업가로서의 책임을 다해 사람들의 생활을 더욱 풍요롭게, 더욱 쾌적하게 만들고 세계의 문화 발전에 공헌한다'라는 그의 경영이념은 파나소닉이 지금과 같은 성공을 거두는 데 중요한 원인이 되었다.

꿈과 신념을 가진 지도자

마쓰시타 고노스케는 꿈을 가져야만 원동력이 생겨난다고 생각했다. 한 기업을 이끌어 가는 지도자는 반드시 직원들에게 꿈을 갖도록 해야 한다. 만약 직원들이 꿈을 갖게 할 수 없다면 그것은 지도자로서의 자격이 없는 것이다. 마쓰시타 고노스케는 직원들에게 더욱 큰 꿈을 가지도록 했다. 여기서 큰 꿈이란 바로 회사의 단기, 중기, 장기적인 계획이다. 이는 직원들에게는 아름다운 미래를, 사회에는 풍요로움과 문명을 가져다주는 것이다.

1932년에 마쓰시타 고노스케는 무려 250년 후를 꿈꾸는 웅대한 미래 계획을 묘사한 적이 있다. 250년을 10으로 나누면 각각 25년이 된다. 맨 처음 25년을 다시 3개의 기간으로 나눈 다음 첫 번째 10년을 건설에 전력을 다하는 기간으로 정한다. 두 번째 10년은 계속적인 건설과 활동에 노력하는 기간으로 '활동의 시대'라고 부른다. 남은 5년은 계속적인 활동을 하면서 한편으로 건설과 활동의 성과를 사회에 공헌하는 '공헌의 시기'라고 부른다.

맨 처음 25년의 다음 25년은 다음 세대가 계속해서 노력하는 시대로 앞의 기간과 마찬가지로 건설, 활동, 공헌에 힘쓴다. 이렇게 해서 250년을 10으로 나눈 제일 마지막 25년까지 세대에서 세대로 이어져 내려가면 250년 후의 세계는 더는 빈곤하지 않고 풍요로운 천국으로 변할 것으로 생각했다.

지금까지 기업가뿐만 아니라 걸출한 정치가, 혁명가 중에도 마쓰시타 고노스케처럼 이렇게 웅대한 계획을 세운 사람은 거의 없었다. 마쓰시타 고노스케는 그저 공상만 하는 사람이 아니라 계획과 꿈을 가진 사람이었다. 오늘날까지도 그의 꿈은 여전히 한 걸음 한 걸음 실현되고 있다. 마쓰시타 고노스케의 이러한 계획은 실제로 모든 직원에게 아름다운 꿈을 갖게 해주었고 그들의 일에 대한 열정과 적극성, 작업 효율을 높여서 회사의 빠른 성장을 촉진하는 데 대단한 작용을 했다.

마쓰시타 고노스케는 성실하고 솔직하며 사심이 없는 사람이었다. 그가 직원들에게 꿈을 가지도록 독려한 것은 결코 어떠한 계략이 있어서가 아니라 진심으로 직원들의 생활이 좀 더 좋아지기를 바라는 마음에서였다. 그는 경영자와 직원들의 목표가 일치해야 하며 평소에는 직원들이 사장을 의지하고 어려운 시기에는 사장이 직원들을 의지해야 한다고 이야기했다. 만약 어려운 시기에 직원들에게 돈을 꿀 수 있을 정도로 돈독한 관계를 쌓는다면 어떠한 난관도 돌파할 수 있다고 생각했다.

마쓰시타 고노스케는 융자와 자금 이용의 달인이었다. 그러나 자금 사정이 극도로 어려운 때도 몇 번 있었다. 그럴 때마다 그는 침착하게 대응하며 솔직하게 말했다.

"힘든 시기에는 은행도 반드시 돈을 빌려주리라는 보장이 없습니다. 내가 이리저리 생각해 보았는데 우리 회사에는 1,500명의 직원이 있고 그들에게는 분명히 적지 않은 돈이 있을 것 아닙니까? 아마 한 사람이 평균 10만 엔은 가지고 있을 겁니다. 만약 모든 직원에게 10만 엔을 빌리면 1억 5천만 엔을 모을 수 있습니다. 이 돈만 있으면 회사는 유지될 수 있습니다."

비록 마지막까지 직원들에게 돈을 빌리지는 않았지만 마쓰시타 고노스케는 확실히 이런 생각을 하고 있었다. 이러한 생각에 대해 적극적인 대답이 돌아왔고 모든 직원이 기꺼이 회사를 돕고자 했다. 그러나 마쓰시타 고노스케가 이 방법을 쓰지 않아도 회사는 난관을 극복해냈다.

마쓰시타 고노스케는 경영자는 반드시 직원과 함께한다는 신념을 가져야 한다고 생각했다. 그는 일단 긴급 상황이 발생하면 용기를 내어 말했다.

"저도 사력을 다해 자금을 만들 겁니다. 여러분도 같이 어려움을 이겨낼 수 있기를 바랍니다."

이러한 신념이 회사의 성패를 좌우하는 관건인지도 모른다.

직원들에게 돈을 빌리는 것은 부득이한 상황에만 사용하는 방법으로 이는 경영자에게 직원과 함께한다는 신념이 있어야 가능하다. 이러한 신념이 있으면 위급한 시기에 직원들에게 도움을 청하고 그들을 믿고 의지할 수 있다. 이는 지극히 자연스러운 일이다.

마쓰시타 고노스케는 회사를 경영하면서 절대 쉽게 직원을 해고하지 않았다. 회사의 경영이 곤란하다는 이유로 인원감축을 하지 않았으며 시종일관 직원과 함께한다는 신념을 지켜나갔다. 비록 회사에 일시적인 부담이 가중될 수 있겠지만 그는 직원을 해고하지 않음으로써 그들의 애사심을 향상시켜 회사와 일체감을 느끼게 할 수 있다고 생각했다. 이러한 수확은 현재 체감하는 작은 손실과 비교할 수 없는 것이었다.

기업의 경영관리에 있어서 잉여 인력을 해고하거나 경영이 어려운 시기에 인원을 감축하는 것은 자연스럽고 당연한 일이다. 여분의 인력을 줄여 적절한 기업의 규모를 유지하는 것은 올바른 경영 방법이라고 할 수 있지만 마쓰시타 고노스케는 절대 가볍게 직원을 해고하지 않았다. 파나소닉의 역사상 회사의 경영 부진을 이유로 해고된 직원은 한 명도 없다. 패전 직후에 경영이 순조롭지 못한 상황에서도 마쓰시타 고노스케는 직원을 해고하지 않았다.

그러나 파나소닉에도 한 차례의 대규모 인원감축이 있었다. 하지만 이는 정말 어찌할 수 없는 상황이었다. 1950년, 전쟁에서 패한 일본 정부는 재벌들에 강제 해산 명령을 내리면서 파나소닉의 발전에도 제약을 가했다. 더는 발전할 수 없게 된 파나소닉은 어쩔 수 없이 인원을 감축했다. 훗날 마쓰시타 고노스케는 이 일을 이야기하면서 여전히 마음 아파했다. 그는 이 일이 그의 일생을 통틀어 가장 유감스러운 일이었다고 말했다.

1929년, 경제 공황은 세계 각지에 영향을 미치게 되었고 일본도 예외는 아니었다. 한동안 인원감축, 임금 삭감, 경영규모 축소 등이 끊임없이 발생했다. 당시 파나소닉은 막 오사카와 후쿠오카(福岡) 지역에 공장을 설립하여 규모를 확장하고 있었다. 경제불황 속에서도 상품은 계속 생산되었지만 이를 판매할 방법이 없어서 재고가 산더미처럼 쌓이게 되었다. 이러한 상황을 맞아 간부들은 생산 및 직원을 절반으로 감소시키는 기획안을 건의했고 마쓰시타 고노스케에게 지시를 요청했다. 그러나 마쓰시타 고노스케는 단 한 사람의 직원도 해고하지 않겠다는 단호한 결정을 내렸다.

마쓰시타 고노스케의 결정은 비록 회사에는 부담이 되었지만 직원들에게는 감동을 불러일으켰다. 생산량이 절반으로 감소하게 되어 직원들은 오전에만 출근했지만 아무도 쉬는 사람이 없었다. 모두 전력을 다해 재고상품을 판매했고 채 두 달이 되지 않아 창고 안에 대량으로 쌓여 있던 상품은 전부 바닥이 났다. 공장도 종전의 운영 상태를 회복해 회사의 난관을 극복할 수 있었다.

대부분의 경영자는 마쓰시타 고노스케와 다르다. 그들은 직원 수가 적을 때는 직원들을 추켜세우다가도 직원이 남는 상황이 되면 내쫓는다. 마쓰시타 고노스케는 아무렇게나 직원을 해고하는 일은 절대 있을 수 없다고 생각했다. 그는 주장했다.

"일시적인 시련으로 직원들을 해고한다면 경영의 신념 면에서 볼 때 자신을 실직하게 하는 것과 다름없습니다."

직원을 멋대로 해고하면 경영자와 기업에 대한 직원들 및 세간의 신임이 떨어지고 경영 능력에 의문이 제기될 것이다. 게다가 장차 사람들을 공황상태에 빠뜨릴 수도 있다. 이러한 문제로 잘못을 범하면 다시 이미지를 쇄신하려고 해도 절대 쉽지 않다.

마쓰시타 고노스케는 직원들이 항상 사장을 믿고 따를 수 있어야 한다고 생각했다. 평상시뿐만 아니라 중대한 고비일수록 더욱 그렇다. 불황과 위기에 직면했을 때 사장이 두려워하지 않고 침착하게 대응한다면 직원들도 더욱 적극적이고 용감하게 대응할 수 있다. 경영자는 반드시 직원들과 함께한다는 신념을 가져야 부하직원들이 믿고 따를 만한 든든한 기둥 역할을 할 수 있다.

Point

1. 마쓰시타 고노스케는 아무렇게나 직원을 해고하는 일은 절대 있을 수 없다고 생각했다.
"일시적인 시련으로 직원들을 해고한다면 경영의 신념 면에서 볼 때 자신을 실직하게 하는 것과 다름없습니다."

2. 마쓰시타 고노스케는 말했다.
"경영자의 중대한 직무 중 하나는 직원들로 하여금 꿈을 가지고 노력할 수 있 는 목표를 제시하는 것입니다. 그렇지 않으면 회사를 대표하는 사람으로서의 자격 이 없습니다."

우수한 품질과 저렴한 가격정책으로 브랜드 효과를 중시한다

마쓰시타 고노스케는 '우수한 품질과 저렴한 가격'이라는 가격 정책 방침을 정했다. 이러한 방침은 예전부터 있었지만 마쓰시타 고노스케는 이에 더욱 많은 의미를 부여했다.

전통적으로 우수한 품질이란 실용적이고 오래 쓸 수 있는 제품을 말하지만 마쓰시타 고노스케의 개념은 더욱 많은 뜻을 내포하고 있었다. 그에게 있어서는 사용하기 편리하고 기능이 다양하며 디자인이 좋아야 우수한 품질을 가지고 있다고 할 수 있었다.

또한 마쓰시타 고노스케는 우수한 품질에 대한 남다른 생각을 가지고 있었다. 그는 다기능 전구 소켓을 출시한 지 얼마 되지 않아 사용이 더욱 편리한 탄두형 전지 헤드라이트를 출시했다. 그런 다음 탄두형 헤드라이트보다 실용적이고 편리하며 자전거에 설치하기에도 알맞고 휴대 조명으로도 사용할 수 있는 겸용 헤드라이트를 출시했다. 이렇게 우수하고 완벽한 품질을 끊임없이 추구하는 태도는 마쓰시타 고노스케의 사업이 번창하고 발전하는 데 중요한 요소가 되었다.

우수한 품질을 보증하기 위해 품질이 낮은 상품이 시장으로 유입되는 것을 철저히 막는 것은 매우 중요하다. 마쓰시타 고노스케는 불합격 제품을 생산하지 말라고 공장 책임자에게 신신당부했다. 공장에서 열린 회의에서 그는 말했다.

"경영에 종사하는 사람은 생산품의 품질에 엄격해야 합니다. '파나소닉의 제품은 제일 우수한 제품이다'는 우리의 일관된 경영 관념입니다. 우리는 고객의 입장에서 모든 제품의 성능, 품질을 다시 검사해야 합니다. 일단 불합격 제품이 나오면 즉각 공장으로 반송해서 다시 검사하도록 해야 합니다."

후에 마쓰시타 고노스케의 생각은 한 걸음 더 나아갔다.

"반품은 소극적인 대처방법입니다. 반품이 된다고 해서 제품의 결점이 사라지는 것은 아닙니다. 게다가 이러한 반품 처리에는 적지 않은 시간과 노력이 들게 됩니다."

마쓰시타 고노스케는 100% 우수한 상품을 제공하기 위해 온힘을 다하라고 각 부문에 당부했다.

이를 통해서 마쓰시타 고노스케가 얼마나 품질을 중요시했는지 짐작할 수 있다. 파나소닉의 성장 과정을 보면 품질로 성공한다는 파나소닉의 일관된 경영방침을 엿볼 수 있다. 전자제품업계에서 파나소닉 제품 대다수가 출시는 늦은 편이지만 성능은 제일 뛰어나다. 마쓰시타 고노스케는 연구원들에게 종종 다음과 같이 말했다.

"우리들의 제품개발은 다른 곳보다 낙후되어 있지만 제품의 품질만은 반드시 다른 회사보다 뛰어나야 합니다."

파나소닉은 다른 회사보다 늦게 라디오를 제조하기 시작했지만 파나소닉의 라디오는 일단 출시되자마자 탁월한 품질로 소비자들의 감탄을 불러일으켰다. 이러한 사례는 파나소닉에서 비일비재하다. 그렇기 때문에 파나소닉의 제품이 제일 우수하다고 마쓰시타 고노스케가 감히 말할 수 있는 것이다.

누구나 우수한 상품을 만들고 싶어 한다. 그러나 실제로 한결같이 우수한 제품을 생산할 수 있는 회사는 손에 꼽을 정도다. 일본에서는 처음에 전자제품 생산업체가 대단히 많았지만 후에 생존경쟁에서 살아남은 곳은 몇 군데 되지 않는다. 100엔으로 기업을 일으키고 3명이 창업한 파나소닉은 오랜 기간 전자제품업계 최고의 자리를 지키고 있다. 도대체 무슨 특별한 비결이 있을까? 대답은 매우 간단하다. 우수한 품질과 저렴한 가격이 바로 그 비결이다.

그러나 우수한 품질의 제품을 생산하는 일이 결코 쉬운 일은 아니다. 우수한 연구원은 물론이고 연구설비와 위험을 무릅쓴 투자가 필요하다. 한 단계 한 단계 신중하지 않으면 피땀 흘린 노력이 물거품이 되고 만다.

이전에 파나소닉은 거금을 투자해 진공관 라디오를 개량한 적이 있었으나 마침 이 제품을 판매할 시기에 진공관보다 전기가 절약되고 경제적인 트랜지스터가 출시되었고 눈 깜짝할 사이에 진공관 라디오는 도태되어 버리고 말았다. 마쓰시타 고노스케는 이 일을 계기로 직원들에게 24시간 내내 위기감을 잃지 말라고 경고했다.

우수한 제품을 연구 개발하기 위해서는 위험을 감수해야 하고 이는 판매에 있어서도 마찬가지다. 마쓰시타 고노스케는 가산을 탕진할 위험을 무릅쓰고 탄두형 헤드라이트보다 우수한 사각형 헤드라이트를 출시했다. 만약 다른 사람이었으면 이렇게 성공이 보장되지 않는 일은 감히 시도하지 못했을 것이다.

당시 탄두형 헤드라이트는 출시되자마자 사람들의 주목을 받았고 중개 판매상인 야마모토도 매우 만족해했다. 그러나 마쓰시타 고노스케는 오히려 탄두형 헤드라이트의 생산을 중단하고 앞날을 예측할 수 없는 사각형 헤드라이트를 출시했고 이는 야마모토의 단호한 반대에 부딪혔다. 결국 마쓰시타 고노스케는 계약 위반으로 야마모토에 위약금 1만 엔을 배상하게 되었다. 이 돈은 당시로써는 매우 큰돈이었다. 사각형 헤드라이트의 우수한 품질을 고객에게 이해시키고 상품의 판매 활로를 개척하기 위해 마쓰시타 고노스케는 공짜로 1만 개의 사각형 헤드라이트를 배포했다. 만약 이것이 실패한다면 마쓰시타 고노스케는 틀림없이 파산할 위기였다. 그러나 이 일은 결국 성공했다. 만약 그렇지 않았으면 오늘날의 파나소닉은 없었을 것이다.

'우수한 품질'과 '저렴한 가격' 사이에는 모순이 존재하지 않을 수 없다. 어떤 때는 우수한 품질을 위해서 저렴한 가격을 유지할 수 없을 때가 있다. 이러한 상황에서 마쓰시타 고노스케라면 어떻게 처리할까? 두 가지를 모두 얻기 위해서는 그저 다른 사람에게 부탁만 해서는 안 된다. 반드시 이익과 손해 관계를 확실히 따져야 좋은 결과를 얻을 수 있다.

1933년부터 1934년 동안 파나소닉은 전구를 제조해 판매하기로 결정했다. 당시 일본의 전구 수준은 일정하지 않았고 1등급에서 4등급에 이르기까지 다양했다. 1등급 전구는 한 회사에서 만든 A브랜드의 제품으로 개당 정가가 35엔이었고 2등급 제품은 25엔에서 26엔 정도였다. 3등급 제품은 15엔에서 16엔, 4등급 제품은 10엔이었다. 판매량이 가장 높은 것은 1개에 10엔 하는 4등급 제품이 아니라 1등급 제품이었고 시장 점유율은 약 70% 정도였다.

그렇다면 파나소닉에서 새롭게 판매할 전구의 가격은 얼마로 정하는 것이 적당할까? 전구의 등급은 몇 등급으로 하는 것이 좋을까? 파나소닉은 다양한 각도로 생각하고 연구한 다음 정가를 1등급 제품과 같은 35엔으로 정했다.

마쓰시타 고노스케는 시장에 출시하기 전에 고객들의 의견을 구했다. 고객들은 다음과 같이 말했다.

"마쓰시타 선생, 만약 가격이 35엔으로 정해진다면 그건 좀 합리적이지 않은 것 같습니다. A브랜드의 전구는 품질도 좋고 35엔에 살 수 있는데 파나소닉에서 처음으로 발매하는 전구가 그만한 가격이라는 건 좀 납득하기가 힘들지요."

"만약 25~26엔 정도라면 괜찮겠지만 그렇지 않으면 살 사람이 없을 겁니다."

"만약 3등급 제품과 같은 가격이라면 아마 잘 팔릴 겁니다."

마쓰시타 고노스케는 그들의 말에 조금 실망했다. 그러나 파나소닉의 전구는 그 기능이 증명된 바가 없는 신제품이므로 고객들의 비평은 매우 일리가 있었다. 그러므로 그는 고객들의 생각과 의견에 대해 열심히 생각했고 전구업계의 현황과 장래에 대한 전반적인 검토와 분석을 시작했다.

결국 마쓰시타 고노스케는 반드시 35엔에 팔지 않으면 안 된다는 결론을 얻었다. 마쓰시타 고노스케가 홋카이도(北海道)에서 도매상과 교섭을 할 때 그들은 모두 35엔이면 팔리지 않을 것이라고 이야기했다. 마쓰시타 고노스케는 다음과 같이 이야기했다.

"만약 여러분이 파나소닉을 키워나갈 의사가 있다면 35엔에 팔아주길 바랍니다. 우리는 앞으로 더욱 우수한 제품을 만들어나갈 것입니다. 현재는 막 시작한 단계이기 때문에 어쩔 수 없습니다. 아마도 지금은 잘 팔리지 않을 것이라고 생각하겠지만 만약 시도해보려는 사람이 없으면 공장은 어떻게 살아남을 수 있겠습니까? 전자제품업계도 서로 경쟁을 해야 진보가 있습니다. 그러니까 전구를 35엔에 판매하는 것은 파나소닉을 일류 회사로 키우기 위한 것입니다. 그러니 여러분 모두 좀 더 생각해 주시기 바랍니다."

마쓰시타 고노스케가 말을 마치자 최초로 반대를 표시했던 사람이 말했다.

"마쓰시타 사장님이 그렇게 말씀하시니 그럼 한번 협력해 봅시다."

결국 파나소닉의 전구는 35엔에 출시되었고 최종 판매량은 A브랜드의 전구보다 좋았다.

그저 고객의 비위만 맞추려 하고 경영원칙을 고수하지 않았더라면 고객의 신뢰는 얻을 수 없었을 것이다.

사람들은 우수한 품질과 저렴한 가격이 판매시장에서 살아남기 위한 유용한 방법임을 잘 알고 있다. 그러나 이 원칙을 한결같이 지킬 수 있는 사람은 매우 드물다. 보통 사람에게는 우수한 품질과 저렴한 가격을 동시에 유지하는 것이 힘들겠지만 마쓰시타 고노스케는 이 두 조건을 완벽하게 결합시켰다.

우수한 품질과 저렴한 가격은 한 회사의 이미지라 할 수 있다. 이미

지는 곧 신용이며 장기적으로 쌓아올린 이미지는 주의해서 지키지 않으면 하루아침에 무너져 버린다. 회사에 있어서 이미지는 매우 중요하고 조금의 상처도 입어서는 안 된다. 이미 무너져버린 과거의 신용이나 이미지에만 의존해서는 장사를 계속해 나갈 수 없다. 반드시 고객이 현재 원하고 있는 것은 무엇인지 자주 묻고 이에 대한 답을 찾아내야 매일 새로운 신용이 생겨나는 것이다.

경영하면서 빚을 지는 것은 원칙에 위배될 뿐 아니라 신용을 완전히 잃어 기업의 간판 이미지에 영향을 줄 수 있다. 그러나 성실한 태도를 유지하면 이러한 문제를 막을 수 있다.

한번은 어느 회사의 사장이 마쓰시타 고노스케에게 5천만 엔을 빌리러 왔다. 이유인즉슨 상품대금을 아직 못 받았기 때문에 자금이 필요하다고 했다. 이전에는 은행이 융자를 해 주었지만 이번에는 모두 거절당했다는 것이었다. 마쓰시타 고노스케는 물었다.

"은행도 못 빌려주는데 나라고 빌려줄 수 있겠습니까? 도대체 미수금이 얼마입니까?"

그는 대략 2억 5천만 엔이라고 대답했다. 마쓰시타 고노스케는 다시 물었다.

"그렇게 많은 금액을 왜 아직도 환수하지 않았습니까? 우선 5천만 엔이라도 수금이 되면 문제가 없을 것 아닙니까?"

그 사장은 이렇게 대답했다.

"안 됩니다. 은행이 긴박한 시기는 고객들도 모두 곤란한 시기입니다. 평소에 대금 받기도 어려운데 지금은 오죽하겠습니까?"

마쓰시타 고노스케는 그의 말이 일리가 있다고는 생각했지만 그에게 말했다.

"당신은 지금 매우 위급한 시기고 회사의 존망이 걸려 있습니다. 반드시 상대방에게 사정을 이야기하고 그들에게 조금 빨리 대금을 지급해 달라고 하십시오. 2억 5천만 엔 전액을 요구하는 것이 아니라 그중 5천만 엔만 있으면 되니 여러 군데를 돌아다니면 대부분 도와줄 것이라고 믿습니다."

"그렇지만 사정을 고객들에게 이야기하는 것은 회사의 위신을 잃을 염려가 있습니다."

"그것은 잘못된 생각입니다. 어찌 됐든 반드시 받아야 할 금액이지 않습니까. 당신이 돈을 받는 것은 당연한 일이고 그들은 지급해야 할 의무가 있습니다. 단지 그들이 당신의 회사가 실력이 충분하고 경영상 문제가 없다고 생각하니까 대금의 지급을 연기하는 것입니다. 만약 그들이 당신의 어려운 상황을 안다면 반드시 앞당겨 금액을 지급할 것입니다. 어쨌든 반드시 받아야 할 금액을 아직 못 받았을 뿐인데 빚을 지려 하다니 그것은 경영원칙에도 위배됩니다."

마쓰시타 고노스케의 말이 일리가 있다고 생각한 그 사장은 그의 말을 따랐다. 얼마 지나지 않아 그는 다시 마쓰시타 고노스케를 찾아와 말했다.

"마쓰시타 사장님, 오늘은 감사의 말을 전하려고 왔습니다. 사장님의 말을 듣고 고객들을 찾아가 사정을 설명했더니 그들은 저를 이해해 주었습니다. 본래 5천만 엔만 받을 예정이었으나 결국에는 7천만 엔을 받을 수 있었습니다. 게다가 그들은 저를 격려해 주었고 이전보다 많은 물품을 주문해 주었습니다. 저는 전에는 체면 때문에 수금에 적극적이지 못했습니다. 하지만 앞으로는 용감하게 현실을 직면해야 겠습니다."

고객에게 사실을 토로하자 오히려 신용이 두터워졌고 사업은 이전보다 잘되었다. 사업을 할 때는 반드시 시비를 구분하고, 해야 할 일은 반드시 성실하게 해야 한다. 기업의 이미지는 이렇게 만들어져 가는 것이다. 그러므로 받아야 할 돈은 대담하게 받으러 가야 한다. 바로 여기에서 성공과 실패가 나누어지는 것이다.

Point

마쓰시타 고노스케는 다음과 같이 말했다.
"경영에 종사하는 사람은 생산품의 품질에 엄격해야 합니다. '파나소닉의 제품은 제일 우수한 제품이다'는 우리의 일관된 경영 관념입니다. 우리는 고객의 입장에서 모든 제품의 성능, 품질을 다시 검사해야 합니다. 일단 불합격 제품이 나오면 즉각 공장으로 반송해서 다시 검사하도록 해야 합니다."

화목제일주의

마쓰시타 고노스케는 노조 같은 노동자 조직은 매우 가치 있고 필요한 존재라고 생각했다. 노사 쌍방 모두 기업이 전진하기 위한 바퀴가 되어서 균형을 맞추고 협력해야 안정되고 빠르게 전진할 수 있다.

노사 쌍방의 대립은 옛날부터 있었다. 자본주의 초기에 이러한 대립은 노동자들의 이익을 보호하는 노조를 성립시켰다. 노조의 성립으로 인해 노사 간의 대립은 경영자와 노조의 대립으로 나타나게 되었다. 이러한 대립은 오늘날까지도 좋은 해결 방법을 찾지 못했고 게다가 좋지 않은 사건도 여기저기서 일어났다. 그렇기 때문에 경영자는 노조를 사람 골치 아프게 하는 조직으로 여기며 없어지기를 바란다.

그러나 노조의 존재는 합리적인 것이다. 노사관계가 존재하기 때문에 필연적으로 이에 상응하는 노조가 존재한다고 말할 수 있다. 문제의 관건은 사람 골치 아프게 하는 조직을 없애는 것이 아니라 어떻게 쌍방의 관계를 양호하게 처리할 것인가이다.

마쓰시타 고노스케는 노조를 대하는 방식과 쌍방의 관계에 대한 정확한 인식이 필요하다고 생각했다. 노조와 회사는 대립적인 방면이 있으나 근본적으로는 동일하므로 서로 협력해야지 대립적인 태도를 취해서는 안 된다. 마쓰시타 고노스케는 말했다.

"회사와 노조의 목표는 일치합니다. 단지 중요한 점을 선택하는 방식이 다를 뿐입니다. 비록 서로 다른 부분에서 대립하고 있지만 일치된 방면에서 서로 협력하면 쌍방에게 모두 유익합니다. 그러므로 경영자는 쌍방의 상대적인 관계의 의미를 인식하고 성심성의껏 직원에게 설명해 양호한 노사관계를 이끌어내야 합니다."

마쓰시타 고노스케는 자신의 경험에 근거하여 노사관계에 대한 한 가지 비결을 도출해 냈다. 그것은 바로 쌍방의 힘의 균형이다. 그는 어느 한 쪽이 일방적으로 강하면 강렬한 우월감이 생길 수 있기 때문에 독단적으로 행동하고 난폭해질 우려가 있다고 생각했다. 이는 필연적으로 상대방의 불만을 가져오고 더 나아가 대립적인 행위를 취하게 되며 결국에는 쌍방의 이익에 해를 입히게 된다.

마쓰시타 고노스케는 가차 없는 건의를 독려했다. 그는 자유로운 발언과 분위기를 조성해 회사발전에 유리한 건의 및 생각을 듣고 회사 내부의 조화를 도모하여 성공을 이루려고 했다.

자본이 축적되는 시기에 직원은 단지 고용주의 노예이며 일하는 기계에 불과했다. 직원은 일할 의무만 있을 뿐 의견을 표현할 권리는 없었다. 하지만 현대 민주주의적인 풍토에서 이러한 양상은 없어졌고 마쓰시타 고노스케의 주장으로 파나소닉은 자유로운 전통을 형성했다.

마쓰시타 고노스케는 경영자는 부하직원에 대해 손에 매를 든 자애로운 어머니와 같아야 한다고 생각했다. 평소에는 관심과 사랑으로 보살피지만 잘못을 저질렀을 때는 엄하게 징계하는 어머니처럼 관용과 엄격함이 공존해야 한다고 생각했다. 다시 말해 넓은 마음을 가지고 있지만 일을 처리할 때는 엄하고 결단력 있게 해야 하고 마음이 물러서는 안 된다. 이렇게 해야 화목하고 일치단결하는 회사 분위기를 만들 수 있다.

마쓰시타 고노스케는 어떤 사람들은 다른 사람의 감독이나 책망이 없어도 자발적으로 일을 하며 착오를 범하지 않지만 대다수의 사람은 편한 일을 좋아하고 일하기를 싫어하기 때문에 다른 사람이 뒤에서 압력을 넣고 독촉을 해야 신중하게 일을 한다고 생각했다. 이러한 사람에게는 엄격한 훈계와 관리가 필요하고 한시도 풀어주어서는 안 된다.

마쓰시타 고노스케는 다음과 같이 말했다.

"상사는 반드시 온화하게 의견을 교환하며 부하직원이 자발적으로 일을 할 수 있게 인도해야 하지만 부하직원이 잘못을 저질렀을 때에는 즉시 엄격하게 바로 잡고 그가 올바른 방향으로 나아갈 수 있도록 적극적으로 인도해야 합니다. 절대 무성의하게 일을 처리해서는 안 됩니다. 만약 상사가 부하직원에게 지나치게 자상하게 대하면 직장의 질서는 바로 유지되기 어렵고 좋은 인재를 배양해 낼 수 없습니다. 엄격할 때는 엄격해야 업무 제도를 확립시킬 수 있고 직원은 자신을 단속해 업무가 순조롭게 발전할 수 있습니다. 만약 너무 인정을 베풀면 오히려 사회적인 결함을 조성할 수 있습니다."

아마도 대부분의 관리자는 부하직원을 질책해 본 경험이 있을 것이다. 어떤 사람은 부드럽고 완곡하게 질책하는 기술을 강구하기도 한다. 그러나 마쓰시타 고노스케는 그렇게 하지 않았다. 그는 문제나 잘못을 발견하면 그 자리에서 직접 지적하고 질책했다. 그는 질책 또한 인재를 양성하는 방법 중 하나라고 여겼다. 전에 파나소닉에 재직한 적이 있으며 후에 산요(三洋, Sanyo)의 부사장으로 일했던 고토 세이이치는 〈질책의 경험담〉이라는 책에서 자신이 마쓰시타 고노스케에게 질책을 당했던 이야기를 서술했다.

고토 세이이치가 새로운 공장의 공장장을 담당할 때의 일이었다. 마쓰시타 고노스케는 당일 잔업을 할 5~6명의 직원을 남겨두고 반드시 일을 처리하라고 분부를 내렸다. 그러나 남겨진 사람들은 모두 어디론가 놀러 가버리고 고토 세이이치 혼자 일할 준비를 하고 있었다. 그때 마쓰시타 고노스케가 나타나 물었다.

"다른 사람들은 다 어디 갔나? 내가 시킨 일은 다 끝냈나?"

일이 다 끝나지 않은 사실을 알고 마쓰시타 고노스케는 조금도 주저하지 않고 면전에서 고토 세이이치를 질책했다.

"어째서 당신마저 이렇게 일 처리를 하나."

고토는 할 말이 없어 여러 차례 고개를 숙이며 사과했다.

한 번은 고토 세이이치가 더 엄하게 혼난 일이 있었다. 그것은 그가 허락 없이 독단적으로 정액 이 외의 상품의 단가를 높게 책정했기 때문이었다. 밤 10시가 넘어서 마쓰시타 고노스케는 그를 집으로 불러 가족들 앞에서 엄하게 질책하기 시작했다. 너무 흥분한 나머지 마쓰시타 고노스케는 난로의 불쏘시개를 구부러뜨렸고 가족들은 그를 말렸다. 원래 빈혈이 있던 고토 세이이치는 너무 혼난 나머지 기절해 버렸다. 그가 집으로 옮겨진 후 마쓰시타 고노스케의 비서는 그의 부인에게 고토 세이이치가 자살을 할지도 모르니 앞으로의 동향을 주의하라고 신신당부했다.

마쓰시타 고노스케는 왜 가차 없이 고토 세이이치를 질책한 것일까?

고토 세이이치는 처음에 질책을 받았을 때 마쓰시타가 '당신마저'라고 말해줘서 오히려 기뻤다고 이야기했다. 마쓰시타 고노스케의 질책을 통해 그가 자신을 얼마나 신임하는지 알게 되었고 스스로 긍지를 느끼게 되었다는 것이다. 이것이 바로 질책의 기술이다. 누군가를 질책할 때 상대방에게 자신이 다른 사람보다 중요한 존재라는 것을 깨닫게 하는 방법은 매우 효과적이다.

두 번째로 질책을 받은 다음 날 오전 7시에 고토 세이이치의 전화기가 울렸다. 마쓰시타 고노스케의 전화였다.

"별일이 있어서 전화한 건 아니네만, 그냥 엊저녁 일에 대해 너무 개의치 말라고 전하려고 전화했네. 그렇지 않다고? 그럼 다행이네."

말을 마치자마자 그는 전화를 끊었다. 이 전화를 받고 고토 세이이치에게 남아 있던 엊저녁 그림자는 단번에 사라졌다. 그는 갑자기 기분이 좋아져 정신을 가다듬고 일에 돌입했다. 이 또한 마쓰시타 고노스케의 질책의 기술이다. 질책을 한 후 즉시 질책을 받은 사람이 반성하는지 혹은 아직도 오해가 남아 있는지 확인하고 질책을 받은 사람의 반응을 이해했다. 만약 질책을 받은 후 반성하기 시작했다면 질책을 받아들이고 적극적인 태도로 일할 것이다. 질책의 효과가 있었기 때문에 마쓰시타 고노스케는 매우 기뻤다.

잘못을 범한 부하직원을 직접 질책하는 것은 마쓰시타 고노스케의 일관된 태도였다. 그는 소위 말하는 '체면'은 필요 없다고 생각했다. 그가 생각하기에 질책의 목적은 당사자의 잘못을 지적하고 그가 앞으로 다시 똑같은 잘못을 범하는 것을 방지하는 것이었다. 그러므로 질책을 당하는 사람으로서는 이는 반드시 본인이 감당해야 할 일이지 남에게 숨길 일이 아니었다. 동시에 그 자리에 있는 사람들도 이를 통해 깨달음을 얻게 되고 잘못을 저지르는 것을 피할 수 있다. 그러므로 질책은 사람을 진보하게 하고 인재를 배양할 수 있는 방법이다.

마쓰시타 고노스케는 직원들이 직접적으로 불평과 불만을 표출하는 것을 허락했다. 2차 세계대전 이전의 일이지만 어느 후보직원이 마쓰시타 고노스케에게 직접 불만을 이야기한 적이 있었다. 당시 파나소닉의 직원은 1~3등급과 후보인 4등급으로 구분되어 있었다. 이 후보직원은 느려터진 승진을 견디다 못해 단도직입적으로 마쓰시타 고노스케에게 말했다.

"저는 회사에서 일한 지 오래되었습니다. 저 자신은 회사를 위해서 많은 공헌을 했고 3등급 직원이 될 자격을 갖추었다고 생각합니다. 그런데 저는 지금까지 승진 발령을 받은 적이 없습니다. 제 노력이 아직 부족한 것입니까? 만약 정말 그렇다면 더 많은 가르침을 받을 준비가 되어 있습니다. 그러나 혹시 회사가 저의 승진을 잊어버린 것은 아닐까요?"

또한 마쓰시타 고노스케는 이를 매우 중요시하고 인사 부문에 조사를 시켰다. 알고 보니 정말로 그가 승진 절차에 누락된 것으로 판명되었고 즉각 승진 명령이 떨어졌다. 마쓰시타 고노스케는 이렇게 솔직한 요구를 한 직원을 높이 평가했고 모두에게 불만이 있으면 마음속에 묻어두지 말고 이야기할 것을 격려했다. 이러한 불만을 표출하지 않으면 개인도 힘들 뿐 아니라 회사에도 도움이 되지 않는다는 사실을 확실하게 이야기했다.

또한 마쓰시타 고노스케는 부하직원들에게 회사에 대한 외부의 불만을 솔직담백하게 보고해 달라고 부탁했다.

한번은 어느 직원이 도매상으로부터 파나소닉의 제품의 질이 떨어진다고 '전자제품 만드는 일은 그만두고 군고구마 가게나 열라'는 혹평을 받은 일이 있었다. 직원은 사실 그대로 마쓰시타 고노스케에게 보고했다. 그러자 마쓰시타 고노스케는 직접 그 도매상을 방문해 사과의 뜻을 전했다. 도매상은 그저 홧김에 말한 것을 가지고 이렇게까지 사장이 직접 방문을 할 줄은 몰랐다며 매우 미안해했다. 그 후 파나소닉과 이 도매상의 관계는 더욱 돈독해졌다.

마쓰시타 고노스케는 계층을 초월한 의견제시에 제한을 두지 않았다. 그는 단계에 따른 제소 규칙은 그대로 행할 필요가 없다고 생각해 비록 일반 직원이라도 사장에게 직접 문제를 제기하고 주장을 표명할 수 있게 했다. 그는 지도적인 위치에 있는 간부들에게 항상 마음의 준비를 하고 의견제시를 환영하고 지지하라고 당부했다.

어떠한 자유로운 행동이라도 전부 회사의 발전을 위한 것이며 궁극적으로는 직원들의 행복과 사회복지를 위한 것이다. 마쓰시타 고노스케는 회사는 모두가 경영하는 것이므로 모두가 나서서 지켜야 한다고 말했다. 가차 없는 건의를 통해 다양한 의견과 제안을 얻을 수 있었고 이로써 조화로운 인간관계를 형성할 수 있었다. 이것이 바로 사업성공의 포인트다.

마쓰시타 고노스케는 다음과 같이 말했다.

"회사와 노조의 목표는 일치합니다. 단지 중요한 점을 선택하는 방식이 다를 뿐입니다. 비록 서로 다른 부분에서 대립하고 있지만 일치된 방면에서 서로 협력하면 쌍방에게 모두 유익합니다. 그러므로 경영자는 쌍방의 상대적인 관계의 의미를 인식하고 성심성의껏 직원에게 설명해 양호한 노사관계를 이끌어내야 합니다."

회사와 동화되고
겸양을 몸에 익힌다

마쓰시타 고노스케는 일에 너무 집중하면 자아를 지나치게 강조하게 되고 이로 말미암아 독단적인 행동을 할 수 있다고 생각했다. 일을 순조롭게 추진하기 위해서는 회사의 방침과 계획, 전통을 존중하고 이를 따르며 회사와 하나로 동화되어야 한다. 또한 겸양을 몸에 익히고 회사와 함께 자신도 발전시켜야 한다.

한 사람의 지혜가 아무리 뛰어나다고 할지라도 이는 깜깜한 밤중에 켜 놓은 촛불과 같아서 빛을 비추는 범위에는 한계가 있다. 본인이 생각하기에는 자신의 생각과 판단이 최선일 수도 있지만 회사로서는 불리할 수도 있다. 특히 직위가 높은 사람은 더 자주 상사에게 자문을 구하고 주도면밀하게 생각하며 일을 처리해야 좋은 결과를 얻을 수 있다. 전통을 고려하지 않고 회사의 방침과 계획을 소홀히 여기며 주관적인 판단으로 일을 처리하는 사람은 그가 능력을 발휘하면 할수록 회사가 받는 손해도 커지게 된다.

마쓰시타 고노스케의 경우 전쟁이 끝날 때까지 회사는 마치 전부 마쓰시타 고노스케 개인의 생각에 의존해 경영되는 것처럼 보였다. 그러나 그는 항상 회사의 발전과 국가의 방침 및 전통을 생각하는 동시에 직원들의 의견을 겸손히 듣고 어떠한 일을 결정할 때 참고로 삼았으며 서로 순응하고 동화하는 방법을 모색했다.

마쓰시타 고노스케의 이러한 정책결정 방법은 순응의 정책결정 방식이라 할 수 있다. 이는 파나소닉의 사원이라면 반드시 따라야 하는 '7가지 정신' 중의 하나인 '순응하고 동화되는' 정신을 받아들인 것이다. 이러한 정신을 지키는 것은 회사경영에 있어서도 매우 중요하지만 일상생활에도 많은 도움이 된다. 자신의 의견을 고집하고 사물의 한 가지 측면에만 구애될 때 우리는 그것의 배후에 있는 실체를 소홀히 여기게 되고 예기치 않은 실패를 맛보게 된다.

어떠한 물건은 외관으로부터 쉽게 가치를 판단할 수 있지만 그렇게 간단하지 않은 물건도 있다. 훌륭한 부분은 언제나 숨겨져 있는 것이라서 외견만 관찰해서는 그 속을 알 수 없다. 판단력이 강한 사람이라면 보통 사람들이 알아보지 못하는 내포된 부분을 확실하게 관찰할 수 있을 것이다. 그러므로 회사를 경영할 때는 솔직한 비판을 허용하고 비판을 받아들일 수 있는 포용력이 필요하다. 이러한 회사야말로 순응하고 동화되는 기쁨을 맛볼 수 있다.

1954년, 일본의 빅터(Victor)는 파나소닉의 계열사가 되었다. 파나소닉이 빅터의 경영권을 받아들인 것은 강한 책임감과 더불어 날카로운 관찰력 덕분이었다. 당시 빅터는 경영의 위기에 놓여 있었고 다른 회사의 도움을 받는다고 하더라도 난관을 넘기기는 어려웠다. 때문에 빅터는 일본 시장을 호시탐탐 노리고 있던 RCA(미국의 전기·방송 회사)의 진영에 다시 들어가려고 했다.

일본 빅터는 원래 미국 빅터의 자회사로 후에 미국 빅터와 RCA가 합병을 했기 때문에 일본 빅터도 자연스레 RCA의 부속 회사 중 하나가 되었다. 후에 미일 관계가 악화되면서 RCA는 일본 빅터를 T회사에게 넘기고 일본에서 철수했다.

2차 세계대전 기간에 빅터의 공장은 공습을 받고 크게 손실되었다. 공장은 대부분 파괴되었고 더는 경영을 계속해 나갈 수 없는 지경에 이르렀다. 그러나 T회사 자체가 이미 무능력했기 때문에 모은행이 투자해 빅터의 주식을 소유하게 되었다. 1952년에 은행법의 개정으로 은행이 기업의 주식을 소유하는 것이 금지되면서 모은행은 빅터의 주식을 반드시 다른 곳에 넘겨야 했다. 그러나 T회사를 시작으로 거의 모든 회사에 부채가 쌓여 있었기 때문에 아무도 인수하려는 곳이 없었다. 어쩔 수 없이 빅터는 다시 한 번 RCA의 진영으로 들어가려고 했다.

만약 빅터가 다시 RCA의 진영에 들어가게 된다면 미국의 자금이 일본 시장으로 흘러들어 가게 되고 그렇게 되면 일본의 산업은 큰 위협과 타격을 입게 된다. 왜냐하면 당시 일본은 지금의 일본과는 비교할 수 없을 정도로 산업의 역량이 매우 미약했기 때문이다. 외국의 자본이 일단 유입되면 일본의 산업계는 필연적으로 혼란에 빠지게 되는데 이는 어떻게 해서든지 막아야 했다.

마쓰시타 고노스케는 위기에 직면한 일본 빅터를 인수하기로 결정했다.

"그렇다면 마쓰시타 선생께서는 5억 엔의 채무를 기꺼이 맡으시겠다는 말씀입니까?"

빅터의 책임자가 물었다.

"문제없습니다. 제가 맡지요. 그러나 저는 현재 그렇게 많은 돈이 없으니 우선 제가 책임 보증을 서고 한동안 지급을 좀 늦추도록 하지요."

"좋습니다. 그럼 그렇게 하도록 하지요."

사실 마쓰시타 고노스케는 그때까지 빅터의 공장조차 한 번도 본 적이 없었음에도 불구하고 경영권을 인수하기로 결정한 것이었다. 아무리 미국의 자본이 일본에 유입되는 것을 걱정해서라고는 하지만 자신의 눈으로 본 적도 없는 회사를 인수하는 것은 좀 경솔한 행동이 아닐까? 그러나 마쓰시타 고노스케가 일본 빅터를 인수하기로 결정한 것은 사실 나름대로 생각이 있었기 때문이었다. 하나는 외국 자본의 유입을 막기 위해서였고 다른 하나는 비록 공장을 본 적은 없지만 일본 빅터의 가치를 잘 이해하고 있었기 때문이다.

마쓰시타 고노스케는 생각했다.

'빅터의 현재 상황은 마치 진흙에 감추어진 황금과도 같다. 단지 겉으로 드러나지 않아 황금의 가치를 알아볼 수 없을 뿐이다. 만약 진흙을 걷어 내면 감추어져 있던 황금은 번쩍번쩍 빛날 것이다. 공장을 봤는지 안 봤는지에 상관없이 빅터를 인수하겠다.'

당시 사람들의 가장 큰 걱정은 미국의 자금이 유입되는 것이었다. 자본금이 2천만 엔밖에 안 되는 파나소닉이 부채 5억 엔의 일본 빅터를 인수한다는 것을 보고 RCA는 갑자기 3억 엔을 들여 상표를 구입하려고 했다. 이를 통해 RCA가 일본 빅터의 가치를 상당히 이해하고 있다는 사실을 알 수 있다. 이러한 상황을 마쓰시타 고노스케는 확실히 알고 있었다. 만약 RCA가 빅터를 인수하게 되면 일본 기업계에 불안이 조성되므로 그는 반드시 빅터를 인수해야겠다고 결심했다.

빅터를 인수한 후에 그는 빅터의 기술이 매우 독창적임을 발견했다. 단지 아쉬운 것은 경영관리가 부실했다는 점이다. 그리하여 파나소닉은 두 명의 경영 책임자를 파견해 회사를 다시 정리할 방법을 세우도록 했다. 후에 일본 빅터는 예상대로 파나소닉의 경영이념 아래 활약하기 시작했고 우수한 기술과 경험은 효력을 발휘했다. 이로 인해 빅터는 점차 부흥하게 되었고 발전을 이룩했다.

기업은 사회의 공공 기물이기 때문에 반드시 사회와 함께 발전해야 한다. 물론 기업은 끊임없이 경영 범위를 확대해야 하지만 그것만으로는 부족하다. 기업의 경영 활동은 반드시 사회 전체의 번영을 이끌어 나가야 한다.

기업의 사업 활동을 확장하기 위해서는 그 기업과 거래하는 기업 혹은 사람에게 의지해야 한다. 판매자, 구매자, 소비자 및 자금을 제공하는 주주 혹은 은행 등과 갖가지 형태로 관계를 유지해야 한다. 만약 관계를 맺고 있는 상대편의 희생을 통해 자신의 회사의 발전을 도모한다면 이는 용서받을 수 없는 행위이며 결국에는 자신의 파멸을 초래하는 일이다. 그러므로 교역이나 왕래가 있는 상대방과의 공존을 도모하는 것은 기업의 장구한 발전을 유지하기 위한 유일한 방법이라고 할 수 있다.

Point

마쓰시타 고노스케는 말했다.
"일을 순조롭게 추진하기 위해 우리는 회사의 방침과 계획, 전통을 존중하고 따르며 회사와 하나로 동화되고 겸양의 태도를 지녀 회사의 발전과 함께 자신도 발전시켜야 합니다. 경영의 기본적인 이상은 사회에 대한 공헌이어야 합니다."

제4장

도시바

─ 성실과 신용 ─

도시바는 일본 최대의 반도체 제조업체이자 두 번째로 큰 종합 전기기계 제조업체로 미쓰이 그룹에 속해 있다. 도시바의 전신은 1875년 창립한 '다나카(田中) 제작소'로 1893년에 '도쿄 시바우라(東京芝浦) 제작소'로 개명했다.

1934년에는 도쿄 전기회사와 합병해 이름을 '도쿄 시바우라 전기회사'로 바꾸고 본사를 도쿄에 두었다. 제2차 세계대전 후 미국의 자본 독점과 기업육성 정책에 따라 도시바는 큰 발전을 이룩했다.

1961년에 도시바는 이시카와지마 시바우라(石川島芝浦) 증기 터빈 회사와 합병하고 대규모 설비에 투자해 그 실력을 강화했다.

도시바는 일본에 27개의 공장과 23개의 분리 조직 및 12개의 실험실을 보유하고 있고 해외에는 27개의 사무소와 53개의 자회사, 9개의 계열회사가 있다. 도시바의 제품으로는 주로 중형 전기설비, 공업 전자설비 및 전자부품, 소비성 전자제품 등이 있으며 그 종류가 매우 다양하다. 1970년대에는 원자력 발전, 해양 개발 및 우주 개발 등의 산업을 강력하게 발전시켰다.

1970년대 이후 도시바는 자회사를 설립하기 시작했고 매입한 회사와 핵심 산업을 분리시켰다. 이러한 자회사로는 도시바 EMI(1960년), 도시바 전자설비(1974년), 도시바 화학(1974년), 도시바 조명 과학기술(1989년), 도시바 미국 정보 시스템(1989년), 도시바 운송설비(1999년)가 있다.

도시바는 일본 최고의 제조업체로 대표 제품으로는 레이더(1942년), 트랜지스터텔레비전 및 극초단파 난로(1959년), 컬러영상 전화(1971년), 일문 워드 프로세서(1978년), 노트북(1986년), DVD(1995년), HD DVD(2005년) 등이 있다.

제2차 세계대전이 일어나기 전에 도시바는 미쓰이 재벌의 구성원 중 하나였다. 오늘날의 도시바는 미쓰이 계열(느슨한 그룹 조직)에 속해 있고 미쓰이 은행 같은 계열 회사와 우선적인 협력관계에 있다. 그러나 미쓰비시 그룹에 속한 다른 회사들이 긴밀한 관계를 유지하고 있는 것에 비해 도시바는 상당히 독립성을 지닌다.

용맹스럽고 강인한
경영자가 되다

도시바는 이전에 '고상한 도시바', '신사적인 도시바'라고 불렸다. '신사적인 도시바'는 말 그대로 도시바의 경영 풍조가 체면과 위신을 중요시한다는 뜻이다. 도시바는 결코 주도적으로 나서서 고객이 자신들의 제품을 찾도록 하지 않았다. 회사는 단지 제품을 진열대에 놓아둘 뿐이고 소비자가 사고 싶으면 사고 그렇지 않으면 그만이라는 생각이었다.

도코 도시오는 이러한 경영 풍조를 극도로 혐오해 직접 영업 판매 일선에 나섰다. 그는 자신이 조사한 자료를 이해한 후 회사 본부로 돌아가 호소했다.

"우리는 고상한 도시바가 아닌 용감무쌍한 도시바로 바뀌어야 합니다. 용감하게 승리를 쟁취해야 합니다."

도코 도시오가 이렇게 호소하자 도시바의 새로운 지도자의 일거수일투족에 관심을 보이고 있던 히타치, 파나소닉의 경영자들은 당황하며 말했다.

"해적 하나가 보수적이고 조용한 도시바에 뛰어들었다. 우리는 이에 대응해야 한다."

업계의 중역들은 도코 도시오가 농부의 아들이라고만 들었지 그의 뿌리에 대해서는 알지 못했다. 그들은 다구치 렌조를 통해 도코 도시오의 조상이 해적이었다는 사실을 알게 되었다. 다구치 렌조는 도코 도시오처럼 양성된 신참 경영관리자였는데 그는 다음과 같이 폭로했다.

"도코 도시오의 조상은 원래 세토(瀨戶) 해협을 넘나들며 활동하던 해적이었습니다. 후에 그들은 육지에 상륙해 농경생활을 시작했습니다. 몇 대가 지나고 지금과 같은 도코 가문이 생겨난 것입니다."

사람들은 이를 알고 의론이 분분했다.

"원래 도코는 해적의 후손이라 그렇게 용맹스러운 것이있군!"

마쓰시타 고노스케는 도코 도시오가 도시바를 개조해 파나소닉 및 히타치식 판매와 생산방식을 도입한 경영을 하려고 하자 미간을 찡그리며 말했다.

"도코 도시오는 대단한 인물입니다. 그가 이시카와지마하리마 중공업에 있을 때 미쓰비시는 큰 타격을 받았습니다. 지금 그가 우리를 향해 전쟁을 선포한 이상 우리는 신중하게 대처해야 합니다."

이처럼 마쓰시타 고노스케와 같은 대기업가도 도코 도시오의 용맹스러운 태도에 심리적으로 위축될 수밖에 없었다.

그러나 마쓰시타 고노스케의 생각은 지나친 걱정이었다. 왜냐하면 당시 도코 도시오는 그와 결전을 벌이려는 생각이 전혀 없었기 때문이다. 그는 다른 목표로 눈을 돌렸는데 그것은 바로 중형 기계설비 및 공업 전자설비 분야였다. 도코 도시오의 이러한 결정은 현실을 반영한 것이었다.

당시 일본은 3대 전자제품 회사 도시바, 히타치, 파나소닉이 필사적인 쟁탈전을 벌이고 있었고 가전제품 시장은 이미 포화상태에 이르러 있었다. 즉 만약 업계에서 열세에 놓인 도시바가 재도약하려고 한다면 이에 상응하는 대가를 치를 수밖에 없었다. 이미 누군가가 확실하게 점령하고 있는 산 정상을 노리는 것보다는 전력을 다해 새로운 진지를 개척하는 편이 훨씬 나았다. 그리고 중형 기계설비 및 공업 전자설비는 일본에 있어 매우 중요한 분야였고 도시바가 지금까지 생산해온 분야도 가전제품이었다. 같은 전자 기계 생산업이므로 도시바가 이를 해낼 수만 있다면 앞날은 보장된 것이나 다름없었다.

그러나 막상 도시바가 중형 기계설비 및 공업 전자설비 방면에 뛰어들려고 하자 어려움이 끊이지 않았다. 이미 충분한 실력을 가지고 있던 미쓰비시 중공업이 바로 도시바의 주요 경쟁 상대였다.

도코 도시오는 이시카와지마하리마 중공업에 있을 때 절대강자 미쓰비시와 한솥밥을 먹은 처지로 그의 경영 풍조를 훤히 알고 있었다. 따라서 도코 도시오는 전통적인 방법을 이용해 미쓰비시가 독점하고 있는 사업 중 탐나는 부분을 빼앗아 오기로 결정했다.

1960년대 말에 일본의 간사이 전력주식회사는 원자력 발전소를 건설하려는 계획을 갖고 있었고 그 하청을 미쓰비시 중공업이 맡았다. 미쓰비시의 독점을 타파하기 위해 도코 도시오는 미쓰비시와 승부에 나섰다. 그는 직접 도시바의 중재인을 맡아 간사이 전력주식회사가 도시바의 전력설비를 채택하도록 유세를 벌였다. 그러나 미쓰비시와 간사이 전력주식회사는 오랫동안 안정적인 협력관계를 유지해왔기 때문에 도코 도시오의 조용한 침투는 끝내 성공하지 못했다. 그러나 도코 도시오는 좌절하면 할수록 더욱 용기를 내는 사람이었다. 그는 조금도 낙담하지 않고 인내심을 발휘해 간사이 전력주식회사의 사무실에 버티고 앉았다. 그러나 이러한 방법도 소용이 없었다. 후에 도코 도시오는 당시에 '재계의 총리'라고 불리던 그의 좋은 스승이자 친구인 이시자카에게 부탁해 간사이 전력주식회사를 설득하게 했다.

이시자카는 도시바 특유의 고상한 습성이 없었고 단지 회사의 이익만을 위해 힘썼다. 그는 자신의 지위나 체면을 돌보지 않고 적극적으로 고객을 설득했다. 이시자카는 간사이 전력주식회사의 대표 아시하라 요시시게에게 공손히 인사를 하며 말했다.

"도코 씨의 부탁으로 도시바의 제품을 받아주시길 요청하려고 왔습니다."

그러나 설득은 성공하지 못했고 결국 원자력 발전 설비는 이전과 마찬가지로 미쓰비시가 제조하게 되었다. 도코 도시오는 실패했다.

한편 간사이 전력주식회사는 도코 도시오의 굳은 의지에 매우 탄복했고 스스로를 낮추는 그의 영업방식에 존경을 표했다. 그들도 도시바의 제품의 품질이 좋다는 사실을 알고 있었기 때문에 그 후에 도시바에 화력 발전 설비를 주문했다.

도코 도시오는 기뻐서 어쩔 줄 모르며 흥분에 차 말했다.

"비록 원자력 설비 방면에서는 실패했지만 우리는 다른 돌파구를 얻었습니다. 화력 발전 설비만큼은 절대 다른 기업이 독점하도록 하지 않을 것입니다. 도시바의 앞날에 희망이 보이기 시작했습니다."

첫 주문을 받은 후 도코 도시오는 용감하게 일본의 각 대형 전력회사에 영업전략을 펼쳤다. 중대한 주문 계약을 받을 때마다 도코 도시오가 나서서 계약을 체결했기 때문에 그는 항상 피곤함에 절어 있었다. 어느 날 이시자카 다이조는 도코 도시오의 눈가가 퀭하고 많이 수척해진 것을 보고 마음이 아파서 그에게 말했다.

"좀 쉬게나."

그러나 도코 도시오는 실실 웃으며 다시금 용감하게 여정에 올랐다고 한다.

도코 도시오는 짧은 시간 동안 대단한 경영 업적을 올렸다. 그의 지휘 아래 도시바는 대량의 주문을 받았고 일본의 중형 기계설비 분야에서 종횡무진 활약하게 되었다. 그러나 도코 도시오는 이 정도 성공으로 자만하지 않았다.

"우리는 조금도 마음을 놓아서는 안 됩니다. 현재 히타치는 우리와 경쟁하기를 기다리고 있습니다."

그는 일본 우정성(郵政省)이 히타치와 일본 전기회사에 우편 처리 기계를 주문할 것이라는 사실을 알고 있었다. 우정성은 가장 먼저 기계를 제조해내는 업체의 제품을 사용할 생각이었다. 주문을 받아내기 위해 히타치와 일본 전력회사는 이미 신속하게 연구제작에 돌입하고 있었다. 도코 도시오는 도시바의 기술 부문의 책임자에게 이러한 기계설비에 대해 문의한 적이 있었다.

"우리 회사의 기술은 히타치와 비교했을 때 어느 정도 차이가 있는가?"

책임자는 잠시 생각해 본 후 대답했다.

"도시바의 제품은 히타치에 비해 조금도 떨어지지 않습니다."

이 말을 들은 도코 도시오는 회사로 돌아가서 본사의 기술 부문과 함께 두 장의 서약서를 작성했다. 그는 자신이 우정성의 주문을 책임질 테니 기술 부문은 히타치나 일본 전력회사보다 빠르게 우수한 제품을 생산해내라고 말했다. 이러한 도전식 경영법은 부하직원들을 크게 고무시켰다. 기술 부문의 직원들은 서약서를 실현하기 위해 자발적으로 초과 근무를 하면서 업무에 돌입했다.

도코 도시오는 우정성에 찾아가서 귀찮을 정도로 매달리며 도시바도 경합에 참여할 수 있게 해달라고 설득했다.

"저희 회사도 참가하게 해 주십시오. 부탁드립니다."

우정성의 관료는 말했다.

"정말 안타깝지만 이미 늦었습니다. 우리는 이미 히타치와 일본 전력회사에 이 안건을 위탁한 상태입니다."

도코 도시오는 교활하게 말했다.

"저는 우정성이 품질이 가장 좋고 빨리 생산해낼 수 있는 제품을 원하신다고 들었지 오로지 히타치와 일본 전력회사의 제품만 고집하신다고는 듣지 못했습니다. 그렇지 않습니까?"

"그렇습니다. 하지만 우리는 이미 히타치와 일본 전력회사에게 그들이 연구제작한 제품을 쓰겠다고 답변을 했습니다."

"옛 말에 물건은 최소한 세 군데의 것을 비교해봐야 손해를 보지 않는다고 했지요. 만약 도시바가 히타치나 일본 전력회사보다 품질이 더 좋은 제품을 더 빨리 생산해낸다 하더라도 저희 도시바의 제품을 주문하지 않으실 겁니까?"

"도시바가 히타치보다 좋은 상품을 더 빨리 생산해낼 수 있단 말입니까?"

상대방의 말투에 회의가 담겨 있는 것을 듣고 도코 도시오는 조금 화난 기색을 보이며 큰 소리로 말했다.

"제가 보증하겠습니다. 만약 도시바의 제품이 불합격한다면 저희 물건을 반품하셔도 좋습니다. 게다가 일체의 손해는 도시바가 모두 배상하겠습니다."

우정성의 관료는 단호한 도코 도시오의 태도를 보고 조금 동요했다.

"우리는 줄곧 신용과 명예를 중시해왔습니다. 이미 히타치와 일본 전력회사와 약속을 했는데 이제 와서 도시바로 바꿀 수는 없지 않습니까?"

도코 도시오는 상대방의 태도가 어느 정도 느슨해진 것을 보고 그것을 이용하기로 마음먹었다. 그는 상대방에게 양심의 가책을 줄여주기 위해 좋은 말로 권했다.

"우정성은 단지 히타치와 일본 전력회사만의 고객은 아니지 않습니까. 고객으로서 우정성은 생산업자를 선택할 권리가 있습니다."

"좋습니다."

우정성의 관료는 결국 도코 도시오의 말에 응했다.

"도시바도 참여하십시오. 그러나 도코 씨, 반드시 신중하십시오. 당신들은 히타치보다 낙후되어 있습니다. 당신들이 시간과 노력을 들여 만들어 낸 제품을 우리가 구매하지 않아 참담한 결과를 맞이하게 되면 어찌하시겠습니까?"

도코 도시오는 충만한 자신감으로 말했다.

"걱정 마십시오. 도시바는 반드시 목적을 달성할 것입니다."

도코 도시오는 매우 기뻐하며 우정성의 주문서를 가지고 기술부로 돌아왔다. 연구에 몰두하고 있던 기술직원들은 승리를 확신하고 있는 사장의 모습을 보고 더욱 열심히 연구제작에 몰두했다.

도코 도시오의 격려하에 결국 도시바 직원들은 히타치보다 먼저 우편물 처리 기계를 연구제작해냈고 바로 생산에 돌입했다. 우정성도 약속대로 도시바의 제품을 선택했다. 나중에 합세한 도시바가 결국에는 이미 내정되어 있던 제조업체들을 제치고 독자적으로 주문을 따냈던 것이다. 이렇게 철저하게 상대를 물리친 경우는 비즈니스업계에서도 보기 드문 일이었다.

도시바가 앞서 나가던 히타치를 누르고 우정성의 주문을 얻어내자 업계에서는 유언비어가 빠르게 퍼지기 시작했다. 이런 좋지 않은 말은 곧 도코 도시오의 귀에 들어갔다.

"도코 도시오는 비즈니스 전쟁의 신이라는 평가에 어울리지 않는다. 그는 단지 뒷거래에 의존해서 이러한 명성을 얻었을 뿐이다. 그는 부정한 방법으로 히타치의 고객을 빼앗았다."

도코 도시오는 이 말을 듣고 부아가 치밀어 올랐다. 그는 사람들에게 말했다.

"저는 평생 자유경쟁이라는 경제 이념을 믿어왔습니다. 저는 비즈니스업계의 준칙이나 도덕을 어긴 적이 없습니다. 어떠한 사업을 하더라도 진보를 추구하지 않거나 다른 사람과 공평하게 경쟁하지 않으면 아무것도 이룰 수 없습니다. 저는 성공한 사람이 되기 위해 행동하는 것이 아닙니다. 오직 공평한 경쟁을 통해 성공을 획득한 것입니다."

도시바가 우정성의 주문을 받은 일에 대해 도코 도시오는 이렇게 말했다.

"만약 우리가 뒷거래를 할 수 있었다면 왜 굳이 그렇게 고생해서 일 했으며, 우정성 사무실에서 끈질기게 물고 늘어질 필요가 있었겠습니까? 도시바는 모든 것을 희생하는 의지와 칠전팔기의 끈기, 용맹한 체력에 속도와 지력이 뒷받침되어 최후의 승리를 얻을 수 있었습니다. 도시바는 앞으로도 도전해 나갈 것입니다. 뒷거래에만 의존한다면 계속 승리를 얻을 수 있겠습니까? 이번 일은 조심성 없는 사람들이 일부러 소란을 일으킨 것이 분명합니다."

도시바의 제왕 도코 도시오는 점점 웅장하고 힘찬 패기를 드러내기 시작했다.

용감무쌍한 해적처럼 도코 도시오는 가전제품 영역을 떠나 발전기 설비 시장에 뛰어들었고 공업전자 분야에 새로운 길을 개척했다. 이어서 그는 군수산업 분야를 개척하기로 결정했다. 전후 일본의 군수산업 제품은 줄곧 미쓰비시가 생산하고 있었고 일본 방위청(防衛廳)이 주문하는 군수품은 미쓰비시 중공업이 독점하고 있었다. 미쓰비시가 오랜 기간 군수산업 시장을 독점하고 있었기 때문에 일반 회사들은 미쓰비시의 지위를 넘보기가 힘들었다. 많은 회사가 미쓰비시와 경쟁하게 되면 참패를 당할 것이 뻔하고 이익이 없으므로 아예 미쓰비시라는 맹주를 건드리려는 생각조차 하지 않았다. 그러나 영원히 침몰하지 않는 항공모함이 세상에 존재하지 않는 것처럼 어떠한 산업도 영원히 시장을 독점할 수는 없었다. 도코 도시오는 분명하게 말했다.

"우리 도시바는 미쓰비시와 군수산업 시장에서 맞붙을 것입니다."

도코 도시오는 언행이 일치하는 사람이었다. 그는 상황을 정확하게 파악했고 절대 쉽게 돌아서는 법이 없었다. 당시 도코 도시오가 군수품 시장에 진출할 방안을 중상층 관리자들에게 전하자 어떤 사람들은 이의를 제기했다.

"도시바는 역사 이래 신사적인 품격을 가지고 있고 다른 회사와 참패를 당할 만한 경쟁은 한 적이 없습니다. 우리가 무엇 때문에 미쓰비시와 계속해서 전쟁을 해 나가야 합니까?"

도코 도시오는 이에 반박했다.

"비즈니스 사회에서는 경쟁을 해야만 더욱 진보할 수 있습니다. 도시바의 현재 상황은 보기에는 좋을지 몰라도 사실 매우 험난한 상황에 직면해 있습니다. 만약 우리가 도전정신을 잃는다면 험난한 환경에서 생존하기는 힘들 것입니다."

도코 도시오는 직원들을 차근차근 설득시켰다.

도시바는 미쓰비시에 전쟁을 선포했고 천천히 그리고 조용하게 군수품 시장에 침투했다. 미쓰비시 중공업이 이를 깨달았을 때 도시바는 이미 군수산업 시장의 3분의 1을 점유하고 있었다. 이에 미쓰비시는 크게 놀랐다.

"그 해적 같은 도코 도시오가 또 우리를 괴롭히기 시작했군!"

미쓰비시의 경영진들은 당황하고 분개했다.

"괴롭힘? 그게 무슨 괴롭힘입니까? 우리는 당신들이 독점하고 있는 시장을 공평하게 나누려고 할 뿐입니다."

도코 도시오는 자신의 생각을 솔직하게 말했다

도시바는 어떻게 미쓰비시의 독점을 무너뜨릴 수 있었을까? 많은 요인 중에서도 가격 전략이 가장 큰 비중을 차지한다. 정가가 너무 비싼 미쓰비시의 제품과 비교했을 때 도시바 제품의 가격은 상대적으로 저렴했고 품질은 더욱 좋았다. 예를 들어 일본이 제3방위 계획으로 미사일을 주문하려고 했을 때 도시바가 생산하는 호크(Hawk) 미사일의 가격은 한 대당 4천만 엔이었고 미쓰비시의 나이키(Nike) 미사일의 정가는 9천 6백만 엔이었다. 제4방위 5개년 계획의 주문 경쟁에서 미쓰비시와 도시바 간의 격차는 더욱 줄어들었고 원래 3대 1이었던 시장 점유 비율이 거의 1.5 대 1에 근접하게 되었다.

도코 도시오는 미쓰비시 중공업과 결전의 계획을 세우고 나서 자신의 판매전략을 사용하는 한편 회사의 주요 책임자들에게는 더욱 엄격하게 회사의 생산 및 관리에 힘쓰라고 요구했다. 도코 도시오는 책임자들을 훈계하며 말했다.

"용감한 자는 단지 한 번 죽을 뿐이지만 비겁한 자는 몇백, 몇천 번의 죽음 같은 고난을 겪습니다."

도코 도시오가 도시바를 재건할 때 처음으로 생산에 착수한 제품은 중형 기계설비와 공업 전자설비였다. 그러나 그는 그 와중에도 가전제품 시장을 완전히 포기하지는 않았다. 그는 선견지명으로 가전제품의 수출을 늘리고 해외 사업을 발전시키라는 명령을 내렸다. 그의 지휘 아래 도시바는 가전제품 수출에 모든 직원이 전력 분투하기 시작했고 이어서 해외 사무실과 현지 판매회사를 설립했다. 도시바가 이러한 전략을 펼치자 히타치, 파나소닉, 소니 등의 회사도 앞다투어 해외에 판매 생산회사를 설립했고 일본의 가전제품은 폭풍우 같은 기세로 전 세계를 휩쓸기 시작했다.

도코 도시오는 도시바에 새로운 기회를 가져왔다. 원래 도시바는 해저로 가라앉는 군함과 같은 형국이었지만 그는 거대한 망치로 느슨

해진 항공모함의 용골을 두드려 견고하게 만들었고 썩은 부분을 개조
했다. 또한 그는 인내심을 갖고 일을 처리해냈고 직접 일선에 참여했
다. 그의 정신력은 도시바의 직원들을 감동시켰고 결국에는 도시바를
생동감 넘치는 회사로 만들었다.

Point

도코 도시오는 미쓰비시에 전쟁을 선포했고 직원들에게 호소했다.
"우리는 고상한 도시바에서 용감무쌍한 도시바로 바뀌어야 합니다. 용맹스럽게
승리를 쟁취해야 합니다. 용감한 자는 단지 한 번 죽을 뿐이지만 비겁한 자는 몇
백, 몇천 번의 죽음 같은 고난을 겪습니다."

지력, 기력, 체력, 속력

　도코 도시오는 도시바의 최고 경영자 위치에 오르고 나서 도시바의 침체된 분위기를 쇄신하기 위해 직접 조사에 나섰다. 조사 결과 직원들이 원대한 이상을 품지 않고 그저 하루하루 살아가기만 한다는 것을 발견하고 직원들에게 모든 일에 충만한 활력을 가지라는 구호를 외쳤다. 그는 도시바 직원들의 능력은 다른 기업에 전혀 뒤처지지 않지만 도시바의 업무에 활력이 부족하다는 느낌을 받았다. 이는 직원들의 소질이 충분히 발휘되지 않거나 엄격하게 단련되지 않았기 때문이었다. 이러한 소질이 큰 힘을 발휘하려면 먼저 활력을 충만하게 되살려야 했다.

　도코 도시오가 파산에 임박한 두 곳의 기업을 재건하고 비상하도록 만든 비결은 바로 유명한 경영 공식에 있었다. 그것은 바로 모든 일에 충만한 활력을 가지라는 것이다. 그렇다면 활력이란 무엇인가? 도코 도시오의 지론에 의하면 다음과 같은 공식으로 나타낼 수 있다.

　활력＝지력×(기력＋체력＋속력).

도코 도시오는 개인의 활력을 발휘하는 것은 개인의 발전뿐만 아니라 성공적인 관리에 있어서도 중요하다고 생각했다. 후에 도코 도시오가 일본 '재계의 총리'인 게이단렌(經團聯, 경제 단체 연합의 줄임말-역주)의 회장을 맡았을 때 그는 국제 기업관리 총회에서 큰 소리로 호소했다.

"대기업을 지휘하는 것은 사람이고 이러한 사람의 활력을 충분히 발휘해야 합니다. 기업을 날로 발전시키려고 한다면 사람의 활력을 발휘하는 것만이 유일한 방법입니다."

활력에는 일하고자 하는 의욕뿐만 아니라 지력도 필요하다. 특히 지식과 기술이 중요하다는 데는 의심의 여지가 없다. 그러나 활력에 있어서 지력은 필요조건일 뿐 충분조건은 될 수 없다. 소위 말하는 충분조건이란 지력을 성과로 변화시키는 동력이고 이러한 동력을 구성하는 주요 요소는 기력과 체력, 속력이다.

사람들은 일본인이 근면하다고 생각한다. 이 점에 대해서는 도코 도시오도 부정하지 않는다. 일본이 오늘날 같은 눈부신 발전을 이룩할 수 있었던 저력은 바로 근면함에 있다고 할 수 있다. 그러나 이러한 근면성은 좀 체력적인 방면에 치우친 느낌을 준다. 바로 이 때문에 도코 도시오는 호소했다.

"앞으로 우리 회사가 여러분에게 요구하는 것은 지력상의 근면입니다. 현재 일본의 노동 생산율은 서독, 영국, 프랑스의 절반입니다. 미국과 비교하면 그 차이는 더욱 커집니다. 그들을 따라잡을 수 있는 유일한 방법은 여러분의 지력을 발휘하는 것입니다."

도코 도시오는 직원들의 지력 개발을 특히 중요시했다. 그는 기업을 관리하면서 두 가지 채용방침을 강력하게 추진했다. 그것은 바로 '중임주의'와 '적재적소'라는 채용방침이었고 그는 이를 통해 직원들의 지혜가 발휘될 무대를 마련했다.

도코 도시오는 다음과 같이 설명했다.

"부하직원에 대한 최대한의 존중은 그들의 지혜를 발견하고 이를 발휘하도록 하며 중책을 맡기는 것입니다. 100kg의 중책을 맡을 수 있는 사람에게는 120kg의 부담을 주어야 그가 가진 지능을 충분히 발휘할 수 있습니다."

장기간의 업무경험을 통해 도코 도시오는 귀중한 사실을 하나 깨달았다. 그것은 바로 인재가 배출되는 부서는 업무량이 많고 인원이 적은 곳이라는 사실이었다. 모든 사람의 업무부담이 가중되기 때문에 어쩔 수 없이 자신의 능력을 초과하는 업무를 하게 된다. 그러면 잠재력이 발휘되며 어려움을 극복하려는 의지가 생겨난다. 이러한 환경에서 진정한 인재가 양성될 수 있다.

한번은 도코 도시오가 어느 학자에게 물었다.

"아인슈타인은 뇌를 얼마나 사용했습니까?"

학자는 대답했다.

"추정하기에는 30%입니다."

도코 도시오는 심란한 마음으로 말했다.

"그렇다면 우리는 아마 뇌의 5% 정도밖에 사용하고 있지 않겠군요."

도코 도시오는 사람의 두뇌가 충분히 활용되고 있지 않다고 생각했다. 많이 사용할수록 쇠약해지는 근육과는 달리 인간의 두뇌는 사용하면 할수록 더욱 영리해진다.

도코 도시오가 도시바에서 충만한 활력을 가지라는 구호를 내걸었을 때 그는 간부들에게 더욱 압력을 가하고 두뇌를 민첩하게 활용하라고 지시했다. 그는 창조성이 넘치는 회사는 반드시 이상이 있다고 부하들에게 이야기했다. 바로 이러한 이상이 미래에 그 기업이 사회에 존재하는 의미를 뚜렷하게 나타내준다.

이상이 있는 책임자는 용감하게 괴로움을 견디며 활력이 넘치고 적극적인 사고를 하는 사람이다. 그는 결코 높은 자리에 앉아 내려다보기만 하는 패왕이 아니다. 직원들도 이러한 이상을 통해 집단의 일원으로서 자신의 존재 의미를 찾을 수 있었다.

한편 도코 도시오는 공장의 여공으로부터 편지를 한 통 받았다. 편지에는 다음과 같이 쓰여 있었다.

지금까지 저는 줄곧 온종일 단조로운 작업에만 종사했고 아무런 생각 없이 그저 하루하루를 보내고 있었습니다. 그러던 어느 날 저는 우연한 기회에 상사로부터 공장의 미래에 대해 듣게 되었습니다. 처음에 저는 그것은 그저 높은 사람들의 일일 뿐 저와는 아무런 상관이 없다고 생각했습니다. 그러나 후에 우리는 이 공장을 '세계 제일의 엔진 공장'으로 만든다는 말을 들었을 때 특히 감동했습니다. 새로운 건물 공사가 시작되었고 우리의 작업장은 그곳으로 옮겨질 예정이었습니다. 현장에서 모두 세계 제일이 되기 위한 토론을 했고 저도 참가하게 해주었습니다. 그리하여 저 역시 일을 하려는 의욕이 생겼습니다. 제가 하는 일이 이렇게 성취감을 느낄 수 있는 일이구나 하고 깨달은 것은 이번이 처음입니다.

여공의 편지를 읽은 후 도코 도시오는 공동의 이상은 직원들을 하나로 이어주고 기업 전체에 활력이 충만하게 한다고 생각했다. 이는 자신이 보고 싶어 하던 기업의 이미지였다.

활력을 충분히 발휘하기 위해 도코 도시오는 '합리적 운행'을 추진하여 직원들의 지력을 개발했다. 그는 합리적인 건의를 적극적으로 장려하고 최고 경영자에게 직접 건의를 할 수 있는 제도를 만들었다. 그는 직원들을 교육하는 데 크게 힘썼고 그들의 문화적 소질을 향상시켰으며 또한 합리적으로 회사를 운행했다.

도코 도시오는 지력 외에도 직원들의 기력과 체력, 기업경영의 속력을 개발하는 것을 매우 중시했다. 그는 기력이란 직원들의 흔들리지 않는 마음과 진취적인 정신, 그리고 이로 인해 생산되는 높은 책임감이라고 정의했다. 체력은 직원들의 건강과 복리에 대해 경영자가 관심을 가지고 직원들이 기력을 발휘해 업무의 효율을 높이도록 유도하는 것이다. 그리고 속력이란 시장 경영의 신속한 번영을 중시하는 경영이념을 반영한 것이다.

생동감 있고 경쟁력이 충만한 도시바를 만들기 위해 도코 도시오는 직원들에게 앞으로 회사 내에서는 절대 '잘 부탁드립니다'라는 말을 하지 말라고 명령했다. 도코 도시오는 왜 이러한 말을 배척했을까? 그가 처음으로 도시바에 왔을 때 회의나 토론 장소에서 책임 간부들이 항상 입에 달고 있었던 말이 바로 '잘 부탁드립니다'였다.

이런 상황을 본 후 도코 도시오는 말했다.

"여러분은 앞으로 절대 그 말을 하지 마십시오. 토론을 할 때 모두는 평등하며 여기에 지위의 높고 낮음은 중요치 않습니다. 저는 여러분이 직무상의 지위를 잊고 단지 어느 것이 정확한지 생각하고 열렬하게 토론해나가길 바랍니다. 가장 중요한 것은 어느 것이 정확한가이지 누가 정확한가가 아닙니다."

'잘 부탁드립니다'라는 말의 사용을 금지하고 나서 도코 도시오는 또한 '내일 다시 하자'라는 말을 금지했다. 오늘 할 일은 오늘 마쳐야 하고 내일은 내일 할 일이 있다고 그는 생각했다. 사람의 일생에 있어서 '오늘'은 새로운 하루이며 한 번 가버리면 다시 돌아오지 않는 날이다. 모든 사람에게 '오늘'은 동등하고 다른 날과 대체할 수 없다. 자기 멋대로 하루를 허비하는 사람은 항상 시간을 아무렇지도 않게 허비하는 것과 마찬가지며 심지어는 일생을 허비하는 것과 같다고 생각했던 것이다.

Point

도코 도시오는 모든 일에 충만한 활력을 가지라는 구호를 내걸었고 활력=지력×(기력+체력+속력)이라고 생각했다.
도코 도시오는 말했다.
"정신을 집중하고 칠전팔기의 기력, 용맹스러운 체력에다 속도와 지력을 더해야 최후의 승리를 거머쥘 수 있습니다."

적재적소에 인력을 배치하다

학창시절 도코 도시오의 성적은 대단히 뛰어난 편은 아니었다. 오카야마(岡山) 고등학교에 몇 번이나 떨어졌고 도쿄 공업 대학에 진학할 때는 1년간 재수를 했다. 당시 많은 사람이 그가 무능하다고 말했고 앞으로 분명히 실패자가 될 것이라고 했다. 도코 도시오는 이러한 유언비어와 같은 말에 깊은 상처를 받았다. 그는 도시바의 대표 자리에 올랐을 때 '사람은 변한다'는 관점을 널리 알렸다. 상사가 부하직원에게 끼치는 영향력은 매우 크기 때문에 상사가 변화하면 부하직원들도 완전히 새롭게 변할 수 있다고 그는 생각하며 말했다.

도코 도시오는 직원을 고용할 때 그들을 차별 없이 대했고 연공서열을 따지지 않았다. 통상적으로 일본 기업에서 사람들은 지위의 고저에 따라 업무를 진행한다. 비록 일련의 완전한 업무일지라도 사람에 따라서 분배된다. 중요한 부분은 상급직원이 담당하고 그다지 중요하지 않은 부분은 하급직원이 맡게 된다. 이러한 업무는 주로 '책임자-대학 졸업자-고등학교 졸업자-여직원'의 순서로 분배된다. 이러한 상황에서는 젊은 사람들이 일하려는 의욕을 가지기 어려울 것이다.

도코 도시오는 직원들을 대상으로 시행한 의견 조사를 통해 다음과 같은 사실을 알아냈다. 직원들이 가장 불만을 느끼는 것은 임금, 근무시간, 복리후생이 아닌 업무의 분배 방식이었다. 인재를 임용할 때 도코 도시오는 종종 그 사람의 능력에 따라 업무를 맡겨야겠다고 생각하고는 했다.

인사이동과 진급평가를 시행할 때 어떤 사람들은 습관적으로 5년, 10년 전의 이야기를 꺼내며 말한다.

한 사람의 재능과 성격에 대해 일단 좋지 않은 평가가 내려지면 이러한 평가는 평생 그 사람을 따라다닌다. 이는 인재의 선발에 매우 불리한 영향을 끼친다.

청년 시절에 기술자로 일했던 도코 도시오는 자주 작업현장에 가서 생산업무를 지도했다. 업무현장에서 그는 제 일선에 우수한 인재들이 많이 있지만 상사가 그들의 업무실적을 발견하지 못해서 재능을 낭비하기만 한다는 사실을 발견했다. 이러한 상황을 인식하고 도코 도시오는 다음과 같은 인재선발 방식을 시행했다. 반드시 업무의 제 일선에서 실무를 익힌 직원을 책임자 자리에 앉히고 인재를 발견하는 즉시 발탁한다. 도코 도시오가 이러한 조치를 시행한 후부터 현장의 기술자들은 장점을 드러내게 되었고 도시바는 업무현장에서 대량의 우수한 인재를 발굴할 수 있었다.

새로운 시대의 흐름에 발맞추어 인재를 끊임없이 발탁하기 위해 도코 도시오는 간부들에게 직원들이 학습할 시간과 장소를 마련해서 교육을 진행하라고 명령했다. 그는 회사에서는 단지 모두에게 학습할 기회를 제공할 뿐이므로 이 기회를 어떻게 이용할지는 직원들 자신에게 달렸다고 했다.

도코 도시오는 부하직원들의 교육을 포기하지 않았다. 그는 상급직원들이 핑계를 대고 하급직원들의 자아계발을 방임하도록 허락하지 않았다. 그는 상급직원들은 하급직원들에게 교육환경을 만들어줄 의무가 있다고 생각했고 또한 그들에게 어쩔 수 없이 하는 수동적인 자아계발이 아닌 진정한 자아계발을 하도록 요구했다. 그렇다면 환경이란 무엇인가?

도코 도시오는 이를 다음과 같이 해석했다. 진정한 자아계발을 위한 환경이란 대단한 교육설비나 강도 높은 훈련이 아니라 단지 위아래 직원들이 매일 업무현장에 있는 것이다. 그리고 이에 앞서 반드시 직원들의 업무환경을 자아계발에 적합한 상태로 바꾸어야 한다. 이는 교육이 실행되기 위한 전제조건이다.

당시 대다수의 일본 기업에서는 기술자는 단지 기술개발과 설계에만 종사할 뿐 행정사무에는 관여하지 않았다. 행정사원은 단지 행정사무만 관리하고 기술 문제에는 관여하지 않았다. 이러한 현상을 바꾸고 양호한 업무환경을 조성하기 위해 도코 도시오는 솔선수범해 도시바 직원들에게 기술자도 행정사무를 배우고 행정사원도 반드시 기술을 배워야 한다고 주장했다.

도코 도시오는 기술자는 행정을 알아야 하고 행정사원은 기술을 알아야 한다는 제안을 했고 또한 인재 개발의 문제를 논의하는 회의에서 능력의 전문화와 종합화에 대한 독창적인 견해를 발표했다. 그는 전문화라고 하면 사람들은 깊고 좁은 것이라고 이해하기 쉽고 종합화라고 하면 종종 넓고 얕은 것이라고 이해하는 경향이 있다고 말했다. 그리고 이에 대해 반박했다.

"전문화를 이루기 위해서는 물론 깊이가 강화되어야 하지만 이로 인해 편협해져서는 안 됩니다. 깊이 있는 이해를 위해서는 관련 분야를 탐구하고 점점 지식의 넓이를 확대해야 합니다. 진정한 전문화는 반드시 깊이와 넓이가 있어야 하며 이러한 깊이와 넓이가 고도로 발전한 것이 바로 종합화입니다."

도코 도시오는 인재를 배양하는 데 많은 힘을 쏟아 부었고 그는 부하직원들에게 서로 토론하고 연구해야 전문화와 종합화를 합리적으로 통일할 수 있다고 했다.

1990년대 도시바의 회장 사토 후미오는 도코 도시오의 인재관에 창조성을 가미한 풍운아였다. 그의 통솔 아래 도시바의 제품에는 현저한 변화가 나타났다. 그는 또한 인재의 유동성을 촉진했다.

1995년 1월의 어느 날, 도시바 중형 전기 기술연구소에 부임한 어느 간부의 얼굴에는 깊은 수심이 가득했다. 부하직원 다쓰카와 미키가 갑자기 퇴직하고 회사 내부의 인재 초빙에 참가할 준비를 하고 있다고 이야기했기 때문이었다. 다쓰카와 미키는 근무한 지 6년이 되는 기술자로 물리학을 전공하고 석사 학위를 가지고 있는 사람이었다. 연구소에서 그녀는 방전식 오존 발생기의 연구개발에 종사하고 있었으나 현재 중형 전기 기술과 조금도 관련이 없는 다매체 소프트웨어 기획 개발팀에 들어가려고 하고 있었다.

"다매체 소프트웨어 개발은 지금의 업무와 전혀 관계가 없지 않나. 일시적으로 성급하게 생각하지 말고 황당한 생각은 하루 빨리 접도록 하게."

중형 전기 기술 부문은 도시바의 핵심 부문으로 여기에서 역대 경영자가 많이 배출되었다. 다쓰카와 미키는 뛰어난 사원이었는데도 왜 신설된 부문으로 가고 싶다는 생각을 했을까? 상사는 백번 생각해도 도무지 이해할 수가 없었다. 하지만 다쓰카와 미키는 학창시절부터 줄곧 시각매체에 대해 깊은 흥미를 가지고 있었고 영상 편집을 한 경험이 있었다. 게다가 상사에게 자신의 생각을 이야기할 때 그녀는 이미 확고한 이직 의사를 갖고 있었다. 3일 후에 다쓰카와 미키는 상사에게 '잘 부탁드린다'라는 말만 남기고 이 부서를 떠났고 상사는 끝까지 그녀를 만류하지 못했다.

이때 에너지 사업본부의 원자력 기술연구소에도 똑같은 일이 일어났다. 이곳에서 근무하던 다카노 요소코도 상사에게 떠날 뜻을 알렸다. 그녀는 연구소의 핵심 인력으로 도시바에서 9년 동안이나 근무한 중견 연구원이었다. 그녀는 자신을 수평식 부문으로 배치해 줄 것을 요청했다.

구와하라 아키라 이사는 다매체 사업 추진실의 주임을 맡기기 위해 도시바가 초빙한 사람이었다. 많은 지원자 중에서도 이 두 명의 여성이 특히 그의 주목을 끌었다.

"이 사람들은 정말로 우리가 원하던 인재이기는 하지만 중형 전기 부문이나 에너지 사업본부의 우수한 연구원을 우리 쪽으로 끌어오는 것이 과연 적합한 일일까?"

구와하라는 결정을 내리지 못하고 인사부에 전화를 걸었다. 뜻밖에도 인사부에서는 그러한 문제는 염려하지 말고 과감하게 일을 처리해도 된다고 말했다. 현재 다쓰카와 미키와 다카노 요소코 두 사람은 ADI 사업본부의 다매체 사업 추진실에서 컴퓨터 제도 소프트웨어의 개발을 담당하고 있다.

"연구소에 있을 때는 모든 것이 다 일정한 궤도에 따라 진행되었습니다. 그러나 여기에서는 마치 출발선에 서 있는 것 같습니다. 그저 기다리기만 하면 아무런 성과도 얻을 수 없습니다. 모든 기회는 자신이 만들어가는 것입니다."

다카노 요소코가 말했다.

다쓰카와 미키와 다카노 요소코 두 사람은 왜 수평식 부문에서 일을 하려고 했을까? 왜냐하면 그들은 이곳에서 자신들의 능력을 충분히 발휘하고 새로운 가능성을 실현할 수 있다고 생각했기 때문이다.

우수한 직원이 자발적으로 부서를 옮긴 일은 다른 직원들에게 큰 충격을 주었고 그들은 도시바가 변화했음을 느낄 수 있었다. 사실 이러한 변화는 도코 도시오가 직원들에게 전문화된 능력을 갖추라고 요구했을 때부터 이미 시작된 것이었다. 인재는 반드시 전문적이고 종합적인 능력을 겸비해야 한다. 그리고 회사는 인재들이 자유롭게 자신의 위치를 선택할 수 있도록 해주고 그 선택을 존중해야 한다. 인재를 적재적소에 배치함으로써 도시바는 지속적인 발전을 이룩할 수 있었다.

Point

한 사람의 재능과 성격에 대해 일단 좋지 않은 평가가 내려지면 이러한 평가는 평생 그 사람을 따라다닌다.
'사람은 변한다'는 관점을 믿는 도코 도시오는 인재의 유동성을 촉진하며 말했다. "상사가 한 사람의 인생을 좌우해서는 안 된다."

자기 PR하는 법을 배우다

　도코 도시오는 일본에서 '대출의 달인', '덤핑 판매의 귀신'이라는 별명을 갖고 있다. 그는 어떻게 해서 자신과 제품을 PR할 수 있었을까? 비즈니스업계에서 그의 활약을 통해 우리는 유익한 교훈을 얻을 수 있다.

　2차 세계대전 후 도코 도시오는 이시카와지마하리마(이하 IHI)의 사장을 맡아 공장을 재건하기 시작했다. 생산은 회복되고 점점 확대되었으나 얼마 지나지 않아 골치 아픈 문제가 발생했다. 그것은 바로 생산과정에 필요한 자금이 이미 다 떨어졌다는 것이었다.

　당시 일본은 중소기업은 물론이고 명성이 높은 대기업들조차도 자금 조달이 어려운 형편이었다. 도코 도시오는 어쩔 수 없이 직접 은행에 찾아가 대출을 해달라고 사정했다. 그가 대출을 신청한 은행은 바로 일본 제일은행이었다. 처음에는 도코 도시오도 대출이 얼마나 어려운지 실감하지 못했지만 몇 차례 문전박대를 당하고 나자 자신이 매우 힘든 상황에 놓여 있다는 사실을 깨닫게 되었다.

도코 도시오가 교섭한 사람은 제일은행의 하세가와 주자부로로였다. 그는 당시 제일은행의 영업부 부장을 맡고 있었고 언변이 뛰어나기로 유명했다. 은행 사람들은 모두 하세가와 주자부로에게 대출을 받고자 한다면 힘과 지성, 설득력 있는 언변을 갖추어야지 그렇지 않으면 분명히 헛수고가 될 것이라고 이야기하고는 했다.

도코 도시오는 하세가와 주자부로와의 첫 대면에서 상대방이 얼마나 대단한지 깨닫게 되었다. 그것은 어느 월요일 아침의 일이었다. 정장을 차려입은 도코 도시오는 자신감이 충만하여 제일은행 영업부의 문을 열었다. 그가 들어서자 하세가와 주자부로의 여비서가 물었다.

"선생님, 어느 분을 찾아오셨습니까?"

도코 도시오는 예의 바르게 여비서에게 자신의 명함을 건네주고는 말했다.

"저는 하세가와 주자부로 선생을 배견하러 왔습니다."

비서는 보고하러 안쪽의 사무실로 들어갔다. 잠시 후 그녀는 도코 도시오에게 말했다.

"부장님께서 들어오시라고 하십니다."

도코 도시오는 고개를 끄덕여 인사하고 하세가와 주자부로의 사무실로 들어갔다. 조금도 흐트러짐 없는 빗질을 한 남성이 사무실의 책상 앞에 앉아 있다가 도코 도시오가 들어서는 것을 보더니 바로 일어나서 예의 바르게 흰 손을 내밀어 악수를 청하며 말했다.

"도코 도시오 선생, 앉으십시오."

도코 도시오는 상대방이 내민 손을 잡으며 미소를 띠고 우렁찬 목소리로 말했다.

"처음 뵙겠습니다. 앞으로 잘 부탁드립니다, 부장님."

하세가와 주자부로는 웃으며 편안하게 자신의 자리로 돌아가 앉았다.

도코 도시오는 정직하고 시원시원한 사람이었고 일을 할 때는 효율과 속도를 매우 중요시했다. 그래서 그는 조금도 거리낌 없이 하세가와 주자부로에게 자신이 은행에 온 목적을 설명하기 시작했다.

"하세가와 부장님, 제가 방문한 목적은 귀 은행에 대출을 신청하고자 하기 때문입니다. 저희 IHI를 위해 힘을 좀 보태주시길 바랍니다."

하세가와 주자부로는 도코 도시오가 이렇게 단도직입적으로 나올 줄은 예상하지 못했기 때문에 적잖이 놀랐다. 그는 잠시 멍하니 있다가 곧 평정을 되찾았다. 전에 많은 기업의 책임자들이 그에게 대출 문제를 의논했지만 그들은 모두 완곡한 말로 부탁을 했다. 하세가와 주자부로는 도코 도시오와 같은 분위기를 가진 사람을 본 적이 거의 없었다. 하세가와 주자부로는 자신의 머리를 쓰다듬고는 침착하고 분명하게 말했다.

"도코 선생, 대출은 좀 어렵겠습니다. 은행도 지금 매우 어려운 상태라서 대부분의 기업들과 마찬가지로 자금이 부족한 상황입니다."

도코 도시오는 일찌감치 상대방이 이렇게 나올 것이라고 예상하고 있었다. 그는 상대방이 얼버무리려는 것을 무시하고 자신이 대출을 하려는 이유와 상환 방법을 자세히 설명한 후 마지막으로 말했다.

"지금 은행도 어려운 상황이라는 것은 저도 잘 압니다. 그렇지만 기업에 비하면 그래도 훨씬 낫지 않습니까? 저희 회사는 유명한 터빈 생산회사이고 시장의 앞날도 매우 낙관적입니다. 다만 현재 생산자금이 부족해서 회사가 그 역량을 다 발휘하지 못할 뿐입니다. 만약 은행에서 IHI에 힘을 좀 빌려주시면 저희 회사는 그 이익을 바로 은행에 상환하도록 하겠습니다."

하세가와 주자부로는 내키지 않는 마음으로 말했다.

"도코 선생, 솔직하게 이야기하겠습니다. 은행에 대출을 받으러 오는 사람은 다들 선생처럼 말합니다. 심지어 높은 이자를 주겠다는 사람도 있었어요. 하지만 지금 은행이 대출해 줄 수 있는 금액은 형편없이 적습니다. 아마 실망하실 겁니다."

비록 상대방의 마음을 움직이지는 못했지만 도코 도시오는 낙담하지 않고 말했다.

"은행의 대출액이 적다는 것은 저도 알고 있습니다. 그렇지만 적으면 좀 어떻습니까, 일부라도 빌리는 것은 가능하지 않습니까?"

하세가와 주자부로는 도코 도시오의 말에 바로 대답했다.

"그렇지요. 일부분만 대출해 드리는 것은 가능합니다. 그렇지만 애석하게도 이미 늦었습니다. 다른 분들이 이미 적은 액수의 대출을 전부 받아가 버렸거든요."

상대방의 완고한 태도를 보고 도코 도시오는 울화가 치밀었다. 그러나 그는 여전히 웃음 띤 얼굴로 하세가와 주자부로에게 말했다.

"그렇다고 앞으로 계속 은행에 돈이 없지는 않겠지요?"

하세가와 주자부로는 바로 대답했다.

"그럼요. 만약 은행에 대출할 돈이 없으면 바로 문을 닫아야지요. 그것은 우리로서도 바라지 않는 일입니다. 정말이지, 면전에서는 거짓말을 못 하겠군요. 곧 있으면 은행은 대출금액을 받게 될 겁니다. 그때가 되면 다시 연락드리지요."

오랜 설전 끝에 도코 도시오는 결국 대출에 실패하고 말았다. 그는 그저 씩씩거리며 은행 문을 나설 수밖에 없었다. 그러나 도코 도시오는 하세가와 주자부로의 연락을 기다리지 않고 이틀 후 다시 제일은행을 찾아갔다. 왜냐하면 공장에는 절실하게 자금이 필요했고 만약 방법을 강구하지 않으면 생산이 중단될 위기에 놓여 있었기 때문이다. 게다가 도코 도시오는 같은 어려움을 겪고 있는 많은 기업들이 제일은행을 노리고 있다는 사실을 누구보다 잘 알고 있었다. 경쟁자가 많아 어려운 상황에서 주동적이고 적극적으로 나서지 않는다면 대출은 다른 사람에게 돌아갈 것이다. 그러므로 바보처럼 하세가와 주자부로의 연락을 기다리기만 하는 것은 기회를 포기하는 것과 마찬가지였다.

도코 도시오가 다시금 하세가와 주자부로의 사무실로 들어서자 그는 농담처럼 말했다.

"일본 터빈의 일인자께서 또 오셨군요. 그러나 애석하게도 이번에도 헛걸음하신 것 같습니다."

도코 도시오는 다시 한 번 노력했지만 대출을 받지 못했다. 그 후에도 도코 도시오는 여러 차례 제일은행에 들렀으나 여전히 아무런 성과도 얻지 못했다.

여러 차례 설전을 겪으면서 도코 도시오와 하세가와 주자부로는 서로 익숙해지기 시작했다. 그들은 업무 이야기를 하면서도 일상적인 이야기를 나누었다. 비록 하세가와 주자부로는 여전히 마음을 돌리지 않은 상태였지만 빈틈없이 완고했던 태도는 어느 정도 누그러들었고 도코 도시오는 대출을 받을 수 있을지도 모른다는 자신감이 붙었다.

어느 날 회사의 재무담당 이사가 도코 도시오에게 보고했다.

"만약 이틀 안에 자금을 투입하지 못하면 우리 회사는 생산을 전면 중단할 수밖에 없습니다."

도코 도시오는 절대 물러서지 않겠다며 배수진을 치고 결전에 임했다. 그는 주먹을 불끈 쥐고 혼잣말을 했다.

"내 오늘은 기필코 하세가와 주자부로를 설득하고 말리라."

그는 비서에게 큰 여행용 가방을 가져오라고 하고는 평소에 겨드랑이 사이에 끼우고 다니던 납작한 서류가방을 책상 위에 올려놓았다. 그리고 안이 텅텅 빈 여행용 가방을 들고 사무실을 나섰다. 자신의 상사가 여행용 가방을 들고 있는 모습을 보고 사무실의 부하직원들은 답답하게 생각했다. 도코 도시오는 이해하지 못하겠다는 직원들의 표정을 보고도 아무런 해명도 하지 않고 분주하게 회사의 문을 나섰다.

여행용 가방을 든 것은 도코 도시오의 전략이었다. 그는 제일은행에 가서 하세가와 주자부로에게 끝까지 매달리려고 생각하고 있었다. 그러나 하세가와 주자부로는 업무가 끝나면 밥을 먹으러 집에 돌아갈 것이다. 상대방이 자기의 말을 끝까지 듣게 하기 위해 그는 우선 길가에서 도시락 두 개를 샀다. 하세가와 주자부로가 귀찮아서라도 대출을 해줄 수밖에 없도록 하려는 작전이었다. 평소에 들고 다니는 서류가방은 너무 작아서 도시락 두 개를 넣을 수 없었다. 여행용 가방이라면 들키지 않고 도시락을 넣을 수 있었다.

이렇듯 도코 도시오는 칠전팔기의 정신을 가진 사람이었다. 일단 목표가 정해지면 난관을 돌파하고 그 목표를 실현하기 위해 끝까지 돌진한다. 다시 한 번 하세가와 주자부로를 만난 도코 도시오는 심각한 얼굴로 말했다.

"대출을 해주실 수 없다면 저도 공장에 돌아가지 않겠습니다. 오늘은 무슨 일이 있어도 대출을 받아가야 합니다."

"하지만 우리는 당신의 회사에 빌려줄 돈이 없습니다."

하세가와 주자부로는 여전히 곤란한 표정을 짓고 있었다.

서로 또 한 차례의 변론이 시작되었다. 설전이 끝나고 나자 피차 할 말이 없었다. 도코 도시오는 하세가와 주자부로의 사무실에 버티고 앉아 정신을 가다듬었다. 조금 있다가 그는 아까 했던 말을 반복해서 말했다. 그러나 하세가와 주자부로는 조금도 동요하지 않았다. 시간은 빠르게 흘러 어느덧 퇴근 시간이 되었다. 영업부의 퇴근을 알리는 종이 울리자마자 하세가와 주자부로는 홀가분한 마음으로 서류가방을 들고 도코 도시오에게 말했다.

"도코 선생, 정말 미안합니다. 온종일 일했더니 배가 고파 죽을 지경이에요. 빨리 집으로 돌아가서 저녁식사를 해야겠습니다. 대출 건은 우리 다시 날을 잡아 이야기하도록 합시다."

도코 도시오는 말했다.

"부장님, 온종일 수고가 많으셨습니다. 당연히 배도 많이 고프시겠지요. 그래서 오는 길에 도시락 두 개를 사왔습니다. 우리가 충분한 의논을 할 수 있게 특별히 준비해 온 겁니다."

도코 도시오는 말을 마치자마자 여행용 가방에서 도시락을 꺼냈다.

"잘됐네요. 도시락이 아직 따뜻합니다."

그는 유머러스하게 말했다.

"부장님께서 이 초라한 도시락을 싫어하시지 않았으면 좋겠습니다. 저희 회사가 사정이 좀 좋아지면 그때 가서 대단한 은인이신 부장님을 제대로 대접하도록 하겠습니다."

하세가와 주자부로는 자신의 눈앞에 있는 이 끈질긴 사람이 이렇게 나오리라고는 전혀 생각하지 못했다. 자리를 뜨려던 그의 발걸음은 마치 굳어진 듯 움직일 수 없었다. 어안이 벙벙해 있는 사이에 도코 도시오는 도시락 하나를 하세가와 주자부로에게 건네주며 일부러 그의 표정을 못 본척했다.

하세가와 주자부로는 쓴웃음을 지으며 어쩔 수 없이 상대방이 내민 도시락을 받아들었다.

"도시락이 참 괜찮지요?"

도코 도시오는 태연자약하게 음식을 삼켰다. 하세가와 주자부로는 뻣뻣하게 자리에 앉아 도시락 뚜껑을 열고 젓가락으로 야채를 집어 천천히 씹기 시작했다. 도코 도시오가 맛있게 먹는 모습을 보며 하세가와 주자부로는 입을 열었다.

"도코 선생……."

도코 도시오는 상대방의 말을 잽싸게 자르며 말했다.

"부장님, 우선 아무 말씀 마시고 식사나 하십시오. 이따가 다시 이야기하도록 하지요."

"도코 선생, 내 말은……."

"알았습니다. 알았어요. 부장님, 우선 밥을 다 먹은 후에 기력이 나면 대출 건에 대해 차근차근 이야기합시다. 내일 날 밝을 때까지라도 괜찮습니다."

하세가와 주자부로는 '내일 날 밝을 때까지'라는 말을 듣자 등골이 서늘해지기 시작했다. 도코 도시오라는 사람은 정말로 목적을 달성하기까지는 신념을 꺾지 않는 끈질긴 사람인 모양이었다. 하세가와 주자부로는 긴장한 상태로 밥을 먹으며 대책을 모색하기 시작했다. 그러나 아무리 생각해봐도 그를 돌려보낼 좋은 방법이 떠오르지 않았다. 도코 도시오는 도시락을 다 먹은 후 손수건을 꺼내 입가를 닦으며 만족스러운 듯이 말했다.

"조금 있다가 다시 긴 시간 동안 이야기를 나누도록 하지요."

하세가와 주자부로는 수심에 가득 찬 얼굴로 한숨을 쉬었다. 도코 도시오라는 악귀를 내쫓으려면 대출을 해줄 수밖에 없는 것 같았다.

"도코 선생."

하세가와 주자부로의 고집이 드디어 꺾였다.

"우선 당신의 회사에 절반만 대출을 해줄 테니 남은 금액은 조금 더 기다려 줄 수 있겠소?"

자신의 도시락 작전이 효과가 있음을 보고 도코 도시오는 점차 입장을 굽히고 있는 하세가와 주자부로에게 말했다.

"제가 알기에는 은행이 저희 회사에 대출해 주실 금액 정도는 여유가 있다고 하던데요. 부장님, 통 크게 한 번에 대출해 주십시오."

하세가와 주자부로는 결국 어쩔 수 없이 도코 도시오의 요구를 다 받아들이기로 하고 그에게 말했다.

"도코 선생, 은행이 지금 기업에 대출을 해주는 것은 아주 큰 위험을 무릅쓰는 일입니다. 그래서 우리는 일단 기업의 대표자를 만나 그들의 창업 정신과 흔들리지 않는 결심을 보고 다시 정상적인 경영을 할 수 있을 것이라는 확신이 들어야 대출을 해주고 있습니다. 일단 이러한 기업이 다시 경영에 성공해야 우리는 대출한 금액을 회수할 수 있으니까요. 오늘 내가 당신의 회사에 대출을 해주는 것은 IHI의 회장인 당신이 칠전팔기의 정신을 지니고 있으며 착실하고 이렇듯 악착같이 떼를 쓸 정도로 인내력 있는 사람이기 때문입니다."

도코 도시오는 하세가와 주자부로가 자신을 악착같이 떼를 쓰는 사람이라고 말해도 화내지 않고 오히려 의기양양하게 웃었다. 하세가와 주자부로는 일부러 심각한 태도로 말했다.

"나중에 딴소리하시면 안 됩니다. 만약 IHI가 기한이 넘었는데도 갚지 못할 경우에 하세가와 주자부로가 쉽게 태도를 바꾸었다고 말하지 마시오."

"그럼요, 그럼요. 재물의 신께 맹세하지요."

도코 도시오는 줄곧 심각한 모습이었지만 이날만큼은 선례를 깨뜨리고 유머러스한 모습을 보였다. 그에게는 반드시 승리하리라는 자신감이 있었기 때문이다. 도코 도시오와 하세가와 주자부로가 대출 협정서에 서명을 하고 은행 문을 나설 때는 이미 늦은 밤이었다. 도코 도시오는 크게 숨을 내쉬고는 하세가와 주자부로에게 말했다.

"이렇게 통쾌한 심호흡을 해본 게 얼마 만인지 모르겠습니다."

"그렇겠지요. 당신은 난관을 넘겼겠지만 제 상황을 좀 보시오. 저는 매번 돈을 대출해줄 때마다 마음이 무거워지기만 합니다."

도코 도시오는 말했다.

"그럴 리가요. 부장님은 이렇게 말씀하셔야지요. 이 돈을 도코 도시오에게 빌려주니 은행 장부에 이자가 또 늘었군."

"정말 그렇게 되기를 바랄 뿐입니다. 도코 선생, 언제 한번 누추한 우리 집에 반드시 들러주십시오. 저라는 사람은 웬만해서는 다른 사람한테 감탄하는 법이 없는데 오늘 정말 당신에게 감탄했습니다."

하세가와 주자부로는 말했다.

"과찬의 말씀이십니다. 저라는 사람은 좀 바보 같아서요. 다른 사람이라면 한 번에 끝낼 일을 저는 두 배 정도의 시간을 들여야 끝낼 수가 있습니다."

도코 도시오는 진심으로 말했다. 도코 도시오의 굳은 의지는 하세가와 주자부로에게 감동을 줬고 결국 IHI에 거액의 대출로 이어졌다. 이로 인해 IHI는 자금 부족에서 벗어날 수 있었다. 도코 도시오가 성공적으로 대출 임무를 완수했기 때문에 회사 내에서는 그를 일컬어 '대출의 달인'이라고 불렀다.

'대출의 달인' 도코 도시오의 이름은 은행뿐만 아니라 정부 기관에서도 유명하다. 그들은 도코 도시오의 이름을 들으면 이렇게 묻는다.

"IHI의 회장 말이지? 그 사람은 좀처럼 다루기 어려운 상대지."

정부 기관에서는 왜 도코 도시오를 다루기 어려운 사람이라고 생각했던 것일까? 전후 일본은 기계 공업의 중흥을 위해 기계 제조업을 지원하려는 지원금 계획을 제정한 적이 있었다. 이러한 지원금은 매우 한정적이었기 때문에 많은 기계 제조업 업자들이 호시탐탐 이 지원금을 노리고 있었다. 도코 도시오는 이 소식을 들은 후 제일 먼저 지원금 신청의 대열에 비집고 들어갔다. 은행 대출업무 방면에 풍부한 경험이 있었기 때문에 그는 다시 한 번 인내심을 가지고 일을 해보자는 강인한 마음으로 도전했고 결국 성공했다.

도코 도시오는 대출의 달인이었을 뿐 아니라 '덤핑 판매의 귀신'이라는 별칭도 있었다. 사실 이 별칭에도 유래가 있다.

유럽에서 거행된 첫 번째 대형 유조선 입찰 공고에서 도코 도시오는 조선업계에 정해져 있는 최저 가격 한도를 깨고 가장 저렴한 가격을 제시했고 덕분에 가장 많은 주문서를 받았다.

"도코 도시오는 영락없는 덤핑 판매의 귀신이군. 자신의 목적을 달성하기 위해서 단기적인 효과와 이익을 희생하는 것을 아까워하지 않아."

"그 사람 너무 심한 거 아닌가? 그 사람은 일본 대다수 조선업계의 이익을 중간에서 가로채 자기 기업으로 가져간 거나 마찬가지잖아. 그는 정말 탐욕스러운 경영자로군."

영국의 유명한 철학가 베이컨은 다음과 같은 말을 남겼다.

"푼돈을 아까워하지 마라. 돈에는 날개가 있어서 어떤 때는 자기 스스로 날아가기도 하고 어떤 때는 날려 보내야 더 많은 돈을 불러들인다."

베이컨의 말을 통속적으로 이야기하자면 박리다매라 할 수 있다. 도코 도시오가 입찰 공고에서 가장 낮은 가격을 부른 것은 바로 박리다매에 기초했기 때문이었다. 적은 이익은 상품 가격을 낮추게 되고 상품의 가격이 낮아지면 소비자의 구매를 유도할 수 있다. 사람들은 으레 값도 싸고 물건이 좋은 상품에 끌리기 마련이다. 설령 부유한 계층의 사람이라도 마찬가지로 이러한 상품을 좋아한다.

도코 도시오는 박리다매에 대해 자신만의 독특한 견해를 가지고 있었다. 그는 도시바의 제품이 다른 회사 상품보다 저렴하기 위해서는 원가 계산에 노력을 들여야 한다고 생각했다. 원가를 내려야 제품의 가격이 내려가고 제품의 가격이 내려가야 비로소 강한 경쟁력을 가질 수 있기 때문이다. 회사는 적자 주문을 받아가면서까지 제품을 판매해서는 안 되고 자본을 손해 보는 장사를 해서는 안 된다.

덤핑 판매가 이루어지기 위해서는 회사 내부 구조를 정리해 원가를 절감해야 한다. '나 하나만 잘하면 된다.'는 시대는 이미 지나갔다. 도코 도시오는 모든 힘을 위탁판매에 쏟아 부었다.

도코 도시오가 막 도시바에 부임했을 무렵 도시바의 판매 일선은 다른 회사 못지않게 일을 잘한다는 영업 간부의 말을 들었다. 도코 도시오는 이해되지 않는 부분이 있어서 물었다.

"제 일선이 일을 잘한다면 그럼 당신들 간부는 어떻습니까?"

이에 영업 간부는 대답했다.

"저희는 전력을 다해 부하직원들을 감독하고 격려합니다."

도코 도시오는 이 대답을 듣고 기분이 언짢았다. 도시바의 간부들은 단지 전투를 격려하는 대장에 지나지 않는단 말인가. 과연 안전지대에 숨어서 전선을 향해 명령을 내리는 장군 밑에서 부하들이 용감하게 싸울 수 있겠는가? 강한 장수 밑에 약한 사병이 없는 것처럼 부하들을 용사로 만들려면 지도 간부가 우선 강한 장수가 되어야 한다. 강한 장수는 반드시 병사들 앞에 서서 전장에 돌입해야 한다. 얼마 지나지 않아 도코 도시오는 도시바의 간부들에게 전부 제 일선으로 나서라고 명령했다. 그래서 간부들은 매일 이른 아침에 출근해 회사보다 먼저 고객을 찾아갔고 둘이서 번갈아 가며 책임지고 있는 판매점과 대리점을 방문했다. 그들은 고객들로부터 소식을 듣고 회사의 부하직원들에게 지시를 내렸다. 도코 도시오는 도시바의 간부층에 변화를 일으켰고 이에 따라 부하직원들도 변화했다. 회사의 신용과 명예를 지키는 것은 자신의 체면을 지키는 것보다 중요하다. 도코 도시오는 회사의 간부들에게 체면이 떨어지는 것을 두려워하지 말고 영업 전선에 나가서 새로운 고객을 발굴하라고 강조했다.

도시바에서는 고객의 불만에 대해 도코 도시오가 직접 사과하는 일이 종종 발생했다. 이러한 상황은 주로 부하직원들이 도코 도시오에게 확실한 상황을 보고하지 않았기 때문에 생겼다. 그는 우선 사과를 하고 다시 회사에 돌아와 상황을 이해했다. 조사를 하자 관련 직원이 이미 그러한 문제를 알고 있었다는 사실이 밝혀졌다. 그리고 아무도 이를 보고하지 않았던 이유는 관련 직원들이 서로 감싸주고 잘못을 추궁하지 않았기 때문이었다. 도코 도시오는 도무지 이해할 수 없었다. 문제를 숨김으로써 직원들은 자신의 체면은 세울 수 있었지만 정작 회사의 대외적인 체면은 떨어져 버렸다. 도코 도시오는 그들을 비평하며 이렇게 말했다.

"회사의 체면과 직원의 체면 중 어느 것이 더 중요한지 당신들은 아직 모르겠습니까? 말은 제대로 하면서 행동은 다르게 하면 어떡합니까?"

도코 도시오는 판매담당부서가 단지 판매만 잘해서는 유능하다고 할 수 없으며 부단히 기술제조 부문에 신제품에 대한 건의를 해야 한다고 요구했다. 그는 경영 판매에 있어 고객을 끌어들이는 일이 얼마나 중요한지 잘 알고 있었다. 그러나 경영 판매부서 직원들의 머릿속에는 어떻게 하면 잘 만들어진 제품을 팔아치울 수 있을까 하는 생각밖에 없었다. 물론 당면한 제품판매 전쟁에서 승리하기 위해서는 제품판매에 대한 책임을 지는 것이 매우 중요하다. 그러나 고객을 끌어들여야 한다는 관점에서 본다면 상품의 판로를 넓힐 수 있는 제품을 만드는 것 역시 중요하다.

도코 도시오는 어느 간부가 판촉 활동을 할 때 항상 회사 제품의 결점을 말하기 때문에 판매실적이 엉망진창이 된 것을 발견했다. 도코 도시오는 이를 알고 난 후 판매부서는 반드시 회사 제품의 장점을 이해해야 하며, 제품의 단점만 보고 장점을 보지 못하는 편견을 버려야 한다는 전략을 제시했다. 물론 도시바 제품에는 장점도 있고 단점도 있지만 만약 판매사원이 과도하게 제품의 단점만 본다면 다른 사람에게 제품을 판매하는 데 신뢰를 줄 수 없다. 왜냐하면 처음부터 그는 지고 들어가는 입장에 서 있는 것과 마찬가지이기 때문이다. 가장 중요한 것은 판매사원의 반듯한 마음가짐이다. 이러한 도코 도시오의 전략은 현재도 도시바에서 사용되고 있다.

Point

도코 도시오는 말했다.
"잔혹한 경쟁에서 제가 엄격하게 지키는 것이 하나 있습니다. 그것은 바로 손해를 볼 것이 확실한 주문은 절대 받지 않는다는 것입니다. 장사의 목적은 돈을 버는 것입니다. 누가 제품을 손해 보면서 팝니까? 어쩔 수 없이 손해를 보면서 팔때는 오직 제품이 도태되었을 때뿐입니다. 제가 여러분에게 말하고 싶은 것은 우리 회사가 비록 저렴한 가격으로 제품을 판매하기는 하지만 회사의 회계는 적자가 아닌 흑자라는 사실입니다."

제 **5** 장

혼다

— 우수한 품질과 저렴한 가격 —

혼다는 일본의 다국적 기업 중 하나로 주로 자동차, 오토바이, 트럭, 자전거 등 교통수단을 제조하고 있다. 동시에 1년간 약 1,400만 대의 엔진을 제조하고 있는 세계 최대의 엔진 제조업체이기도 하다. 혼다 모터스 상표의 HM은 HONDA MOTOR의 약자다. 이 두 영문에는 매의 날개가 있는데 이는 비약하는 혼다의 기술과 전도유망한 미래를 상징한다.

1948년에 설립된 혼다는 초기에 자동차의 관련 부품인 피스톤 링을 생산했다. 혼다의 창업자는 혼다 소이치로이고 본사는 도쿄에 있으며 직원은 총 18만 명에 달한다. 혼다는 이미 국적을 초월한 자동차, 오토바이 생산 판매 그룹이 되었다. 혼다의 제품으로는 자동차나 오토바이 외에도 발전기, 농업기계 등 동력기계 제품이 있다. 혼다는 2004년부터 디젤유를 사용하는 오토바이를 제작하고 있다. 이는 소음이 적고 과거의 오토바이에 비해 배기가스가 적게 배출되어 환경오염을 경감시키는 제품이다. 현재 혼다는 도쿄 증권거래소에 상장되었을 뿐 아니라 뉴욕 증권거래소에서도 주식이 발행되고 있다.

젊고 개성 있는 인재를 등용해
기업의 이상과 활력을 유지한다

혼다 소이치로는 젊은 인재의 등용과 활용에 주의를 기울였다. 이를 통해 혼다는 창립 이래부터 현재까지 시종일관 생기와 활력을 유지할 수 있었다.

혼다 소이치로는 젊은 인재야말로 기업발전의 잠재력이라 보았고 이들을 발견하고 육성해 이를 활용하는 데 최선을 다했다. 그 자신도 젊은이들로부터 자신의 부족함을 발견하고 겸허한 태도로 그들을 대했다.

1968년 혼다는 '혼다 1300'이라는 자동차를 대량으로 생산하기 시작했다. 이 자동차는 처음에는 사람들로부터 명차라는 호평을 받았으나 공기 냉각 시스템을 사용했기 때문에 외관 설계에 어려움이 있어 차체의 원가가 상승했고 이로 말미암아 사람들이 감히 가격을 물어보기조차 겁나는 '이상한 차'로 전락하고 말았다.

그러나 공기 냉각 시스템은 혼다 소이치로가 강력하게 주장해 온 기술이었기 때문에 그는 이를 시정하려 하지 않았다. 젊은 기술자들은 이에 강력하게 반대했고 세계적인 자동차 발전의 추세를 생각할 때 수랭식 냉각 시스템을 채용해야 한다고 주장했다. 그들은 수랭식 냉각 시스템을 사용하면 차체를 경량화할 수 있으며 경제적인 방면에도 많은 장점이 있다고 반복해서 혼다 소이치로를 설득했고 그는 결국 자신의 의견을 굽히게 되었다.

이 일은 혼다 소이치로에게 큰 깨달음을 주었다. 그는 줄곧 젊은 인재들을 말단직원으로만 보았으나 이들이 이미 중추적인 역할을 담당할 능력을 갖췄음을 깨닫게 되었다. 또한 이번 일에서는 자신의 안목이 틀렸다는 사실을 겸허하게 인정했다.

혼다 소이치로의 곁에서 일하는 기술자들은 대부분 20세 정도 되는 청년들이었다. 엘리트 기술자 이리마지리 쇼이치로, 가와시마 기요시가 혼다에 입사했을 때 그들은 모두 갓 20세를 넘긴 대학을 막 졸업한 어린 청년들이었다. 가와시마 기요시가 TT 경기 기술의 총책임자 겸 인솔자를 맡아 유럽에 출정을 나갔을 때 그의 나이는 30세 정도였고 혼다 소이치로에 이어 혼다 본사의 사장직을 맡았을 때는 45세에 불과했다.

1964년 여름, 혼다 소이치로는 대규모의 기구 개혁을 진행했다. 이 개혁으로 혼다에서 이사는 겸직할 수 없었고 거시적인 지도자 역할만 하게 되었다. 전체 이사들은 본사로 집중되어 큰 회의실에서 업무를 보았고 회사의 실질적인 권력은 가와시마 기요시 등 4명의 젊은이가 전담하도록 위탁했다. 각 공장도 젊은이들이 책임지게 했고 협의적인 경영방식을 시행했다.

혼다 소이치로는 평소에 출근하는 것을 좋아하지 않았다. 게다가 부사장 또한 회사에 얼굴을 비추는 일이 드물었고 회사 업무는 전부 4명의 전담 그룹이 맡아 처리했다. 사장과 부사장이 얼굴을 잘 비추지 않고 회사를 젊은이 그룹에게 전적으로 맡기자 외부 사람들은 대부분 곤혹스럽게 생각했다.

그러나 실제로는 젊은 직원들이 일을 잘해주었기 때문에 회사 업무가 질서정연하게 운행되고 있었다. 파나소닉의 직원이 혼다를 참관한 후 감동해서 다음과 같이 말했다고 한다.

"이렇게나 자유방임인데도 불구하고 회사는 오히려 매우 질서정연하게 돌아가고 있군요."

젊은 세대들이 성장함에 따라 혼다 소이치로는 은퇴를 고려하기 시작했지만 적당한 기회를 찾지 못하고 있었다. 이때 그가 은퇴할 수 있도록 중책을 맡았던 사람이 바로 후에 혼다 본사의 고문을 담당한 니시다 미치히로였다.

1971년에 니시다 미치히로는 그동안 마음에 품고 있던 생각을 입밖으로 꺼냈다. 비록 말을 할 때는 부들부들 떨고 있었지만 말이다.

"제 생각에 연구소의 젊은 직원들은 이미 크게 성장한 것 같습니다. 그러니 그들에게 업무를 넘겨주는 것을 고려하심이 어떨지요."

혼다 소이치로는 그의 말을 듣고 조금도 언짢은 기색 없이 오히려 니시다의 손을 꼭 잡으며 감격의 눈물을 흘렸다.

"당신 말이 맞소. 나는 오래전부터 이날을 기다리고 있었다오."

그는 마치 자신의 마음을 잘 알아주는 지기를 만난 듯이 한시도 지체하지 않고 말했다.

"오늘 당장 퇴임하리다. 어떻게 생각하오?"

물론 그렇게 급하게 서둘러 진행할 일은 아니었다. 1971년 4월에 혼다 소이치로는 우선 혼다 연구소의 사장직에서 물러났고 1973년 10월에는 혼다 본사의 사장직에서 물러났다. 그때 그는 66세였다.

혼다 소이치로는 기쁜 마음으로 회사의 최고위직 자리의 인수인계를 마쳤다. 그는 젊은 직원들을 전면적으로 신임했고 그에게 있어서 회사를 떠나는 것은 오히려 행복이었다.

그는 인재를 목숨처럼 아끼는 사람이었다. 그는 사람의 개성이 그 무엇보다도 중요하다고 생각했기 때문에 자신이 고용한 인재들에게 특히 개성을 강조했다. 또한 그는 인재를 발굴할 때 첫인상을 중요시했고 주로 그 사람이 개성이 있는지 없는지를 살펴보았다. 혼다는 채용담당부서의 책임자에게 이렇게 말했다.

"시키는 대로 절대 복종하는 사람은 채용하지 마시오."

혼다의 기술직원 중에는 상당한 엘리트가 많았고 그들은 주로 다른 회사에서 이직해 온 사람들이었다. 다른 회사에서는 이렇게 개성 있고 우수한 인재들을 용납하지 못했다. 이러한 사람들은 혼다야말로 자신의 재능을 마음껏 발휘할 수 있는 곳이라고 생각했다.

혼다에서는 비록 직무는 다르더라도 상하급직원들 간의 관계가 비교적 원만했고 업무환경은 매우 편안했다. 그리고 중대한 문제를 비교적 투명하게 처리했다. 혼다에서는 비록 하급직원이라 하더라도 자신의 의견이 실행가능하며 상사의 의견보다 뛰어나다고 생각되면 그 의견을 고수할 수 있었다. 수시로 상사를 비평하며 진급을 진지하게 생각해달라고 요구할 수 있었고 심지어 자신의 의견을 후지사와나 혼다 소이치로에게 직접 이야기하고 결재를 받기도 했다. 혼다에서는 직위가 전부가 아니었다.

혼다 소이치로의 생각은 이러했다.

'자신의 의견을 견지하고 논쟁하는 과정에서 사람들은 거리낌 없이 자신의 장단점을 드러내는데 이는 매우 좋은 일이다. 돌은 돌이고 금은 금이다. 경영자들은 최선을 다해 직원들의 특성을 파악하고 각자 가진 재능을 충분히 발휘하도록 해야 한다. 이렇게 하면 돌이건 금이건 상관없이 전부 요긴한 인재가 될 수 있다.'

그가 이런 정책을 시행한 목적은 더욱 우수한 업무효과를 거두기 위해서였다. 그는 부하직원들에게 다른 사람을 모방해서는 안 된다고 반복해서 이야기했다. 그는 기술직원들이 그들만의 개성적인 사고방식을 발휘해서 독특한 기술을 창조해내길 원했다.

혼다 소이치로는 다음과 같이 말했다.

"우리는 자신만의 방식으로 탐색하기 때문에 항상 애를 먹습니다. 그러나 우리는 모방을 혐오합니다. 모방은 일시적으로는 편안할 수 있지만 후에 분명히 고생을 하게 됩니다. 게다가 한 번 모방을 하기 시작하면 계속 모방하게 됩니다. 과학 기술을 연구하는 사람으로서 이러한 점을 인식하는 것은 매우 중요합니다. 비록 다른 기업을 앞서 나가기 위해 우리는 많은 시간을 소비해야 하지만 추월한 후에 우리의 앞선 기술은 쉽게 뛰어넘을 수 없는 격차를 형성합니다. 그리고 우리는 처음부터 힘들게 싸워나가는 방식을 선택했기 때문에 고진감래의 정신을 지니고 있습니다."

창립 초기에 혼다는 모터사이클 대회에만 나가면 항상 실패했다. 이는 그들이 상대방처럼 다른 사람이 만들어 놓은 모터사이클을 모방하지 않았기 때문이다. 하지만 그들은 결국 험난한 여정 끝에 상대방과 큰 격차를 벌려놓았다. 왜냐하면 모방만 하는 사람은 기술이 향상되지 않기 때문이다.

혼다 소이치로의 제의로 회사 내부에서는 매년 한 차례 독특한 모터사이클 경기가 열렸다. 그는 창조적인 정신을 격려했으며 직원들이 두뇌를 사용하고 대담한 상상을 펼치기를 원했다. 동시에 모방을 절대 반대하고 자신만의 고유의 스타일을 창조하기를 바랐다. 결과적으로 모터사이클 경기는 가지각색의 창조물이 모여든 발명과 창조의 박람회가 되었다.

네모난 바퀴가 달린 자동차, 날지 못하는 비행기, 자동차의 자동 세척기를 본떠 만든 자동 인간 세척기 등 비록 익살스럽기는 하지만 여기에는 창조성과 지혜가 담겨 있었다. 이와 같이 혼다 소이치로는 특히 다른 사람과는 다른 대담한 시험 정신을 중시했다. 혼다의 정신은 유럽과 미국을 모방하지 말고 자신만의 개성 있는 모터사이클과 자동차를 제작해내는 것이었다.

그는 회사 내부의 젊은 기술자들이 뭘 하든 대담하게 내버려 두었고 잘못을 범해도 개의치 않았다. 왜냐하면 새로운 기술을 창조하는 일이 바로 그들의 임무였기 때문이다. 기술상의 탐색을 위해서는 반드시 실패의 과정을 거쳐야 한다는 사실을 혼다 소이치로는 깊이 이해하고 있었다. 그는 기술 하나로 회사를 세운 사람이었기 때문에 이렇듯 탐색을 하면서 잘못을 범할 수 있으며 이는 좋은 일이라고 생각했다.

혼다 소이치로뿐 아니라 회사의 기술직원들은 모두 무수한 실패와 고통을 맛본 후 성공한 사람들이다. 그렇기 때문에 그들은 성공의 희열을 더욱 만끽할 수 있었다. 99번의 실패를 거치고 나면 마지막에는 반드시 잘 익은 성과를 맛볼 수 있다고 혼다 소이치로는 굳게 믿었다. 직원들의 대담한 창조정신과 과감한 사고 및 행동을 격려하고 이로써 회사의 왕성한 활력을 유지한다. 이것은 혼다 본사가 세계적인 대기업이 될 수 있었던 원동력이었다. 다음은 혼다 소이치로의 말이다.

"하나의 크고 새로운 성공은 오랫동안 탐색과 실패, 노력을 한 결과이다."

혼다 소이치로는 회사의 인재에게 깊은 관심과 애정을 쏟았다. 예전에 그는 부하직원들에 대한 태도가 거칠기로 유명했다. 폐를 끼치는 직원에게는 두말없이 주먹이나 망치, 렌치 등이 날아갔다. 그러나 나이가 들고 사업이 발전함에 따라 혼다 소이치로는 자신의 과오를 반성하게 되었고 부하직원들에게 180도 달라진 모습을 보여주었다. 그는 마음을 다해 부하직원들을 보살폈고 그들과 의사소통하는 것을 중요하게 생각했다. 혼다 소이치로가 제정한 '인사방침'에서 우리는 다음과 같은 조목을 볼 수 있다.

"직원들에게 합리적인 임금을 지불한다. 쾌적한 작업환경과 안전한 작업 장소를 제공한다. 직원은 충분한 자유를 가지고 경영 간부와 변론할 권리를 가진다."

기업이 발전하기 위해서는 직원들의 합리적인 인간관계를 바탕으로 평등하고 서로 존중하며 투명한 내부 분위기를 조성해야 한다. 이러한 환경과 분위기는 혼다 내부에서 명확하게 드러난다. 혼다 소이치로는 기술에 조예가 깊은 기술자일 뿐만 아니라 주위 사람들이 그를 중심으로 긴밀하게 단결하도록 하는 기개와 도량을 가진 사람이었다.

1960년대 말에 혼다 본사의 자동차 팀은 유럽의 각 경기장을 돌며 경기에 참가하고 있었다. 당시 팀의 인솔자는 후에 혼다의 사장이 된 구메 다다시였다. 평소 자동차 팀이 실패를 하면 기술 책임자인 그는 혼다 소이치로에게 호되게 견책을 받았다.

어느 날 구메 다다시는 현지에서 혼다 소이치로가 보낸 전보를 받았다. 그는 자신을 꾸짖는 말이 쓰여 있을 것으로 생각했다. 그러나 벌벌 떨며 전보를 읽은 후 그는 깊은 감동을 받았다.

"경기에 이기고 지는 것은 마음에 두지 말게. 몸조심하게나, 혼다."

구메 다다시가 출국할 때 감기에 걸렸다는 이야기를 듣고 혼다 소이치로는 일부러 안부편지를 보냈던 것이다. 그는 이러한 배려에 매우 감동을 받았고 최선을 다해 다음 경기에서는 승리를 거두었다.

혼다 소이치로와 관계가 좋았던 후지사와 다케오도 그에게 감동한 추억이 있다. 그것은 후지사와 다케오가 혼다에 입사한 지 2년째 되는 해의 어느 날이었다. 혼다 소이치로와 후지사와 다케오는 사업 파트너를 초청해 음식점에서 식사를 하고 있었다. 그 외국 사업가는 화장실에서 실수로 변기 안에 틀니를 떨어뜨리고 말았다. 혼다 소이치로는 이를 듣자마자 두 말 없이 옷을 벗고는 분뇨통으로 뛰어들어 사업 파트너를 위해 틀니를 건져내 깨끗하게 소독하여 돌려주었다. 그가 틀니를 가지고 갔을 때 외국 사업가는 깜짝 놀랐다. 다시 찾은 틀니를 보고 그는 연회가 진행되는 내내 기쁨에 차서 들떠 있었다고 한다.

현장에서 모든 광경을 지켜본 후지사와 다케오는 깊은 감동을 받았다. 그렇게 더러운 일은 원래 아랫사람을 시키기 마련인데 혼다 소이치로는 직접 나서서 처리했기 때문이었다. 아마도 그는 그렇게 하는 것이 파트너에 대한 책임과 배려의 표현이라고 생각했을 것이다. 그는 이때의 일로 혼다 소이치로 같은 사람과는 평생 함께 일할 수 있겠다고 인정하게 되었다.

혼다는 창립 시기부터 이루어졌던 책임 분담제로 각 부문의 활동을 정상적인 궤도에 올렸으며 따라서 회사의 경영관리도 점점 활기를 띠기 시작했다. 혼다 소이치로는 대부분의 시간을 공장에서 지내면서 기술 부문을 총괄적으로 관리했다. 후지사와 다케오는 도쿄의 본사에서 사무 부문을 지휘했다. 혼다 소이치로는 이사회나 상무 이사회에 출석하는 경우가 드물었기 때문에 그의 인감마저도 후지사와 다케오가 보관해서 사용했다. 이를 통해 두 사람의 깊은 신뢰를 미루어 짐작할 수 있다. 혼다 소이치로와 후지사와 디게오는 서로 성격도 취미도 완전히 달랐으나 결정적인 공통점이 있었다.

첫째, 사심이 없었다. 그들의 유일한 목표는 바로 회사가 발전하고 강대해지는 것이었다. 두 사람 모두 공과 사가 분명해서 한 번도 회사를 자신의 사유물로 생각한 적이 없었고 또한 가족을 회사경영에 참여시키지도 않았다.

어느 날 후지사와 다케오는 혼다 소이치로에게 물었다.

"혼다 형님, 일본 국내의 많은 대기업들이(파나소닉 등) 모두 가족을 회사에 들이고 있는데 우리는 어떻게 할까요? 그들이 하는 대로 따라야 할까요?"

"안 되네."

혼다 소이치로는 매우 확고하게 대답했다.

"가족에게 회사 일을 맡기는 것은 장래에 많은 문제를 야기할 거네.

우리는 그들의 낡은 방법을 답습해서는 안 되네. 우리는 절대 자녀나 친척이 회사에 들어오는 것을 허락하지 않을 것이야. 동의하겠나?"

"옳은 말씀입니다. 혼다 형님의 의견에 전적으로 동의합니다. 회사 경영에 이기적인 욕망을 개입시켜서는 안 됩니다. 돈이라는 건 내 한 몸 죽으면 아무 의미가 없지요. 저도 형님처럼 황금 보기를 돌같이 하는 사람입니다."

후지사와 다케오는 기뻐하며 말했다

둘째, 서로 신뢰하고 존중하는 사이였다. 혼다 소이치로는 말했다.

"후지사와 다케오는 대단한 사람입니다. 그는 저의 인생을 변화시켰습니다. 우리의 협력은 회사 사업의 성공에 매우 중요한 요소입니다."

후지사와 다케오도 다음과 같이 말했다.

"저는 혼다 소이치로처럼 대단한 사람을 본 적이 없습니다."

서로에 대한 믿음은 친근감으로 이어졌고 이러한 친근감은 다시 서로의 신뢰를 촉진했다. 20년이 넘는 긴 세월 동안 두 사람은 항상 친밀하게 협력했다.

셋째, 경험이 부족한 일에 대해서는 절대 간섭하지 않았고 상대방에게 처리하도록 전권을 위임했다. 기술과 관련된 일은 혼다 소이치로의 결정을 신임했고 기타 경영, 재무, 사무 등은 후지사와의 처리를 전적으로 신임했다. 후지사와 다케오는 혼다 소이치로를 보조하는 것을 자기의 소임으로 여겼고 주제넘게 나서고자 생각한 적이 없었다.

"제일 중요한 것은 최고 사령관을 의심하지 않는 것입니다. 보조 역할을 하는 사람은 인격적인 면에서 반드시 신임을 얻어야 합니다. 최고 책임자는 사람들이 호시탐탐 노리는 자리에 있기 때문에 항상 불안감을 느끼기 때문입니다.”

후지사와 다케오가 사심이 없었기 때문에 혼다 소이치로는 안심하고 전권을 그에게 일임했고 후지사와 다케오는 혼다 소이치로의 철저한 신임에 깊은 감동을 하여 최선을 다해 그를 보좌했다.

넷째, 자신이 가야 할 길을 직접 개척한다는 점이다. 각자의 영역에서 두 사람은 모두 다른 기업의 뒤를 따르거나 다른 이를 모방하려고 하지 않았다. 혼다 소이치로는 후에 그가 저술한 〈나의 두 손〉이라는 책에서 다음과 같이 말했다.

“나는 극단적으로 모방을 싫어한다. 그러므로 우리 회사에서는 각자의 방법으로 일을 한다. 우리는 죽도록 고생을 하고 다른 이들을 앞지르기 위해 많은 시간을 소비하지만 초월한 후의 기술적인 역량은 다른 기업들과 비교적 큰 차이가 난다. 우리는 처음부터 힘들게 싸워 나가는 방식을 선택했기 때문에 고진감래의 정신을 가지고 있다. 단지 한순간 편하기 위해서 모방을 하면 계속 모방할 수밖에 없다. 한 사람의 과학 기술 연구자로서 이러한 사실을 깨닫는 것은 매우 중요하다. 한 번 모방을 하기 시작하면 계속해서 모방을 하게 된다. 나는 지금도 이렇게 생각한다.”

다섯째, 다른 이에게 솔직하다. 혼다 소이치로와 후지사와 다케오는 기업을 경영하려면 반드시 솔직해야 한다고 생각했다. 그들은 한 번도 권모술수를 써본 적이 없었다. 부하직원의 실수에 대해 그들은 종종 불같이 화를 냈지만 둘 다 시간이 지나면 마음에 두지 않고 잊어버렸다. 그들은 마치 자신의 자녀를 혼내는 것처럼 부하직원들을 훈계했고 더 큰 인재가 되지 못함을 안타까워했다. 직원들도 두 사람의 진심을 이해했고 그들을 힘들게 하지 않으려고 자발적으로 회사에 전력을 다했다.

혼다 소이치로가 사업에 몰두하고 있을 때는 어떻게 인재를 고용할 것인지 등의 문제는 생각할 여유가 없는 것처럼 보였다. 그러나 그는 사람 자체가 자석처럼 다른 이들을 끌어들이는 흡인력을 지니고 있어서 자신을 중심으로 주위의 사람들을 단결시키고 공동의 목표를 위해 나아가게 했다.

Point

혼다 소이치로는 다음과 같이 말했다.
"우리는 스스로 자신만의 방식으로 탐색하기 때문에 항상 애를 먹습니다. 그러나 우리는 모방을 혐오합니다. 모방은 일시적으로는 편안할 수 있지만 후에 분명히 고생을 하게 됩니다. 게다가 한 번 모방을 하기 시작하면 계속 모방하게 됩니다. 과학 기술을 연구하는 사람으로서 이러한 점을 인식하는 것은 매우 중요합니다. 비록 다른 기업을 앞서 나가기 위해 우리는 많은 시간을 소비해야 하지만 추월한 후에 우리의 앞선 기술은 쉽게 뛰어넘을 수 없는 격차를 형성합니다. 그리고 우리는 처음부터 힘들게 싸워나가는 방식을 선택했기 때문에 고진감래의 정신을 가지고 있습니다."

다른 사람의 충고를 받아들이고
조화로운 업무환경을 만들어 나간다

혼다 소이치로는 공기 냉각 엔진 사용을 고수했고 초창기에 상품의 판로는 확실히 괜찮은 편이었다. 그러나 1968년에 거행된 국제적인 경기대회에서 공기 냉각 엔진을 장착한 혼다의 경주용 자동차가 사고를 내어 인명피해가 일어났다. 이를 계기로 반성하고 깨달아야 했지만 혼다 소이치로는 오히려 여전히 자신만의 생각을 고집했고 이는 설계직원들의 강력한 반발을 불러일으켰다. 그러나 후지사와 다케오의 협조로 상황은 원만하게 해결될 수 있었다. 일부 뛰어난 인재들은 혼다 내부에서 점점 조화로운 업무환경이 형성되어간다는 사실을 발견할 수 있었다.

1965년 이후 혼다 내부에서는 공기 냉각 장치를 사용할 것인지 아니면 수랭식 냉각 장치를 사용할 것인지에 대한 논쟁이 장기간 이어졌다.

혼다 소이치로는 자신의 의견을 고집하며 앞으로 자동차 엔진은 반드시 공기 냉각 방식을 채택할 것이라고 했다. 혼다 소이치로는 왜 공기 냉각 방식을 채용해야 한다고 생각했을까? 그에게는 나름의 이유가 있었다. 그는 종종 흥미진진하게 부하직원들에게 이야기하곤 했다.

"제2차 세계대전 때 독일의 에르빈 롬멜 장군은 북아프리카의 사막에서 영국군을 무찔렀지. 이는 독일의 탱크 부대가 물을 필요로 하지 않았기 때문이라네. 독일군의 탱크는 가솔린과 기계유만 있으면 어디든지 종횡무진 돌진할 수가 있었지만 영국군의 탱크 부대는 전쟁을 할 때 한시도 물과 떨어질 수 없었지."

혼다의 공기 냉각식 엔진은 처음에 N360이라는 소형 승용차에 사용되었다. N360은 빠른 속도, 넓은 공간, 저렴한 가격이라는 삼박자가 하나로 갖추어져 단기간에 히트상품이 되었고 덕분에 그 판매량은 10만 대에 달했다. N360은 혼다 소이치로가 직접 설계와 제작을 주도한 차였기 때문에 그의 기쁨도 배가 되었다. 그는 서둘러서 사이타마(埼玉) 현 사야마에 3만 3천 제곱미터의 대형 공장을 짓고 N360을 생산해 시장의 수요에 부응하기로 결정했다.

혼다 소이치로는 1968년 프랑스에서 열린 F1 경기에 처음으로 공기 냉각 엔진을 장착한 경주용 자동차를 사용해 참가하기로 했다. 운전을 맡은 미국 선수는 경기가 시작되자 순조롭게 두 바퀴를 돌았다. 그러나 세 바퀴째에 접어들었을 때 너무 빠른 속도 때문에 자동차는 제어 능력을 잃고 벽에 부딪히고 말았다. 그 순간 폭발이 일어났고 가솔린 통에 불이 옮겨 붙어 결국 선수는 자동차 안에서 사망하고 말았다.

구메 다다시는 이번 경기 팀의 인솔자이자 엔진의 설계자였는데 이 참극을 직접 목격하고 매우 괴로워했다. 사후 처리를 다 끝내고 구메 다다시는 일본으로 돌아와 이번 사고에 대해 혼다 소이치로에게 보고하면서 이렇게 건의했다.

"사장님, 제가 보기에 N360은 잠정적으로 생산을 중단하는 것이 좋을 듯합니다."

"왜? 경기에서 일어난 일 때문에 동요하고 있나? 자네는 참 담력이 작구먼."

혼다 소이치로는 비웃으며 말했다.

비록 혼다 소이치로는 N360의 안정성을 자신했지만 현실적인 상황은 결코 낙관적이지 못했다. 경기장에서 인명사고가 발생했을 뿐만 아니라 평상시에도 고속도로에서 주행할 때 만약 강풍을 만나면 차체가 뒤집힐 가능성이 있었다. 따라서 N360은 자동차업계에서 결함이 있는 차로 인식되었고 언론매체에서는 이를 대대적으로 보도했다. 막강한 언론매체와 여론의 힘으로 혼다 본사의 판매량은 일시적으로 급격하게 감소했고 그들은 곤경에 빠졌다. 실제로 1966년 N360의 생산량은 1965년의 5분의 1밖에 되지 않았다. 비록 혼다 본사가 뻔뻔스럽게 잘못을 인정하지 않고 '일련의 사고는 정비의 부실 혹은 자동차의 특성을 이해하지 못하고 조작방법을 위반해서 생긴 것이다'라는 구실을 내세우기에 급급했지만 말이다. 표면적으로 혼다 소이치로는 잘못을 인정하지 않았지만 사실 가장 가슴 아파하고 힘들어했다. 왜냐하면 그는 N360의 실질적인 창조자였기 때문이다. 전에는 종종 TV에서 그가 기술과 제품에 대해 이야기하는 모습을 볼 수 있었지만 사고 이후로 그는 어떠한 인터뷰 요청에도 응하지 않았다.

언론매체는 이러한 그의 태도에도 불구하고 연이어 인터뷰를 요청했다. 그러자 혼다 소이치로는 대외적으로 선언했다.

"현재 본인은 업무가 매우 다망해서 아무도 만날 수 없습니다. 무슨 일이 있으면 홍보부의 책임자를 찾아가십시오. 그들이 전부 처리해 줄 것입니다."

그러나 홍보부 역시 '현재 조사 중'이라는 핑계를 대고 직접적인 대답은 하지 않았다. 혼다 소이치로는 잠시 대중의 눈앞에서 사라졌다. 그는 연구소에 숨어 N360의 결함에 대해 심사숙고했다. 그는 N360을 개량하기 위한 온갖 방법을 궁리했고 실패를 만회하기 위해 안간힘을 썼다.

당시 구메 다다시를 대표로 하는 설계자들은 여러 차례 혼다 소이치로에게 하루속히 수랭식 엔진을 개발해야 하며 그렇지 않으면 다른 회사에 뒤처지게 된다고 건의해왔다. 그들은 작금의 상황에 큰 위기의식을 느끼고 있었고 무엇보다 1970년도에 시행될 자동차 배기가스 규제에 통과하기 위해서는 수랭식 엔진을 도용하는 것이 비교적 유리하다고 생각했다. 그러나 혼다 소이치로는 이에 아랑곳하지 않고 여전히 공기 냉각식 엔진 연구만을 고집했다. 그는 정색을 하며 그들에게 말했다.

"쓸 데 없는 말만 하지 말고 공기 냉각 장치 연구에 정신을 집중하게."

어느 날 설계직원들이 몰래 연구소의 2층 작은 방에서 회의를 열어 수랭식 엔진의 설계를 토론하고 있을 때였다. 갑자기 혼다 소이치로가 들이닥쳐서 매우 놀라며 물었다.

"자네들 여기서 뭐 하나?"

구메 다다시는 면목 없게 생각하지 않고 솔직하게 말했다.

"사장님, 저희는 지금 수랭식 엔진의 실행 가능성에 대해 토론하고 있습니다. 설계도를 한번 보시면……."

말이 채 끝나기도 전에 혼다 소이치로는 격노하여 말했다.

"누가 이런 일을 하라고 했나! 공기 냉각 엔진에 대해 연구하라고 하지 않았나? 왜 겉으로만 따르는 척하고 말을 안 듣는가?"

"사장님, 저희는 전적으로 회사의 앞날을 위해 이러고 있는 것입니다."

"그렇습니다, 사장님. 이미 증명되지 않았습니까. 공기 냉각 엔진은 전망이 없습니다. 반드시 수랭식 엔진 노선으로 가야 합니다."

설계자들은 잇달아 자신의 생각을 발표했다.

"당장 그만두게! 앞으로 다시는 수랭식이라는 말도 꺼내지 말게. 이 회사는 내가 경영하고 있어!"

혼다 소이치로는 말을 마치고 분기탱천하여 자리를 떠났다.

설계자들은 어리둥절해서 서로 쳐다만 보고 있었다. 그들의 가슴 속 가득한 열정에 마치 물을 끼얹기라도 한 듯 모두 의기소침해졌다. 구메 다다시는 혼다 소이치로의 지도방식에 깊이 실망했고 사직서를 써서 부사장 후지사와 다케오에게 건넸다.

"부사장님, 아무래도 사장님의 태도는 바뀌기 어려울 것 같습니다. 저희는 공기 냉각 엔진을 연구하는 것은 좋지 않다고 의견이 일치했습니다. 그런데 사장님은 저희에게 계속하라고만 하시니 저희와는 생각이 맞지 않는 것 같습니다. 이런 상태로는 계속해나갈 수 없기 때문에 오늘부로 퇴사를 하려고 합니다. 내일은 시코쿠(四國) 지방에 가서 휴가를 즐기고 기분 전환을 할 생각입니다."

후지사와 다케오는 이 말을 듣고 몹시 긴장했다. 그는 즉시 사태의 심각성을 깨달았고 본인이 나서서 해결해야겠다고 생각했다. 만약 그가 중재하지 않았다면 회사에 큰 위기가 닥쳤을 것이다. 원래 그는 그날 밤 다른 업무가 있었지만 지금은 그게 문제가 아니라고 생각했다.

그는 웃으며 말했다.

"구메 군, 그다지 대단한 문제는 아니지 않은가! 우선 퇴직한다는 이야기는 제쳐놓고 할 말이 있으면 상의를 해보세. 그러니 그만두겠다는 이야기는 꺼내지 말게나."

"부사장님, 저는 이렇게는 계속 일할 수 없습니다."

"별일 아니니 내가 나서서 해결하겠네. 오늘밤 자네들에게 내가 한턱내도록 하지. 다 같이 이야기해보세."

후지사와 다케오는 아타미(熱海)의 온천에서 구메 다다시 등 몇 명의 연구 간부들과 같이 식사를 하며 그들의 의견을 경청했다. 그런 다음 후지사와는 말했다.

"자네들의 의견은 잘 알겠네. 내일 이 내용을 사장님에게 보고하도록 하게."

구메 다다시는 고개를 가로저었다.

"사장님은 성격이 매우 강한 분이십니다. 아마 제가 뭐라고 더 말씀을 드려도 별다른 효과가 없을 겁니다."

"알겠네, 알았어. 모두 우선 밥이나 먹도록 하지. 아무리 어려운 일도 결국에는 해결되지 않는가."

후지사와 다케오는 모두에게 마음을 열고 실컷 마시라고 권했다. 그러나 모두 마음이 우울해 억지로 조금 먹을 뿐 아무런 맛을 느낄 수 없었다. 식사 도중에 후지사와 다케오는 자리를 떠나 조용히 혼다 소이치로에게 전화를 걸었다.

"혼다 형님, 회사에서 사장이 대단합니까, 아니면 기술직원이 대단합니까?"

"물론 사장이 대단하지."

혼다 소이치로는 대답했다.

"그렇다면 넓은 아량으로 기술직원들이 수랭식 엔진을 개발하도록 허락해주세요."

"알았네."

후지사와 다케오는 전화를 끊고 연회석으로 돌아갔다. 그의 얼굴에는 여유로운 웃음이 감돌았다. 그는 별다른 말을 하지 않고 아무것도 모르고 있는 설계직원들에게 마음껏 마시라고 권하며 말했다.

"문제가 해결될 희망이 보이네."

다음 날 구메 다다시가 출근하자마자 동료들이 그에게 보고했다.

"사장님이 사무실에서 기다리십니다."

구메 다다시는 눈 딱 감고 사무실로 들어갔다. 혼다 소이치로는 평소에 담배를 피우지 않았으나 그때 그의 오른손에는 담배 한 개비가 끼워져 있었다. 그는 창문을 향해 앉아 아무 말도 하지 않고 있었다. 잠깐의 침묵이 흐르고 혼다 소이치로는 억지로 입을 열어 말했다.

"왔으면 앉게."

구메는 더는 설명할 필요가 없다고 생각하고 단도직입적으로 말했다.

"저희는 여전히 공기 냉각 엔진을 도용할 수 없다고 생각합니다."

"좋아. 자네들의 의견대로 하게."

혼다 소이치로는 오래 생각하지 않고 말했다. 구메 다다시는 비로소 한시름 놓았다. 일이 이렇게 간단히 해결될 줄은 생각지도 못했던 것이다.

혼다는 정식으로 수랭식 엔진을 개발하기 시작했고 곧 연소 연구

방면에 탁월한 성과를 거두었다. 1971년에는 CVCC 엔진을 개발하는 데 성공해 세계 최초로 배기가스를 통제하는 제품을 만들었다. 이는 저공해 엔진이 공인된 기술상의 일대 혁신이었고 혼다의 기술발전에 많은 공헌을 했다.

혼다 소이치로는 젊은 직원들에게 설득당한 후 많은 것을 깨달았고 이번 일에 대해서는 자신의 안목이 틀렸음을 알게 되었다. 그는 원래 도량이 넓은 사람이었기 때문에 그 후로는 더욱 다른 사람의 의견을 듣는 데 주의를 기울이며 충고를 겸허하게 받아들였다. 논쟁은 혼다 소이치로의 인재관을 바꾸어 놓았고 그는 더욱 인재 발굴과 육성에 힘썼다. 그는 회사 내에서 잠재력과 표현력이 특출한 인재를 발견하면 전력을 다해 육성했고 그중에서도 뛰어난 사람은 장차 경영자 바통을 넘겨주기 위한 후계자로 육성했다. 그와 반대 입장에 서 있던 가와시마 기요시, 스기우라 히데오, 구메 다다시 등 젊은 직원들은 인사 결정에서 혼다 소이치로의 배척을 받지 않았을 뿐만 아니라 후에 승진해 사장 혹은 회장의 직무를 이어받았다.

Point

혼다 소이치로는 다음과 같이 강조했다.
"직원들은 회사를 위해 자신을 희생할 필요가 없습니다. 자신의 행복을 위해 일하기 시작한다면 업무의 능률이 오를 겁니다. 직원과 경영자는 엄연히 다릅니다. 경영자는 회사를 자신의 생존과 직결하여 생각하지 않으면 안 되지만 직원이 이러한 생각을 가지고 회사를 위해 봉사한다면 그것은 잘못된 것입니다.
왜냐하면 기업의 존망은 직원들의 희생에 달린 것이 아니기 때문입니다. 직원들이 자신의 일을 하며 인생을 즐길 때 회사는 성공할 수 있습니다."

용감하게 도전하고
용감하게 돌파하라

혼다 소이치로는 모터사이클 분야에서 괄목할 만한 성과를 거두었다. 만약 보통사람이었다면 그 정도에서 만족하고 디는 위험을 무릅쓰려 하지 않았을 것이다. 그러나 혼다 소이치로는 매우 진취적인 사람이었고 절대 멈추지 않았다.

1960년에 혼다 소이치로는 더욱 험준한 산봉우리에 도전하기로 결심했다. 그는 자동차 제조 경쟁에 참가하겠다고 공표했다. 사람들은 혼다 소이치로가 미쳤거나 비정상이라고 생각했다. 자동차 공업과 비교했을 때 혼다 소이치로의 모터사이클 제조업은 어린아이의 놀이처럼 간단했기 때문이다.

자동차 산업에 뛰어들고자 하던 혼다 소이치로는 두 개의 큰 장벽에 마주한다.

첫째로, 일본의 통산성은 누군가가 자동차업계에 발을 들여놓는 것을 허가하지 않았다. 통산성은 이미 일본 국내의 자동차 생산을 대량생산 그룹, 소형차 생산 그룹, 특수한 자동차 생산 그룹, 이렇게

3대 그룹으로 분류해 놓고 있었다. 이 세 그룹은 총 10여 개의 대형 자동차 생산공장을 가지고 있었고 그들은 새로운 제조업자가 자신들의 업계에 뛰어드는 것을 원치 않았다. 당시 정부의 지지 즉 통산성의 지지를 얻기 위한 싸움은 일본과 유럽 및 미국의 기업 경쟁에 있어 큰 관건이었다. 크라이슬러(Chrysler)의 대표 리 아이아코카는 다음과 같이 말했다.

"현재 세계에서 가장 두려운 경쟁 상대는 어떤 기업이 아니라 일본 같은 국가입니다. 일본 기업은 기본적으로 우리보다 훨씬 유리합니다. 일본에서는 단순히 역량만으로 경쟁하는 기업이 하나도 없습니다. 처음부터 끝까지 모두 통산성이라는 일본 정부의 힘이 작용합니다. 통산성이 주로 하는 일은 미래 일본에 있어 중요한 영향을 미칠 산업정책을 제정하고 각종 산업의 연구개발에 개입하는 일입니다."

그러므로 혼다가 자동차 시장에 들어가려 해도 통산성의 지지를 얻을 수 없었고 오히려 정부로부터의 압력을 받아야 했다. 이는 혼다 소이치로에게 있어서 매우 큰 도전이었다.

둘째로, 세계적인 범주에서 볼 때 자동차 분야는 이미 몇 개의 대기업이 분배해 차지하고 있었다. 자동차 산업을 지배하고 있는 기업들은 모두 거대한 부를 축적한 세계적인 기업이었기 때문에 뒤늦게 자동차 산업에 뛰어든 기업에게 남겨진 영역은 매우 적었다. 자동차 산업 자체가 당시에 고도로 성숙한 공업체계였고 1960년대에는 이미 세계적으로 가장 개입하기 어려운 영역이 되어 있었다.

이 때문에 자동차 산업에 뛰어들려면 충분한 재력을 갖춰야 했으며 무엇보다 대담해야 했다. 미국에서 대단한 성공을 거둔 크라이슬러의 아이아코카 같은 사람도 있었지만 그는 예외적인 경우였고 많은 사람이 좌절하고 참패를 당했다.

혼다 소이치로는 용감하게 도전에 임했다. 그는 자유경쟁 이념의 충실한 신봉자였고 통산성의 관료와 일대일의 투쟁을 벌였다. 그는 정부의 관료들을 질책했다.

"만약 당신들이 우리 회사를 꼭두각시처럼 조종하려고 한다면 우리의 주주가 되시오. 주주만이 우리 회사의 방침에 대한 발언권이 있소이다."

당시 통산성에서는 일본 자동차 산업의 발전을 제한하기 위한 법률을 제정하려 건의 중이었다. 혼다는 이 일을 알고 난 후 입법이 통과되기 전에 자동차업계에 뛰어들기 위해 당초에 계획했던 것을 앞당겨 시행했다. 그들은 막 설계가 완성된 S-360 기종을 출시했다. 어떤 사람들은 비웃으며 말했다.

"그 차는 그저 4개의 바퀴가 달린 오토바이에 지나지 않아."

그러나 혼다 소이치로는 이러한 비방을 무시했고 자동차를 만들겠다는 그들의 꿈은 결국 실현되었다.

오늘날 세계의 자동차업계에서 혼다는 그 깃발을 높이 세우게 되었다. 그러나 혼다 소이치로는 여전히 마음에 걸리는 것이 있었다.

"만약 통산성의 방해만 없었다면 우리는 지금보다 더 큰 성공을 거둘 수 있었을 겁니다."

자동차 산업에 뛰어든 혼다 소이치로는 유럽이나 미국의 강대한 적수와의 싸움이 심화될 것이라는 사실을 알고 있었다. 그러나 이러한 고된 싸움은 결국 기술력으로서 승리할 수 있다고 믿었다. 혼다 소이치로는 이미 충분한 준비가 되어 있었다.

당시 혼다 소이치로는 회사 내부의 체계에 개혁을 시행했고 혼다 기술연구소를 설립했다. 기술을 선도하기 위해 혼다 소이치로는 연구소에 대담하게 탐색할 수 있는 권한을 부여했고 연구원들은 단기적인 이익, 심지어는 생산원가조차 개의치 않고 독립적인 제품을 창조하고 개발할 수 있었다.

이를 위해서는 다수의 우수한 인재를 초빙하는 것이 매우 중요했지만 혼다 소이치로는 나름의 심산이 있었다. 일단 혼다가 세계 일류 수준의 자동차를 생산한다는 소식을 발표하면 독특한 재능을 가진 기술 인재들이 모여들 것이라고 생각했던 것이다.

그의 예상이 맞았다. 이리마지리 쇼이치로는 바로 이러한 매력에 이끌려 혼다에 들어온 인재 중 하나였다. 그는 모터사이클 애호가였다. 1963년에 도쿄 대학 공학부를 졸업한 그는 원래 항공 설계사가 되고자 했으나 어느 신문에서 혼다 소이치로가 현재 세계 일류의 자동차를 연구 생산할 계획이라는 소식을 접하고 나서 재빠르게 혼다 소이치로에게 면담을 요청했다. 그는 후에 다음과 같이 이야기했다.

"유명한 항공 설계사 나카무라 요시오 선생도 혼다에서 일했다는 사실을 듣고 저는 마음이 움직였습니다. 혼다 사장님과의 만남을 통해 혼다야말로 저에게 맞는 회사라고 생각했고 이곳에 입사하기로 결정했습니다."

이리마지리 쇼이치로가 회사에 들어온 지 얼마 되지 않아 혼다 소이치로는 그를 미국 혼다 자동차 제조회사 지사장으로 발탁했고 그는 동시에 자동차 경기대회 그룹의 총 설계를 맡았다.

자동차 연구제작 업무가 시작된 후 혼다 소이치로는 직접 현장에서 지휘하며 아주 사소한 부분도 그냥 넘기지 않았다. 어느 날 그는 설계사의 뒤에 서서 설계도를 보며 말했다.

"이것은 강도가 좀 부족한 것 같은데. 이렇게 하면 중량이 너무 무거워지지."

그는 항상 급소를 찌르며 문제점을 지적했고 청년 기술자들은 그의 혜안에 깊이 감탄했다.

어느 날 이리마지리 쇼이치로가 설계한 엔진 실린더에 심각한 문제가 생겼다. 그 엔진은 즉시 연구소에 보내졌고 기술자들은 분석을 시작했다. 혼다 소이치로는 직접 그 엔진의 분해와 분석을 지휘했다. 실린더에 화상의 흔적이 있는 것을 보고 혼다 소이치로는 이리마지리 쇼이치로에게 물었다.

"왜 마음대로 실린더의 두께를 변경시켰나? 이 설계를 위해 내가 얼마나 심혈을 기울였는지 알기나 하는가?"

이리마지리 쇼이치로는 해명했다.

"제가 생각하기에 실린더가 작동할 때 발생하는 열의 70% 정도는 실린더 관을 통해 빠져나간다고 생각했습니다. 그래서 저는……."

혼다 소이치로의 꾸짖는 목소리는 더욱 커졌다.

"자네들과 같은 대졸자들은 무작정 책만 파는 것 외에 도대체 무슨 일을 할 수 있나? 자네가 10년 전의 이론 수치를 적용하려고 한다는 사실을 알고 있나? 책이 전부라고 생각하지 말게. 대학에서 배운 지식만으로 만족한다면 자네는 아마도 큰 실수를 범하게 될 걸세. 이 설계에 대한 최종 결정을 하기 전에 자네는 반드시 반복해서 관찰과 실험을 진행해야 하고 공장의 숙련된 기술자들에게 의견을 구해야 하네."

이 말은 이리마지리 쇼이치로의 마음속에 깊이 남았고 혼다 기술연구소의 모든 설계 기술자들에게도 깊은 인상을 주었다.

당시 이리마지리 쇼이치로의 실수로 혼다가 자동차 경주에서 연속으로 무참하게 패배한 적이 있었다. 1964년 8월에 독일의 뉘른베르크에서 열린 F1 대회에서 V12 모터를 장착한 혼다의 경주용 차량은 경기가 시작되었을 때는 모두 정상이었지만 열두 바퀴째에 접어들었을 때 어쩔 수 없이 기권하고 말았다. 같은 해 9월에 이탈리아에서 열린 경기와 10월에 미국에서 열린 경기에서도 혼다의 자동차는 전 코스를 완주하지 못했다.

혼다 소이치로는 이리마지리 쇼이치로에게 그의 실수에 대해 관련 사람들에게 사과를 하라고 요구했다. 이리마지리 쇼이치로는 문제가 있는 실린더를 가지고 그것을 제조한 공정과 제작 현장에 가서 일일이 사과를 했다. 후에 이리마지리 쇼이치로는 결국 이러한 문제를 극복할 수 있었다.

노력은 반드시 보답을 얻기 마련이다. 1965년에 혼다는 멕시코에서 열린 F1 대회에서 우승을 거두었다. 이것은 혼다가 네 바퀴로 달리는 자동차 경기에서 처음으로 거둔 승리였다. 또한 모터사이클 리그 경기에서도 연속으로 승리를 거두었다. 1966년에 혼다는 모터의 배기량이 가장 적은 자동차 경주(F2형)에서 연속으로 우승했고 그 다음 해 9월에는 이탈리아의 F1 대회에서 승리를 거두었다.

용감한 도전정신은 회사의 이익뿐만 아니라 사회와 대중을 위해서도 발휘되어야 한다. 이러한 방면에 있어 혼다 소이치로는 본보기가 된다고 할 수 있다.

1970년 12월의 어느 날, 혼다 소이치로는 신문에서 일본 정부가 '대기오염 방지법'을 공포한 것을 보고 눈살을 찌푸리지 않을 수 없었다. 그는 연구원들을 불러 모아 대기오염 방지법에 대해 학습하며 대책을 강구했다. 대기오염 방지법이란 배기가스의 배출을 제한하는 법으로 미국의 국회의원 머스키가 제의해 '머스키법'이라고도 불린다.

자동차의 수량이 날이 갈수록 증가함에 따라 자동차가 배출하는 배기가스는 이미 대기층을 심각하게 오염시키고 있었다. 이러한 공해는 전 세계 대중의 주목을 불러일으켰다. 미국 로스앤젤레스 시에서 최초로 자동차 배기가스 배출에 관한 법규를 제정했고 1960년 캘리포니아 주에서도 배기가스 규정을 제정했다. 미국의 대기오염 방지법을 참조해 일본은 1971년부터 배기가스의 배출량을 미국의 10분의 1 수준으로 감소시키기 시작했고, 만약 어느 회사가 이 규정을 위반하면 벌금을 부과하거나 자동차 생산공장을 폐쇄하는 처벌을 받았다.

이 법은 일본의 자동차 생산업체들에게 있어 큰 타격이 되었다. 일본 국내의 자동차 제조업체들은 법의 시행을 연기할 것을 정부에 강력하게 요구했다. 관건은 대기오염 방지법의 규정에 합격할 수 있는 엔진을 생산하는 것이었는데 이는 당시에 매우 어려운 일이었다. 이러한 엔진을 생산하는 일은 막대한 인력과 재력, 물자를 필요로 했다. 자동차 제조업체들의 생존 여부는 새로운 엔진을 생산해낼 수 있는지 여부에 달려 있다고 해도 과언이 아니었다.

위기에서 벗어나고 경제적 이익과 사회적 이익을 결합한 제품을 생산하기 위해 혼다 소이치로는 도전정신으로 현실을 돌파하기로 결정을 내렸다. 그와 젊은 기술자들은 자료를 수집하고 문헌을 조사하며 연구에 몰두했고 CVCC 엔진을 연구제작하기 시작했다. 혼다 소이치로는 확고한 어조로 모두를 격려했다.

"우리는 반드시 저공해 엔진을 개발해낼 것이오! 뜻이 있는 자에게 길이 있는 법! 여러분, 모두 힘을 모으면 불가능한 일은 없습니다!"

CVCC 엔진의 구조는 왕복식 엔진 실린더 헤드상에 보조적인 연소관과 보조 여과 밸브가 부착된 것으로 그 이론의 원리는 기술자들이 이미 파악하고 있었다. 그러나 현실적으로 성공한 전례가 없었다. 하지만 혼다 소이치로는 그 이론을 신형 저공해 엔진에 응용하겠노라 결정했다.

마르크스는 다음과 같이 말했다.

"과학에는 평탄한 길이란 존재하지 않는다. 험준한 산등성이를 오르는 고생을 두려워하지 않는 사람만이 빛나는 정상에 도달할 희망이 있다."

혼다 소이치로는 이 말을 직접 증명해냈다. 그는 기술자들을 동원해 전력으로 연구에 몰두했고 다른 제품들은 잠시 개발을 정지시키고 저공해 엔진만을 반복해서 연구하여 실험 및 시험제작을 진행했다. 그들은 심혈을 기울였으나 계속 실패했고 결국에는 2년에 가까운 시간을 투자하고 나서야 대기오염 방지법에 부합되는 저공해 엔진-CVCC 엔진을 연구제작하는 데 성공했다. 이 엔진이 당시에 공인된 것은 기술상의 일대 혁명이었고 세계 최초로 배기가스 규제를 통과한 고도로 정밀한 제품이었다.

혼다 본사는 이번의 성공으로 높은 명예를 얻었고 세계의 자동차업계를 리드하게 되었다. 혼다는 GM, 포드, 도요타, 닛산 등 초일류 기업보다 훨씬 앞서 나가게 되었고 그들은 혼다의 성공에 깜짝 놀랐다. 또한 혼다는 미국 환경 보호국과 전미 과학협회로부터 '이는 현재 제일 우수한 저공해 엔진이다'라는 높은 평가를 받았다.

혼다 소이치로는 연구원들에게 푸짐한 상금을 내렸고 모두를 위해 축하연을 열었다. 호텔에서 마련된 연회에는 전체 기술연구원들이 초대되었다. 그는 술잔을 들어 큰 소리로 외쳤다.

"CVCC 엔진의 연구제작 성공은 대단한 일입니다. 이는 여러분이 용감하게 자신의 한계에 도전하고 노고를 아끼지 않았기에 얻을 수 있었던 위대한 성과입니다. 우리는 세계 자동차 역사에 길이 남을 한 페이지를 장식했고 이는 굉장히 큰 의미가 있습니다. 자, 승리를 위해 그리고 성공을 위해 제가 한잔 올리도록 하겠습니다. 모두 건배합시다!"

말을 마치고 그는 솔선수범하여 술잔을 깨끗이 비웠다.

기술연구원들은 잇달아 혼다 소이치로에게 와서 술을 권하고 그의 공적을 높이 칭송했다. 혼다 소이치로는 만면에 웃음을 띠고 고개를 저으며 말했다.

"아니오, 이것은 모두의 공로이자 역량이지 나 한 사람만의 공로가 아니오. 내 아무리 대단한 능력을 갖췄다고 하더라도 여러분 없이는 제대로 발휘할 수 없었을 것이오."

"사장님, 우리가 CVCC 엔진 제작에 성공하니 GM, 포드, 도요타, 닛산 같은 회사들이 어떤 반응을 보이던가요?"

어떤 사람이 물었다.

"그들은 매우 놀랐고 대단하다며 칭찬을 아끼지 않았소. 우리가 용감하게 도전한 본보기가 된다면서 말이오. 이번 일로 우리의 자동차는 세계를 향해 위세를 떨칠 수 있게 되었소. 하하하……"

도요타, 닛산 및 미국의 포드 등 초일류 자동차 생산기업은 잇달아 CVCC 엔진의 기술을 전수해달라고 요구했고 혼다 소이치로와 후지사와 다케오는 이에 동의했다. 이 기술을 전수함으로써 혼다는 막대한 돈을 벌 수 있었다.

혼다 소이치로는 무엇을 하든 굴하지 않고 기술을 탐색하는 정신을 가진 사람이었다. 일찍이 도카이 정기(東海精機) 초창기에 미숙한 기술과 질 낮은 상품으로 인해 혼다는 도요타에게 '1,000분의 3 회사'라는 조롱을 받았다. 이 말의 의미는 1,000개의 제품 중 단지 3개만이 합격품이라는 뜻이었다. 후에 혼다 소이치로의 노력을 통해 혼다가 생산하는 제품의 품질은 일본 최고의 수준에 올랐고 도요타는 혼다를 다시 보게 되었다.

도요타의 경영자 중 한 사람인 이시다 다이조는 혼다 소이치로를 다음과 같이 평가했다.

"그분은 정말 탄복할 만한 사람입니다. 그는 판매의 득실을 따지지 않고 새로운 것을 창조하고 발명합니다. 만약 당신이 이번 일은 좀 미루자고 이야기한다면 그는 알았다고 대답하겠지만 자신의 발명을 멈추지는 않을 것입니다."

혼다 소이치로는 자신의 기술력에 자부심을 지닌 천재 기술자였다. 그는 용감하게 도전했고 자신의 한계를 극복했다.

1940년대에 일본 국내에 수입 자동차를 규제하는 법률을 제정해 본국의 자동차 생산을 보호하자는 호소가 있었을 때 혼다 소이치로는 자신의 입장을 다음과 같이 발표했다.

"외국의 자동차 수입을 제한함으로써 자신의 이익을 유지하고자 하는 일은 합당치 않습니다. 그러한 폐쇄적인 보호 방법에 저는 절대 찬성할 수 없습니다. 기술의 경쟁은 반드시 기술 자체만으로 승패를 결정지어야 합니다."

당시에 많은 사람들은 그가 허풍을 떤다고 생각했다. 그러나 20년 후, 그는 실제로 사람들에게 증명해 보였다. 반대로 그렇게 제한을 호소하던 회사들이 오히려 미국과 유럽 연합으로부터 자동차 수출 제한을 받게 되었다.

일본에서 혼다 소이치로는 '모터사이클의 아버지'라 불린다. 2차 세계대선 선에 혼다 소이지로는 절조 차량, 비행기 나선 프로펠러 제조 공정 등 다양한 기술 특허를 획득했고 전쟁이 끝났을 때 그는 이미 50여 개가 넘는 특허를 가지고 있었다. 혼다 소이치로는 평생에 걸쳐 150개에 가까운 특허를 획득했고 그의 기술적인 발명과 창조력에 사람들은 감탄해 마지않았다.

심지어 일본 악기 회사에서는 그를 특별 고문으로 초빙해 그의 업적과 정신을 통해 자신의 회사 직원들이 더욱 발전해 나가도록 격려했다.

혼다 소이치로 본인은 자신의 기술에 대한 신념을 이렇게 표현했다.

"만약 제가 로빈슨 표류기에 나오는 무인도에 표류한다고 할지라도 저는 갖은 방법을 다해 살아남을 것입니다. 설령 제가 벽돌 부스러기 위에 버려진다고 해도 저는 그곳에 뿌리를 내려 꽃을 피우고 열매를 맺을 것입니다. 왜냐하면 저는 용감하게 도전하고 돌파할 수 있는 자신감이 있는 사람이기 때문이지요."

도요타의 경영자 중 한 사람인 이시다 다이조는 혼다 소이치로를 다음과 같이 평가했다.

"그분은 정말 탄복할 만한 사람입니다. 그는 판매의 득실을 따지지 않고 새로운 것을 창조하고 발명합니다. 만약 당신이 이번 일은 좀 미루자고 이야기한다면 그는 알았다고 대답하겠지만 자신의 발명을 멈추지는 않을 것입니다."

너그러운 마음으로
직원들을 사랑하라

혼다 소이치로와 후지사와 다케오는 종종 함께 회사의 인사제도와 경영관리 방침에 대해 의논했다. 그들은 직원들에 대해 자애로운 마음을 가지고 있어서 항상 직원들을 배려하고 애호하는 규정을 제정했다. 혼다 소이치로는 직원들의 관계가 매우 좋았고 직원들은 회사를 자신의 집으로 여기며 회사의 성패와 이익은 전부 자신과 관련되어 있다고 생각했다.

일을 서로 분담하기로 했기 때문에 혼다의 인사와 기술 관련 분야는 혼다 소이치로가 직접 맡았고 경영관리 분야는 후지사와 다케오가 관리했다. 그러나 회사의 정책 방침을 결정하기 전에 두 사람은 함께 의견을 나누었고 공통의 인식을 얻은 후에야 서로 분담하여 시행했다.

어느 날 후지사와 다케오가 혼다 소이치로의 사무실로 들어와 그에게 신문 한 부를 건네주었다.

"무슨 소식이라도 있나?"

혼다 소이치로가 물었다.

"닛산 공장 직원들의 파업이 이미 두 달 이상 지속되고 있어요. 회사는 할 수 없이 공장을 닫겠다고 선포했어요."

후지사와 다케오가 대답했다.

"그런 대항은 어리석은 방법이네."

그는 신문을 받아들고 급히 한 번 읽고는 미간에 주름을 지으며 말했다.

"어떻게 이렇게 직원들을 대할 수가 있지!"

혼다 소이치로는 큰 소리로 말했다.

1950년대 초에 노동쟁의로 나타난 노동운동은 일본에서 끊임없이 발생했고 그 기세도 대단했다. 1953년 여름, 닛산 자동차의 직원들은 임금 인상을 요구했고 도요타, 이스즈의 직원들도 이어서 호응했다. 도요타, 이스즈의 노사 쌍방은 결국 협의를 달성했지만 닛산은 어쩔 수 없이 공장을 닫는 방식으로 이에 대항했다. 나중에 보수적인 경향의 제2차 노동조합이 나타나면서 노동쟁의는 점차 수습되었지만 노동쟁의가 조성한 손실은 매우 심각했다.

"혼다 형님, 만약 우리 회사에도 이런 노동쟁의가 일어난다면 어떻게 하시겠어요?"

후지사와 다케오가 물었다.

"우리 직원들이 그럴 수 있을까? 우리는 그들을 부당하게 대우한 적이 없는데 말이네."

혼다 소이치로는 후지사와의 질문을 듣고 의아하게 생각했다.

"어떻게 안 그럴 수 있겠어요? 몇 년 전 회사에 직원이 몇백 명일 때도 노동쟁의가 일어난 적이 있지 않습니까? 지금 우리 회사는 직원이 2천 명이 넘는 대기업이니 다양한 사람이 있을 수 있겠지요. 우리도 이에 대비하지 않으면 안 됩니다."

"자네 말이 맞네. 무슨 좋은 생각이라도 있나?"

혼다 소이치로는 물었다.

"직원들이 회사를 자기 집처럼 생각하게 하고 그들이 우리를 대신해 일을 하는 것이 아니라 자신을 위해 하는 거로 생각하게끔 해야 합니다. 그리고 우리는 직원들을 더 아끼고 사랑해야 해요. 이 두 조건만 제대로 해내면 우리 회사는 영원히 노동쟁의가 발생하지 않을 겁니다."

"자네 말이 맞네. 나도 같은 생각이야."

혼다 소이치로는 만족해하며 고개를 끄덕였다.

"나는 원래부터 직원들이 회사를 위해 일하는 것이 아니라 자신을 위해 일하는 거로 생각했다네. 그들뿐 아니라 모든 사람은 다 자기 자신을 위해 일해야 해."

"예, 자기 자신을 위해 일한다니 사장님 정말 요점을 짚으셨군요. 직원들 중 누가 자신의 수입이 늘기를 원하지 않겠습니까? 수입이 늘기를 원한다면 적극적으로 일해야지요."

후지사와 다케오는 웃으며 말했다.

혼다 소이치로는 잠시 생각한 다음 이어서 말했다.

"나는 직원들을 깊이 이해해야 한다고 생각하네. 직원들을 회사에 충성하도록 하기 위해서는 우선 우리가 그들을 사랑하고 아껴야지. 우리 회사의 임금은 일본 자동차업계에서 제일 높네. 이제부터는 매년 두 번의 보너스와 실용적인 물건들을 주고 또 휴가를 줘서 직원들이 여행을 갈 수 있게 하지. 게다가 우리는 직원 특가로 그들에게 오토바이를 지급해서 매일 자신의 공장에서 생산한 오토바이를 타고 출퇴근하도록 하고 있네. 이렇게 함으로써 직원들의 사기와 응집력을 높일 수 있었네."

"다 좋은 방법이라고 생각합니다. 저 역시 대찬성입니다."

후지사와 다케오가 말했다.

"제게 또 다른 생각이 있는데요, 전체 직원들에게 주주의 권리를 주는 것은 어떨까요? 이렇게 하면 직원들이 더욱 더 혼다를 자신의 회사로 생각할 겁니다."

"좋네. 그 방법도 나쁘지 않군. 내가 보기에 약 10% 정도로 유지하는 것이 좋을 것 같네."

"좋습니다. 이번 일은 제가 맡아서 처리하지요. 이틀 후 통보해서 모두에게 회사의 지분 10%의 폭 안에서 회사의 주식을 사도록 하겠습니다."

혼다 소이치로는 후지사와 다케오에게 담배 한 개비를 건네고 자신도 한 개비 입에 물었다. 그리고 라이터를 꺼내 우선 후지사와에게 불을 붙여주고는 자신의 담배에도 불을 붙였다. 그는 생각에 잠긴 듯 천천히 말했다.

"우리는 직원들이 전면적으로 발전할 수 있도록 해야 하네. 만 3년을 일한 신입 직원들에게는 로테이션 근무를 하게 해서 같은 자리에서 반복되는 업무를 피하도록 하지. 젊은이들이 단조로운 작업을 싫어하니 새로운 업무에 대한 흥미를 일으키고 더욱 다양한 업무기능을 배울 수 있을 걸세."

"그것도 좋은 방법입니다. 참 세심하게 생각하시는군요."

후지사와 다케오는 고개를 끄덕이며 말했다.

이러한 조치는 많은 인재를 매료시켰고 곧 자동 기계 공업업계의 젊고 우수한 인재들이 혼다 소이치로의 주위로 몰려들었다. 혼다의 직원들 평균 연령은 24.5세로 미쓰비시의 34세, 닛산의 30세보다 훨씬 젊었다. 혼다의 대대수 젊은 직원은 35세 이전에 관리자로 승진했다. 일본의 다른 기업에서는 관리자로 승진하려면 45세 전후가 될 때까지 기다려야 했다.

혼다 본사가 대기업으로 바뀐 후 직원들의 업무환경과 조직 조건을 더욱 완벽하게 하기 위해서 노동조합의 설립이 필요했다. 혼다 소이치로는 당연히 이에 찬성했다. 그는 1954년 4월의 회사 사보에 〈우리 회사의 인사방침〉이라는 글을 싣고 글의 첫머리에서 다음과 같이 이야기했다.

"독일 제너럴 모터스 사장이 가장 주의했던 것은 직원과 공장주 사이의 협력관계를 다지는 일이었다고 합니다. 우리 회사의 전 직원은 '회사가 공정하고 합리적으로 인사관계를 처리하고 믿을 만하다'라는 사실을 바탕으로 근대적인 의의를 지닌 노사관계를 만들어냈습니다. 그러므로 저는 이번에 다시 새롭게 이 방침을 열거하고자 합니다."

방침은 총 10항으로 구성되어 있고 그 내용은 '직원들에게 쾌적한 업무환경과 안전한 작업 장소를 제공한다, 직원들에게 관심을 가지고 그들과 교우관계를 나누며 의견을 공손히 듣는다'이다. 혼다 소이치로가 제시한 〈우리 회사의 인사방침〉은 후에 혼다 회사의 발전에 핵심이 되었고 회사경영의 기본 방침이 되었다.

또한 혼다 소이치로는 직원들이 건의를 하도록 격려해 누구든지 건의를 할 수 있게 길을 열어 주었다. 구체적인 방법은 건의자 본인이 전용 양식을 작성해 상세하게 자신의 생각을 밝힌 후 '부문 위원회'에 보내면 토론을 거쳐 심의하게 된다. 부문 위원회는 통상 전문가, 전문요원, 설계사, 고문으로 구성된다. 일단 심사 허가를 해 실행 가능하다고 인정이 되면 건의한 직원은 일정 점수를 얻게 된다. 어떤 직원이든지 일단 300점이 누적되면 해외여행을 갈 수 있는 상품을 획득할 수 있었다. 이는 평상시의 업무능력과 합쳐져 진급에도 활용된다. 건의 제도는 직원들의 적극성을 크게 향상시켰다.

혼다 소이치로는 전 세계에 이름을 떨친 기업가이지만 회사 내에서는 젊은 일반 직원들과 종종 농담을 주고받곤 했다. 비록 그가 화를 낼 때에도 그의 눈빛에는 항상 직원들에 대한 자상함과 배려가 담겨있었기 때문에 직원들은 그를 무서워하지 않았다.

혼다 소이치로는 일을 할 때는 열심히 일하고 놀 때는 열심히 놀자는 주의였다. 그리고 짬이 나면 바둑을 두면서 정서 함양에 힘썼다.

혼다 소이치로는 바둑을 좋아했고 자신이 있었다. 그는 자신의 실력이 나쁘지 않다고 생각했고 기회만 있으면 주위 사람들과 대전하곤 했다. 회사 내에서는 그의 상대가 될 사람이 몇 명 없었기 때문에 그는 매우 득의양양했다. 어느 날 그는 점심식사를 마치고 식당에서 바둑판을 펼치고 옆의 직원을 청하며 말했다.

"이봐, 자네. 우리 한판 붙어볼까?"

직원들은 대부분 그가 지기 싫어하는 성격이라는 것을 알고 있었기 때문에 그를 기쁘게 해주기 위해 일부러 져주곤 했다. 그럴 때마다 혼다 소이치로는 기뻐서 어쩔 줄 몰라 했고 자기의 실력이 얼마나 뛰어난지 과장해서 말했다. 상대방은 진실을 말해주지 않고 그저 입을 오므리고 몰래 웃을 뿐이었다.

한번은 그가 회사의 어느 낯선 직원과 바둑을 두다가 연속으로 세 판이나 지고 말았다. 굴복할 줄 모르던 혼다 소이치로지만 이때는 어쩔 수없이 상대에게 고개를 숙이고 패배를 인정했다. 그의 얼굴에는 부끄러운 기색이 떠올랐고 승승장구하던 장군은 마침내 의기소침해졌다. 나중에 직원들은 그에게 진상을 알려 주었다.

"사장님, 패배를 인정하지 않으면 안 됩니다. 사실은 그 사람은 저희가 사장님과 대전하기 위해 특별히 모셔 온 프로 바둑기사예요. 하하."

"어쩐지. 뒤에서 음모를 꾸미고 나를 웃음거리로 만들었군 그래. 어떻게 그럴 수가 있나!"

혼다 소이치로는 웃으면서 꾸중했다.

젊은 직원들은 감히 회사의 높은 어른을 놀릴 수가 있었고 사장과 직원들 간의 관계는 매우 조화로웠다. 이와 같은 젊은 직원들의 장난에 대해 혼다 소이치로는 자신만의 철학이 있었다.

"일을 할 때는 비록 계급의 구분이 있고 지배와 피지배의 분별이 있지만 직책을 떠나고 나면 모두 다 친구이고 서로 평등합니다. 그러므로 만약 누군가 나에게 거만하다고 한다면 정말 견디기 힘들 것입니다. 오락시간에 제가 많이 지고 망신을 당할수록 그들은 더욱 즐거워하고 일도 더욱 즐겁게 하게 됩니다. 하하."

1963년에 혼다 본사는 창립 15주년 축하연을 열었다. 8천여 명의 직원들이 전국 각지에서 교토로 모여들었고 모두 즐겁게 인사를 나눴다. 축하연이 열린 밤에는 호텔, 술집 등 곳곳에서 혼다 회사 직원을 만날 수 있었다. 사람들은 밤새도록 여흥을 즐겼다. 다음 날 계산을 해보니 딱 1억 엔이라는 금액이 나왔다.

혼다 소이치로도 몸과 마음을 연회에 집중해서 직원들과 함께 즐 겼다. 그는 직원들에게 단 한 마디만 신신당부했다.

"다른 사람들에게 피해를 주지 맙시다."

결국 회사의 직원 중 어떤 사람들은 교통관리를 책임지고 차량과 행인을 인도했고 어떤 사람들은 안전과 위생을 책임졌다. 마루야마 (圓山) 공원에서 열린 경축행사 후 전체 참가자들은 함께 공원을 깨 끗하게 청소한 후 각자 돌아갔다.

이번 대형 연회에서 혼다 소이치로와 8천여 명의 직원들은 함께 즐 거운 밤을 보냈고 혼다 본사의 모든 직원들은 영원히 이날을 잊지 못 했다. 왜냐하면 회사는 바로 그들의 집이고 화기애애한 큰 가정 속에 서 이렇듯 기쁘고 즐거운 하루를 보냈기 때문이었다.

혼다 본사는 '피라미드식 지도 체계'를 실행했다. 대다수의 직원들 은 피라미드의 기초 부분이고 위로 올라가면 작업현장의 주임, 과장, 부사장에서 사장, 회장에 이른다. 최고 경영자로서 혼다 소이치로는 피라미드의 제일 꼭대기에 있다. 그는 높은 곳에서 일체를 내려다보 며 직접 기업 전체 기구의 운행 상황을 살핀다. 때로는 엘리베이터를 타고 단번에 기업의 가장 낮은 층으로 가서 관찰하고 연구하며 정책 결정의 효과와 새롭게 나타난 문제를 살피고 심지어는 직접 직원들과 함께 일을 한다. 그리고 나서 다시 엘리베이터를 타고 각 층에 전부 멈춰서 상황을 관찰하고 의견이 어떻게 반영되었는지 듣는다. 피라미드의 꼭대기로 돌아온 후에는 다시 새로운 정책을 결정한다.

혼다 소이치로의 주도로 혼다에서는 인재를 존중하고 책임을 명확하게 하는 인사정책이 세워졌고 이는 직원들의 적극성과 창조력을 충분히 발휘시켰다. 모든 직원은 회사와 자신을 위해 최선을 다해 일했다.

혼다 소이치로는 포부가 큰 사람이었다. 그가 호되게 직원들을 질책해도 그들은 혼다 소이치로가 최고 경영자로서 직원들을 사랑하고 배려하기 때문에 질책한다고 생각했다. 그렇기 때문에 그들은 조금도 불평하지 않았고 비록 일시적으로 납득할 수 없다고 하더라도 얼마 지나지 않아 마음속에 엉킨 원망은 얼음이 녹듯이 사라졌다. 이는 혼다 소이치로의 매력이자 성공적인 혼다의 채용방식이라 할 수 있다.

Point

혼다 회사의 인사방침은 총 10항으로 구성되어 있다. 그 내용의 핵심은 다음과 같다.

1. 직원들에게 합리적인 임금을 지불하도록 노력한다.
2. 쾌적한 근무 환경과 안전한 작업현장을 제공해야 한다.
3. 직원들에게 관심을 가지고 그들과 친구가 되며 그들의 의견을 경청한다.
4. 직원들에게 충분한 자유를 주어야 하며 간부와 변론할 권리를 주어야 한다.

사람을 위한 기술

혼다의 연구 직원들은 그들이 단지 기술만을 연구할 뿐이라고 생각하지 않는다. 그들은 고객 만족을 위한 기술 연구가 무엇보다 중요하다고 생각하고 있다.

혼다의 역대 경영자들은 '세계 시장을 석권하자', '도요타를 따라잡자', '닛산을 따라잡자'는 등의 구호를 외친 적이 한 번도 없었다. 그들은 항상 고객 만족이 제일이라고 강조했고 실제로 고객을 만족시키기 위해 노력했다.

혼다는 전문적인 시장조사 연구 기구를 설치하지 않고 시장조사는 개발 부서에 맡기고 있었다. 개발 부서의 직원들은 모두 시장조사 연구원이었고 그들은 자신의 눈과 귀로 직접 시장의 동향을 살폈다. 이는 시장조사 연구 기구가 얻는 정보보다 감성적인 인식이 가능했다. 혼다 소이치로는 발명은 창조적이어야 하며 만약 제때에 사회에 제공하지 못한다면 그것은 조금의 가치도 없다고 이야기했다. 이는 혼다가 강조한 고객 제일을 실현하기 위한 요소였으며 실제로 이러한 이념은 단지 현실적인 이익만을 고려한 것은 아니었다.

사실 혼다 소이치로는 초등학교 졸업 수준의 학력을 가지고 있었지만 그는 일본 사회에서 '당대의 저명한 기술 전문가'라는 명예를 얻었고 '모터사이클의 아버지'라고 불렸다. 이는 그가 평생토록 기술 연구에 몰두하고 새로운 것을 창조하는 자신의 소임을 다했기 때문이다.

기술 존중은 혼다 소이치로가 관철해 온 태도였고 우리는 '혼다 기술연구공업(本田技術研究工業, 혼다의 정식 명칭－역주)'이라는 이름에서 그가 기술을 얼마나 중시했는지 알 수 있다. 그러나 혼다 소이치로는 기술 유일주의자는 아니었으며 인성 철학이 기술개발을 인도한다는 사실을 알고 있었다. 이 덕분에 그는 사람과 기술의 관계를 정상화할 수 있었다.

1981년에 혼다 소이치로는 일등 즈이호(瑞寶) 훈장을 수여하는 영광을 얻었다. 회사에서는 그를 위해 축하연을 열었고 혼다 소이치로는 즉석에서 기술에 대한 그의 의견을 발표했다.

"기술의 근원은 사람의 욕망입니다. 그 근원을 탐구해 보면 사람에게는 생활수준을 향상하고자 하는 욕망이 있습니다. 이러한 욕망이 있어야 머리를 써서 기술을 창조할 수 있습니다. 이와 마찬가지로 물질을 창조할 때도 우선 사람들이 자신을 위해, 그리고 자신의 생활수준을 향상하기 위해 노력해서 일을 하는 것입니다."

소이치로는 이어서 다음과 같이 덧붙였다.

"그러나 천재적인 기술자는 자신의 명망이나 금전만을 위해 기술을 개발하지는 않습니다. 그는 기술을 통해 자아를 실현하고 자신의 존재의 가치를 찾습니다. 성공은 물론 사람을 흥분시키지만 그 후에 우리는 반드시 자신을 돌이켜보고 내가 종사하고 있는 기술개발 업무가 확실히 사회에 이익이 있는지 우리의 모든 고객에게 이익이 있는지 자문해야 합니다. 기술 진보를 추구하는 과정에서 우리는 자질구레한 문제들이 뒤엉키는 것을 피하도록 노력해야 합니다. 그리고 우리의 착안점을 고객과의 관계에 두어야 합니다."

이러한 말은 평생 기술 혁신을 자신의 소명으로 여긴 사람의 입에서 나왔기 때문에 더욱 가치 있게 들렸다.

혼다 소이치로의 이러한 생각은 일찍이 생활에서 우러나온 경험과 그의 태도에서 비롯된 것이다. 그는 기술은 반드시 사람을 위해 봉사해야 한다는 관점을 갖고 있었다. 생활을 사랑하고 행복을 추구하며 정감이 풍부한 그는 고객의 마음을 잘 이해했다. 이는 기술자로서의 그의 마음속에 항상 정이 약동하고 있었기 때문이었다.

혼다 소이치로는 몇십 년을 하루처럼 보내고 생각을 열심히 관철하며 회사를 경영했다. CVCC 엔진의 개발은 바로 전형적인 예라 할 수 있다.

자동차 공업의 왕성한 발전에 따라 환경오염 문제는 날이 갈수록 많은 대중과 각국의 정부가 관심을 쏟는 문제가 되었다. 앞에서 서술한 것처럼 1970년 12월에 일본 정부는 미국을 따라 대기오염 방지법이라고 불리는 관련 법률을 공포했다. 일본의 대기오염 방지법은 더욱 엄격했고 제한도 심했다. 일본은 배기가스의 방출량을 미국의 10분의 1로 규정했다. 대기오염 방지법의 공포는 일본의 각 대형 자동차 생산업체에게 심각한 타격을 주었다. 이 법률을 통과하려면 반드시 신형의 저공해 엔진을 개발하는 데 착수해야만 했고 그렇게 되면 회사들은 어쩔 수없이 정상적인 생산을 중단하고 막대한 인력과 물자, 자금을 동원해 힘든 연구를 진행해야 했다. 때문에 유명 자동차 생산 업체들은 이 법률에 불만을 느껴 법률 집행에 강하게 반대했다. 당시에 미국의 3대 자동차 제조업체들은 모두 기술상 불가능하다는 이유로 대기오염 방지법을 강력하게 반대했다. 그들은 정부에 압력을 가했고 법안은 1년 동안 지연된 끝에 통과되었다.

혼다 소이치로는 오히려 이 법안에 적극적인 태도를 보였다. 그는 결단력 있게 개발을 진행했다. 그는 그 상황이야말로 혼다가 강력한 경쟁 상대들을 추월할 수 있는 기회라는 날카로운 판단을 내렸고 또한 한 사람의 기업가로서 환경에 책임감을 느꼈다.

혼다의 신형 엔진 개발 추진회에서 혼다 소이치로는 연구원들을 총동원해 경제적인 방면에서 설득하기 시작했다.

"우리가 저공해 엔진을 개발해 내기만 하면 혼다 본사는 유서 깊은 자동차 제조업체들과 어깨를 견줄 기회를 잡게 될 것입니다."

청년 기술자들은 그의 의견에 동의했다. 그들은 사회적 책임감이 비교적 강한 편이었고 어떤 사람들은 나서서 의견을 보충하기까지 했다.

"공해를 방지하고 환경의 질을 개선하는 일은 기업이 이익을 얻고 진보하는 것만의 문제가 아니라 모든 자동차 제조업체와 생산자들이 지켜야 할 사회적 책임입니다. 우리는 반드시 사회적 의무를 다해야 합니다."

청년 직원들의 말을 통해 혼다 소이치로는 그들의 넓은 포부와 원대한 식견을 느낄 수 있었다. 기업이 사회적 책임을 지면 그 기업의 이미지가 완전히 바뀌어버린다. 우수한 기업의 이미지는 기업이 장구하게 발전할 수 있는 생명력이다.

단순히 경영자의 관점에서 본다면 CVCC 엔진 개발은 혼다 소이치로에게 쓰라린 경험을 가져다줄 수도 있었다. 만약 회사가 기술적인 역량을 여기에 전부 쏟아 붓는다면 기타 제품의 연구와 개발이 지연되고 혼다 본사는 격렬한 기업 간의 경쟁에서 잠시 낙후된 처지에 놓이게 될 것이기 때문이다. 그러나 그는 이렇게 하는 것이 고객을 위하고 환경보호를 위한 것이라 생각했다. 기술과 이익을 초월한 사회적 사명감은 그를 용감하게 나아가도록 하는 원동력이 되었다.

대기오염 방지법에 부합되는 저공해 신형 엔진을 개발하기 위해 혼다 소이치로와 기술자들은 함께 자료를 수집하고 문헌을 찾으며 매우 힘들고 어려운 연구를 진행했다. 결국 1972년 10월에 혼다 소이치로와 젊은 연구진들은 대기오염 방지법에 부합되는 CVCC 저공해 엔진을 개발하는데 성공했다.

혼다의 성공은 GM, 포드, 도요타, 닛산 등 초일류 기업보다 앞서 있었고 이러한 엔진은 미국 환경보호국, 전미 과학협회로부터 '이것은 현재 가장 우수한 저공해 엔진이다'라는 높은 평가를 받았다. 미국의 가장 유명한 잡지 〈리더스 다이제스트(Reader's Digest)〉는 CVCC 엔진의 시험에 대해 매우 상세한 보도를 했고 미국 대중의 지대한 관심을 불러일으켰다.

"1972년 겨울, 혼다는 신형 CVCC 엔진을 장착시킨 3대의 차를 미시건 주의 미국 환경보호국의 배기가스 실험 연구소로 보내 검사를 진행했다. 3대의 차량은 촉매제 변환로와 기타 장치를 부착하지 않은 상태에서 미국이 1965년에 제정하고 시행한 각종 배기가스 배출 표준을 가볍게 통과했다. 과거의 엔진과 비교했을 때 CVCC 엔진의 가격은 170달러가 상승했지만 이 엔진은 촉매제 변환로와 기타 장치를 부착하지 않아도 되기 때문에 350달러를 절약할 수 있으므로 결과적으로는 원래 가격보다 180달러를 절약하게 된다. 게다가 엔진의 연소 효율이 높기 때문에 주행 거리가 증가하므로 큰 절약이 된다.”

CVCC 엔진의 사회적 이익이 매우 높았기 때문에 혼다는 대단한 경제적 이익을 거두었다. 하룻밤 사이에 혼다는 신뢰의 대명사가 되었고 일본과 미국 양대 시장에서 판매가 급격하게 증가했다. 과거 미국 시장에 진출하기 위해 혼다는 여러 가지 우여곡절을 겪었으나 눈 깜짝할 사이에 사정은 완전히 뒤바뀌었다. 미국의 판매상들은 혼다 자동차의 위탁판매권을 얻는 것이야말로 자신들의 영업 실력의 상징이라 여겼고 연이어 자발적으로 위탁판매를 요구하기 시작했다. 유명한 위탁판매점에게 있어 혼다는 대단한 매력을 지닌 브랜드였다.

1974년에 혼다는 미국에서 4만 3천 대의 차량을 판매했다. 당시 혼다 본사가 미국 지사에 다음 해(1975년) 미국 시장의 수요량을 알아보았을 때 혼다 미국 지사의 판매부는 혼다의 경영자들이 생각지도 못한 15만 대를 제시했다.

혼다의 본사 공장은 밤새도록 자동차를 제작해 간신히 미국 시장에 10만 3천 대를 제공할 수 있었다. 사실 그들은 이렇게 많은 차가 전부 판매될 수 있을지 여전히 의문을 가지고 있었다. 그러나 시장에 출시되자마자 혼다 자동차는 단번에 동이 나 버렸다. 혼다 미국 지사의 판매부 직원은 다음과 같이 말했다.

“만약 당신들이 우리에게 15만 대의 차량을 보낼 수 있다면 우리는 확실히 전부 판매할 수 있습니다. 실제로 우리는 미국 시장에 판매할 수 있는 차량의 수를 분량보다 초과해 예측한 적이 없습니다. 우리는 항상 우리가 가지고 있는 자동차 수가 매우 적다고 생각하고 있습니다."

혼다의 성공으로 기술자들도 고객의 신뢰와 사회의 광범위한 칭찬을 받았다. 이는 혼다 소이치로의 신념을 더욱 견고하게 했다.

"과학 기술자는 왜 사람들의 존경을 받을까요? 그것은 사회가 그들을 필요로 하기 때문입니다. 만약 그들이 사회에 아무런 공헌을 하지 않는다면 존재 가치가 없습니다."

사회적 이익과 경제적 이익이라는 양측의 성공은 혼다 소이치로에게 마음을 가라앉히고 깊이 생각하게 했다. 그는 '사람을 위한 기술'이 한 회사에 있어서 얼마나 중대한 의미를 가지는지 깊이 느끼게 되었다. 그는 결론적으로 이렇게 이야기했다.

"이번 성공은 기업 간의 경쟁에 있어서의 성공이 아니라 신성한 사회적 책임감의 성공입니다. 그것은 우리를 감탄하게 만들었고 새로운 가치관, 관련 기업과 사회 간의 관계 등 일련의 문제에 대한 새로운 시선을 주었습니다. 또한 이러한 새로운 시선을 기초로 한 새로운 경영 관념은 이미 형성되었습니다. 시대는 우리가 새로운 경영 관념을 구비하기를 요구하고 있고 이러한 시대는 이미 도래했습니다."

또한 1967년에 미국에서 발생한 자동차 결함 소동에서 혼다의 대처방식은 사람들을 탄복시켰다. 당시에 많은 자동차 제조업체의 제품에 기술적인 결함이 발견되어 소비자들의 생명과 안전에 심각한 위협을 주었다. 미국 국회는 각 생산업체는 기술적인 문제로 인해 사고발생의 위험이 있는 자동차를 보고하고 사고가 발생할 때마다 공장 측이 벌금 40만 달러를 지불해야 한다는 법안을 제정했다. 그러나 대다수의 제조업체는 이 법안에 대해 침묵을 지키고 있었다.

혼다 본사가 생산한 '사냥꾼' CT 200도 결함이 있는 자동차 중 하나였다. 이 차량은 변속 기어 시스템에 문제가 있었다. 이는 의심할 여지없이 치명적인 결함이었다. 변속 시스템이 작동하지 않는다는 것은 곧 차량의 사고와 인명피해를 의미했기 때문이었다. 진상을 은폐할 것인가, 아니면 자발적으로 신고를 할 것인가? 혼다는 후자를 택했다. 많은 자동차 제조업체 중에서도 혼다는 솔선해서 신고를 했다.

이 소식이 전해진 후 상황은 혼다에게 좋지 않은 쪽으로 흘러갔다. 혼다의 주가는 폭락했고 투자자와 대중은 혼다를 믿지 않게 되었다.

그러나 얼마 후 GM, 포드, 크라이슬러, 미국 자동차 회사, 연방 독일 제너럴 모터스 등 유명한 업체들이 앞다투어 신고를 하며 자신들이 생산한 자동차에 기술적인 결함이 있음을 인정하기 시작했다. 과거 혼다에 실망했던 사람들은 오히려 그 신고 정신을 칭찬하기 시작했다. 이는 혼다가 용감하게 최초로 기술상의 문제점을 인정했고 이를 위해서는 용기와 솔직함이 필요했다는 사실을 사람들이 깨달았기 때문이었다. 이때부터 혼다의 자동차는 미국에서 큰 환영을 받았다.

혼다 소이치로는 이렇게 고객의 권리를 지켰다. 그는 기술 내지는 기업의 이익이 고객을 넘어서도록 하지 않았고 시종일관 사람을 위한 기술을 바탕으로 한 강력한 사회적 책임감을 지녔다.

혼다 소이치로의 '사람을 위한 기술'이라는 경영 관념은 혼다 회사에 양질의 전통을 형성했다. 후임 사장들도 비교적 강한 사회적 책임감을 가지고 있었고 그들은 회사의 이익을 추구하는 반면 어떻게 하면 최대한으로 사회적 이익을 도출할 수 있을지 생각했다. 아오키 쓰토무 사장은 바로 이러한 본보기였다.

일반적으로 모든 회사는 반드시 자신의 이익을 위해 경제 활동에 종사한다. 이렇게 해야만 경제적인 생산에 효율성이 있기 때문이다.

그러나 이성적인 경제인은 자신의 이익만을 생각할 때 그의 행위가 사회에 위해를 조성할 수 있다는 점을 간과하지 않는다. 일본 요코하마의 혼다 자동차 대왕 아오키 쓰토무 사장은 자동차 판매를 촉진하면서 거리의 녹화 사업을 추진하는 기발한 방안을 생각해냈다. 이 방안은 나오자마자 생각지도 못한 효과를 얻었고 이는 사회적으로 지지를 얻었으며 기업에도 막대한 경제적 이익을 가져다주었다.

이러한 방안은 어떻게 생겨나게 되었는가? 매일 외출하거나 출퇴근하면서 아오키 쓰토무는 자동차가 달리는 과정에서 대량의 배기가스가 방출되고 이것이 도시의 환경을 직접적으로 오염시킨다는 사실을 발견했다. 또한 거리의 공기를 더럽히고 가로수를 시들게 한다. 자동차 공업 발전이 환경에 이와 같이 불리한 영향을 주는 것을 보고 아오키 쓰토무는 걱정되고 불안했다.

이때 그는 자신의 기업의 이익뿐 아니라 사회 전체의 이익을 생각했다. 어떻게 하면 사회의 이익을 추진하는 동시에 기업의 이윤을 창출할 수 있을까? 이는 더불어 생각할 수 없는 모순된 문제처럼 보였지만 주도면밀하게 생각한 결과 아오키 쓰토무는 결국 쌍방 모두 이익이 있는 방법을 생각해냈다.

아오키 쓰토무는 차가 한 대 팔릴 때마다 거리에 두 그루의 기념수를 심는 경영방침을 제정했다. 그리고 차를 판매해서 얻는 이윤의 일부분을 나무를 심는 비용으로 쓰기로 했다. 이 방법을 통해 점점 심해지는 배기가스가 도시 환경에 주는 오염을 줄이는 것이다.

이 방안이 시행되자 차가 한 대씩 팔릴 때마다 거리에 나무가 심어졌고 도시의 녹화도 진행되었다. 또한 소비자의 마음속에는 자연스럽게 혼다의 자동차를 구매하고 싶다는 바람이 생겨났다. 기왕 자동차를 구매할 바에야 거리의 녹화와 사람에게 행복을 가져다주는 차량을 사는 편이 낫지 않겠는가? 그리하여 혼다의 자동차 판매량은 급격하게 상승했고 전대미문의 업적을 거두었다.

이 방안은 기업의 이익과 사회적 이익을 고려한 일거양득의 방법이라 할 수 있다. 이 방안으로 혼다는 지명도를 높였고 광범위한 사회적 신뢰와 명예를 얻었으며 새로운 시장을 개척하는 데 있어서 경쟁 상대보다 훨씬 유리한 위치에 설 수 있었다. 이처럼 사람을 위한 기술은 막대한 보답을 가져다준다. 버리는 것이 있으면 얻는 것도 있기 마련이기 때문이다.

Point

혼다 소이치로는 말했다.
"천재적인 기술자는 자신의 명망이나 금전만을 위해 기술을 개발하지는 않습니다. 그는 기술에서 자아를 실현하고 자신의 존재의 가치를 찾습니다. 성공은 물론 사람을 흥분시키지만 그 후에 우리는 반드시 자신을 돌이켜보고 내가 종사하고 있는 기술개발 업무가 확실히 사회에 이익이 있는지 우리의 모든 고객에게 이익이 있는지 자문해야 합니다.
기술 진보를 추구하는 과정에서 우리는 자질구레한 문제들이 뒤엉키는 것을 피하도록 노력해야 합니다. 그리고 우리의 착안점을 고객과의 관계에 두어야 합니다."

제 **6** 장

교세라

– 간단한 활법 –

일본의 교세라 그룹은 세라믹을 생산하는 제조업체로 1959년에 창립되었다. 세라믹이란 일련의 독특한 물리, 화학, 전자적인 성능을 가진 첨단재료를 말한다. 오늘날 세계로 확장해 나아가는 교세라 그룹은 교세라를 중심으로 한 163개의 다양한 기업으로 구성되어 있다. 교세라 그룹은 원료, 부속품, 설비, 기계, 서비스, 인터넷 등 다양한 영역에서 전 세계적으로 활약하고 있다.

기업의 창시자 이나모리 가즈오는 기업을 창립할 때 이 기업을 반드시 세계 최고로 만들겠다는 원대한 포부를 세웠다. 이러한 포부를 실현하기 위해 이나모리는 '올바른 사람이 되는 규범'을 제시했고 이는 사람과 기업을 경영하는 '활법'이 되었다. 그는 기업을 자신의 심성을 연마하고 고양하는 수도장으로 여겼다. 그리고 물질적, 정신적으로 직원의 행복을 추구함과 동시에 인류와 사회의 발전을 위해 공헌했다.

간단한 활법(活法)이란 무엇인가?

"우리는 이렇게 혈맹으로 맺어졌다. 사리사욕을 지양하며 일치단결을 추구하고 사회와 세상 사람들을 위해 사업 목표를 성취한다. 특히 여기에 모인 모든 동지는 피로서 맹세한다."

위의 문장은 교세라 그룹의 창시자 이나모리 가즈오가 창업 초기에 세운 맹세의 말이다. 당시 회사 직원은 겨우 8명에 불과했지만 40여 년 후 이나모리 가즈오는 세계 500대 기업에 속하는 두 회사를 창립한 인물로 세계에서 유일한 신화를 창조했다.

"간단한 활법이야말로 절대 흔들리지 않는 원리다."

이나모리 가즈오가 큰 성공을 거둘 수 있었던 비결은 바로 간단한 활법을 충실히 지켰기 때문이다.

그는 다음과 같이 말했다.

"한 사람의 영혼의 가치를 결정짓는 일은 활법을 얼마나 충실하게 지키느냐에 달려 있다."

이나모리 가즈오는 27세 때 교세라를 창업했다. 초창기에 그는 경

215

영에 문외한이었고 지식과 경험이 부족해 어떻게 회사를 꾸려나가야 할지 전혀 알지 못했다. 어떻게 하면 회사를 순조롭게 발전시킬 수 있을까?

이나모리 가즈오는 우리가 어릴 적 부모님과 선생님에게 배웠던 간단한 규범을 경영의 지침이자 반드시 지켜야 할 판단의 규범으로 삼았다.

"거짓말을 해서는 안 된다, 다른 사람에게 폐를 끼치면 안 된다, 정직하고 욕심을 부리지 말아야 한다."

실질적인 경영을 몰랐던 그는 가장 소박한 논리를 경영에 융화시켰다. 그는 사람들이 광범위하게 받아들이고 있는 논리와 도덕에 위배되는 행위를 해서는 성공할 수 없다고 굳게 믿고 있었다.

사실 이는 모두 간단하기 이를 데 없는 규범이자 가장 도리에 맞는 원리다. 이나모리 가즈오는 반드시 이러한 원리에 따라 경영을 해야 올바른 길에 이르고 사업이 성공할 수 있다고 생각했다.

"만약 내 성공의 비결을 찾는다면 아마 그것은 바로 이러한 점일 것입니다. 나의 재능이 부족해서이기도 하지만 나는 바른 사람이 되는 규범을 추구한다는 단순하면서도 강력한 신념을 고수해왔습니다."

이나모리 가즈오는 '경천애인(敬天愛人)'을 교세라의 사훈으로 삼고 그의 활법을 구체적으로 실현했다. 경천애인은 하늘을 공경하고 사람을 사랑한다는 뜻이다. 이나모리 가즈오는 경천이란 자연의 이치와 인간의 정도에 순응하는 것, 즉 하늘의 뜻에 따라 사람을 선으로 대한다는 것으로 생각했다. 바꾸어 말하면 경천이란 올바른 사람이 되는 길을 지키는 것이다. 애인이란 바로 자신의 사욕을 버리고 타인의 입장이 되어 생각하며 이타적인 마음을 갖는 것이다. 그는 말했다.

"'천(天)'이란 중국에서 말하는 천도(天道)입니다. 우리는 천도를 공경하고 이에 위배되는 일을 하지 말아야 합니다. '애인(愛人)'은 모두가 잘 알고 있듯이 박애를 가지고 타인에게 자비를 베푸는 마음입니다."

이나모리 가즈오는 자신의 이익이 아니라 타인의 이익을 추구하는 것을 신조로 삼고 칠전팔기의 정신으로 성공했다.

이나모리 가즈오는 '경천애인'을 그의 경영 철학이자 핵심이념으로 삼았다. 그는 사람은 근본적인 논리와 도덕을 위배해서는 안 된다고 생각했다. 그는 경천애인을 마음에 깊이 새기고 평생 지켜나갔다. 이것이 바로 이나모리 가즈오가 뛰어난 경영인이 될 수 있었던 활법이다.

Point

이나모리 가즈오가 큰 성공을 거둘 수 있었던 비결은 바로 간단한 활법을 충실히 지켰기 때문이다. 간단한 활법이야말로 부동의 원리다. 사고방식이 바뀌면 당신의 인생도 180도 바뀔 수 있다. 혼란스럽고 불안한 시대를 살아가는 우리는 자신에게 '사람은 무엇을 위해 사는가?'라는 근본적인 문제를 물어야 한다.
이나모리 가즈오는 '경천애인'을 교세라의 사훈으로 삼았고 이는 바로 그와 그의 회사의 간단한 활법이 되었다.

불황은 성장의 기회다

'살아 있는 경영의 신'이라 불리는 이나모리 가즈오는 경제불황은 오히려 기업이 성장할 수 있는 기회라고 보았다. 불황은 힘들고 괴롭지만 기업이 다시 도약할 수 있는 발판이 되기도 한다. 경제가 안 좋아질수록 전 직원은 더욱 적극적이고 낙관적인 태도로 현실을 마주하며 단결해야 한다. 또한 여러 의견을 모아서 최선을 다해 곤경을 돌파해 나가야 한다.

2009년에 교세라는 창업 50주년을 맞이했다. 지난 50년 동안 여러 차례 심각한 경제위기를 겪었지만 이러한 불황의 결과로 교세라는 더욱 강대하게 발전했다. 위기를 겪을 때마다 교세라의 전 직원이 하나로 뭉쳐 노력했기 때문에 기업을 다시 빠르게 성장시킬 수 있었던 것이다. 그렇다면 교세라는 구체적으로 어떠한 방법을 통해 불황에 대처한 것일까?

교세라의 가장 뛰어난 대처방법은 평상시에 기업이 높은 수익을 얻을 수 있는 경영체제를 운영했다는 점이다. 그렇다면 높은 수익을 얻는 기업은 어떻게 불황에 대비하는가? 불황이 시작되면 고객들의 주문서도 감소하기 시작하고 그렇게 되면 제조업자는 할 일이 없어진다. 판매할 상품이 감소하기 시작하면 판매액이 하락하기 시작한다.

교세라는 이전에 불황을 겪었을 때 반년 동안 판매액이 90%로 감소했다. 이는 본전에도 못 미치는 금액이었다. 그러나 당시 교세라의 이윤율은 30%에 달했는데 이는 교세라가 독창적인 기술로 당시 아무도 만들지 못하는 참신한 세라믹 제품을 만들 수 있었기 때문이었다. 그 덕에 높은 이윤율을 기록할 수 있었다. 이러한 상황에서는 비록 판매액이 대폭으로 감소한다고 하더라도 적자는 면할 수 있다.

'10%의 판매 이윤율을 남길 수 없으면 진정한 경영이라 할 수 없다'라는 것이 이나모리 가즈오의 경영 목표였다. 이는 경제가 활성화되었을 때 기업은 반드시 많은 노력을 들여서 경제불황의 기습에 대처할 수 있도록 준비하는 것이 매우 중요하다는 뜻이다.

불황이 되자 직원들은 동요했다. 하지만 이나모리 가즈오는 침착하게 다음과 같이 말했다.

"다들 걱정하지 마시오. 비록 우수한 기업들도 불경기로 인해 잇달아 파산하고 있지만 우리 교세라는 여전히 살아 있습니다. 2년이고 3년이고 판매액이 0이면 어떻습니까? 여러분은 여전히 먹고 살 수 있습니다. 우리는 이미 회사 내부에 충분한 자금이 축적되어 있습니다. 그러므로 모두 당황하지 말고 침착하게 대응하고 계속 노력합시다!"

이나모리 가즈오는 이러한 말로 직원들의 사기를 북돋워 주었다. 실제로 당시 교세라는 충분한 자금을 확보하고 있었다.

사실 이나모리 가즈오는 파나소닉의 창업자 마쓰시타 고노스케의

'저수지식 경영'을 귀감으로 삼고 있었다. 그는 이전에 마쓰시타 고노스케의 강연을 들었을 때 자신도 저수지식 경영을 해야겠다고 생각했고 그때부터 줄곧 결심을 실천하고 있었다. 그는 이러한 방법이 불황에 대비하는 가장 좋은 대비책이라고 생각했다. 또한 이나모리 가즈오는 이윤을 추구하는 것은 잘못된 관점이라는 의견을 제시했다. 교세라의 경영자는 미국, 유럽에서 투자설명회를 열었는데 그럴 때마다 다음과 같은 의견을 종종 들을 수 있었다.

"교세라에 원래부터 있던 자본금의 비율은 상당히 높은 데도 주주의 자본에 대한 이윤 비율은 매우 낮습니다. 그렇게 많은 돈을 비축하고 있는 이유라도 있습니까? 투자를 하고 사용을 해야 더 많은 돈을 벌 수 있고 이는 우리 투자가들의 희망입니다."

이러한 의견에 대해 이나모리 가즈오는 찬성하지 않았다.

"우리는 그러한 투자가들의 의견을 좇아 경영하기를 원하지 않습니다."

주주들의 자본에 대한 이윤율이 높은 기업이어야만 좋은 기업인가? 이나모리 가즈오는 그렇게 생각하지 않았다. 그는 그러한 방법은 단기간에 기업의 역량을 가늠하는 수단에 불과하다고 생각했다. 올해 주식을 사 놓고 내년에 주가가 상승했을 때 팔아버리면 쉽게 돈을 벌 수 있다. 이렇게 생각하는 사람들에게는 물론 주주의 자본에 대한 이윤율이 높으면 높을수록 좋을 것이다. 그러나 이나모리 가즈오는 앞으로 몇십 년 후에도 계속해서 자신의 기업을 경영해 나가는 것이 더 중요하다고 생각했다. 이나모리 가즈오에게는 안정이 무엇보다 중요했다. 기업은 반드시 충분한 자금을 비축해 두어야 대불황의 충격에 견딜 수 있다.

그래서 이나모리 가즈오는 교세라의 간부에게 다음과 같이 말했다.

"투자자들에게 가서 다음과 같이 전하시오. 우리는 반드시 기업과 직원을 보호할 것이오. 만약 그들이 우리에게 불합격이라는 낙인을 찍겠다고 한다면 좋을 대로 하라고 하시오."

불황의 시기에 교세라가 가장 먼저 강조한 대책은 전 직원의 영업 투입이었다. 교세라의 직원들은 평소에 가지고 있던 좋은 생각이나 의견을 적재적소에 활용할 수 있도록 교육받았고 또한 고객들을 찾아가 잠재적인 수요를 창출해야 했다. 이렇게 해서 고객들을 만족시킬 수 있었고 또 직원들의 시야도 자신이 속한 부문에서 기업 전체로 넓어졌다.

제1차 석유파동이 일어났을 때 교세라는 다음과 같은 조치를 취했다. 평상시에는 명확하게 구분된 분업에 따라 연구원들은 연구를, 기술개발담당 직원들은 기술개발을, 생산담당 직원들은 생산을, 영업사원들은 영업을 담당했다. 그러나 석유파동의 타격으로 월 주문량이 27억 엔에서 3억 엔으로 떨어졌고 생산현장은 파리만 날리는 심각한 불황이 닥쳤다.

이러한 상황에서 이나모리 가즈오는 전 직원의 영업 투입을 제안했다. 심지어 영업 경험이 전혀 없는 생산담당 직원까지 포함하여 전 직원이 상품의 판로를 확장하기 시작했다. 농촌 출신의 나이 든 직원도 영업을 나가 땀을 흘리며 고객을 방문했다.

"뭔가 일거리가 없을까요? 뭔가 우리가 할 만한 게 없습니까? 말씀만 하십시오. 뭐든지 하겠습니다."

이러한 방식은 매우 큰 성과를 얻었다. 그러나 머리가 좋고 능력 있는 기업의 주요 사원들은 영업할 때 머리를 숙일 줄 몰랐다. 이나모리 가즈오는 자신을 한심하다고 여기는 그들을 보고 어이가 없어서 타일렀다.

"당신들은 나이 어린 사원과 마찬가지로 고객에게 허리를 굽히고 머리를 숙이며 이렇게 말해야 하오. '저희에게 주문서를 좀 주실 수 없겠습니까? 고객님을 위해서라면 저희는 무엇이든지 할 준비가 되어 있습니다.' 만약 당신들에게 이러한 정신이 부족하다면 주문서를 받을 수 없을 것이오."

실제 이렇게 영업 경험이 부족한 사람이 기업의 주요 인물이 된다면 회사는 경영을 잘 해나가기 어려울 것이다. 그러므로 생산을 담당하는 사람이나 회계를 담당하는 사람이나 어떠한 부서의 사람이건 간에 다른 사람 앞에서 머리를 숙이고 주문을 받는 것이 얼마나 어려운 일인지 경험해보도록 해야 한다. 특히 불황일 때는 직원들이 머리를 숙이는 고통을 맛보게 해야 한다. 그중에서도 영업 부문 이외의 간부들에게 이러한 의미 깊은 체험을 하도록 하는 것은 반드시 필요한 일이었다.

이나모리 가즈오는 어느 제조업체의 예를 들며 그들이 다음과 같이 직원들을 동원했다고 말했다.

"현재 재고가 많이 쌓인 상황이므로 전체 직원들은 회사의 고충을 이해하여 모두 상품을 판매해 주었으면 합니다. 고향의 일가친척이나 친구들에게 판매해도 됩니다. 특가로 판매하거나 직원 할인을 적용해 판매해도 됩니다."

결과적으로 재고는 모두 동이 났다. 사원들은 원래 창고에 쌓여 있던 냉장고, 세탁기, 전기밥솥 등을 그들의 친척이나 친구들에게 모두 판매했다. 재고를 판매하게 함으로써 머리를 숙여 부탁하며 상품을 판매하는 일이 얼마나 어렵고 고된 일인지 직원들이 깨닫게 하는 것은 매우 의미가 있는 일이라고 이나모리 가즈오는 생각했다.

불황을 맞아 교세라가 생각한 두 번째 대책은 전력을 다해 신상품을 개발하는 것이었다. 평소에는 너무 바빠서 착수하지 못했던 상품이나 시간이 없어서 고객의 의견을 충분히 들을 수 없었던 상품을 전력을 다해 개발했다. 기술개발담당부서뿐 아니라 영업, 생산, 시장조사 등의 부서도 적극적으로 개발에 참여했다. 불황은 새로운 제품을 만들기에 가장 적합한 시기이다.

불황일 때는 고객도 한가하므로 이나모리 가즈오는 직원들에게 적극적으로 나서서 고객을 방문하도록 격려했다. 고객들이 신제품에 대해 어떠한 좋은 의견이나 생각을 가졌는지, 예전 상품에 대해 어떠한 불만이나 건의 사항이 있지는 않은지 경청하고 그들의 의견을 바탕으로 신제품을 개발하고 새로운 시장을 개척할 때 유용하게 사용했다.

교세라의 초창기 세라믹 제품은 방직기계에 사용된 적이 있었으나 제1차 석유파동 때 방직기계 판매가 부진해지면서 주문이 끊기게 되었다. 이때 교세라는 전 직원의 영업 투입과 신제품을 개발하는 대책을 강구했다.

어느 영업사원이 어구(漁具) 제조기업을 방문했을 때 낚싯대에 부착된 보빈 장치의 낚싯줄이 접촉한 부분에 금속 링이 사용된 것을 보았다. 영리한 영업사원은 잠시 생각한 후 의견을 제시했다.

"저희 회사는 신세라믹을 만드는 회사입니다. 방직기계에서도 옷감을 짜는 실이 접촉되는 부분은 고속 운동 탓에 마모되기 쉬운 부분이지요. 그래서 저희 회사의 내마모성이 뛰어난 세라믹 부품을 사용합니다. 여기에서 판매하는 낚싯대에도 낚싯줄이 접촉되는 부분의 금속 링을 세라믹으로 바꾸시는 게 좋을 것 같습니다."

그러나 낚싯대에 부착된 링은 단지 낚싯대를 던질 때만 미끄러지며 움직이는 것이라서 방직기계처럼 쉴 틈 없는 고속 운전으로 말미암아 빨리 마모되지 않는다. 그래서 상대방은 다음과 같이 대답했다.

"세라믹 가격은 너무 비싸요. 굳이 바꿀 필요는 없을 것 같군요."

그러나 영업사원은 단념하지 않고 계속해서 설득했다.

"세라믹 부품을 사용하시면 마모가 덜 될 뿐만 아니라 낚싯줄 간의 마찰도 줄일 수 있습니다."

낚시를 할 때는 우선 낚싯대를 휘둘러서 낚싯바늘이 멀리 날아가도록 해야 하는데 만약 마찰이 커지면 낚싯바늘이 멀리 날아가지 못한다. 또한 큰 물고기를 낚았을 때 마찰이 강하면 낚싯줄은 끊어져 버린다. 큰 물고기를 낚는 사람들은 흥분하기 때문에 유독 이럴 때 줄을 끊어뜨려서 안타깝게 고기를 놓쳐버린다. 비록 강도가 높은 실을 사용한다고 해도 마찰은 여전히 클 수밖에 없다.

어구 회사의 사람은 영업사원의 말을 듣고 말했다.

"기왕 말이 나온 김에 한번 사용해 보도록 하지요."

그는 장갑을 끼고 우선 원래의 금속 링을 사용해 보았다. 부하가 많이 걸리게 힘을 써서 당기니 역시 낚싯줄은 마찰열이 발생해 끊어져 버렸다. 그러나 세라믹 링으로 바꾸고 나니 이런 문제가 전혀 없었다.

"이걸 쓰는 편이 좋겠군요!"

어구 회사는 단번에 결정을 내리고 이때부터 세라믹으로 된 링을 사용하기 시작했다. 현재 고급 낚싯대는 전부 세라믹 링을 사용하고 있다. 시즈오카(靜岡)의 어구 제조회사에서 시작해 전 세계에까지 널리 사용되고 있다. 아마도 누군가는 그런 보잘것없는 상품이 뭐가 그리 대단하냐고 할지도 모른다. 그러나 이 부품은 매달 500만 개가 팔리고 있다.

불경기를 맞아 교세라가 생각한 세 번째 대책은 철저하게 원가를 삭감하는 것이었다. 경기가 불황일 때 기업의 주문량과 상품 단가는 모두 하락하지만 기업 간의 경쟁은 오히려 치열해진다. 이때 이윤을 얻기 위해서는 종전의 원가로는 손해가 날 수밖에 없으므로 철저하게 원가를 삭감해야 한다. 그리고 원가 하락의 정도는 가격 하락의 정도보다 반드시 커야 한다. 따라서 다양한 각도에서 검토해 효율이 떨어지는 가공 방법을 시정하고 불필요한 조직을 합병할 필요가 있다.

이나모리 가즈오는 기업이 경기가 좋을 때는 주문량이 많아서 원가를 내리겠다고 생각하지 않기 때문에 불황일 때야말로 원가를 삭감할 수 있는 절호의 찬스라고 말했다. 만약 불황일 때 원가가 종전과 같으면 기업은 경영을 계속해 나갈 수 없게 된다. 그러므로 이 기회를 통해 모두가 나서서 원가를 삭감하기 위해 온힘을 다한다면 반드시 목표를 달성할 수 있다. 우선 제시한 원가 삭감의 방법은 의외로 간단했다.

"복도의 전등을 다 끄고 화장실의 전등도 끈다."

불황 자체는 좋지 않은 것이지만 이를 바탕으로 원가를 삭감하는 노력을 통해 재도약할 수 있는 발판을 삼으면 기업은 더욱 강대해지게 된다. 원가 삭감은 소극적인 대책이 아니라 오히려 기업이 다시 도약하기 위한 유력한 무기가 될 수 있다. 그러므로 기업을 경영할 때는 반드시 불황을 기회로 삼아 이를 잘 활용해야 한다.

불경기를 맞아 교세라가 생각한 네 번째 대책은 높은 생산율을 유지한 것이다. 제1차 석유파동 때 많은 기업이 직원을 해고하거나 대기발령을 내렸다. 하지만 이나모리 가즈오는 아무리 생각해 보아도 자신의 직원들을 실업자로 만들 수는 없었다. 그러나 주문이 절반, 심지어 3분의 2로 줄어든 상황에서 만약 종전의 인원으로 생산을 운영한다면 어떻게 이전처럼 높은 생산율을 유지할 수 있겠는가?

그러나 이나모리 가즈오는 불황일 때에도 반드시 높은 생산율을 유지해야 한다는 점을 강조했다. 과거에 많은 노력을 들여 높여 놓은 생산율이 만약 한순간에 무너져 버린다면 작업 공정의 효율도 급속하게 하락할 것이다. 일단 작업 공정의 효율이 하락하기 시작하면 주문이 다시 증가했을 때 원래의 높은 생산율을 회복하기가 어려워진다.

이러한 상황에서 이나모리 가즈오는 여분의 인력을 생산라인에서 철수시키고 이들을 집중적인 교육을 받거나 다른 작업장의 정리 업무를 하도록 지시했다. 동시에 생산현장에는 최소한으로 필요한 인원만 남겨 가장 바쁠 때처럼 팽팽한 작업 분위기를 조성해 전에 상승시켜 놓은 높은 생산율을 유지했다.

당시 이나모리 가즈오는 직원의 3분의 1만 현장에서 일하도록 남기고 나머지 3분의 2는 평상시 소홀했던 작업장의 보수 및 청소 등의 일을 시켰다. 또한 훈련반을 개설해 올바른 사람이 되고 올바르게 일하는 규범을 배우게 했다. 생산현장에서 전출된 직원들은 청소며 보수작업을 열심히 했다. 작업장은 매우 깨끗해졌고 회사 정원에는 큰 화단이 생겨나 업무환경이 쾌적해졌다.

불경기를 맞아 교세라가 생각한 다섯 번째 대책은 파트너식 인간관계를 세운 것이다. 어려운 상황에 놓였을 때는 기업에서의 인간관계도 큰 시련이 닥치기 마련이다.

회사 내에서 과연 이상적인 인간관계가 형성될 수 있을까? 이러한 의미에서 말하자면 불황은 기업에서 양호한 인간관계를 형성할 수 있도록 사원 간의 관계를 조정하고 다시 세울 수 있는 절호의 기회다. 이 기회를 이용해 더 좋은 기업 분위기를 만들도록 노력해야 한다.

이나모리 가즈오는 중소기업을 경영하는 데 있어 가장 중요한 것은 경영자와 직원들 간의 관계라는 것을 항상 강조했다. 경영자는 직원을 보살피고 직원은 경영자를 이해하며 서로 도와 공동 경영의 파트너십을 형성해야 한다. 이러한 관계와 기업 분위기를 형성할 수 있는 기업이야말로 우수한 기업이다.

그런 까닭에 이나모리 가즈오는 회사에서도 항상 자신의 철학을 이야기했고 자주 술자리를 만들어 직원들과 마음을 터놓고 이야기하도록 권했다.

이나모리 가즈오는 이러한 중요한 시기에 그저 한탄만 하고 있어서는 안 되며 어떻게 개선을 해야 교훈을 얻고 앞으로의 일들을 잘 해결할 수 있을지 생각해야 한다고 여겼다.

1970년대에 일본 경제가 빠르게 성장함으로써 직원들의 월급 또한 매년 20~25% 대폭 상승했다. 그러나 1975년에 석유 파동의 영향으로 교세라의 판매액과 이윤은 대폭 하락했다. 이러한 상황에서 높은 임금 상승률을 유지하려면 어쩔 수 없이 상품의 판매 가격을 올려야 하는데 그렇게 되면 교세라는 경쟁력을 잃고 주문량이 줄어 힘든 상황에 빠질 것이 분명했다. 그래서 이나모리 가즈오는 교세라의 노조 서기장인 후쿠이에게 솔직하게 말했다.

"이러한 시기일수록 원가를 삭감하고 기업의 실력을 키워야 하오. 만약 불황기에 대폭으로 임금이 오르게 되면 원가도 상승하고 그렇게 되면 가격 경쟁력을 잃어 우리 기업은 더는 경영해 나갈 수 없게 되오. 그러니 이번에는 임금 인상을 잠시 보류하는 것이 최선이라고 생각하오."

노조의 간부들은 이성적인 토론을 통해 그해에는 임금을 동결하기로 결론을 내리고 전체 직원들에게 설명을 했다.

당시 교세라 노조 조직의 상급 간부들은 전선동맹을 맺고 있었다. 그들은 각종 수단을 이용해 부하직원들의 노조 단체를 돕고 그들과 경영진 측 사이의 임금 인상 교섭을 지원했다. 그러나 교세라 노조는 오히려 당해 임금의 동결을 선포했고 전선동맹은 당황해하며 교세라 노조를 비난했다.

"당신들의 약해빠진 대응으로 우리도 곤란해졌습니다. 이런 때일수록 더 강력하게 임금 인상을 요구해야 합니다."

이에 대해 교세라 노조는 다음과 같이 말했다.

"무리한 조건을 강제적으로 요구하는 것은 회사를 망치는 일이나 다름없습니다. 이런 노조 단체와 굳이 동맹을 유지할 필요성을 못 느끼겠습니다."

그들은 정식으로 성명을 발표하고 전선동맹을 탈퇴했다. 교세라 노조의 탈퇴는 큰 사회적 이슈가 되었다. 하급 노조가 상급 노조로부터 탈퇴하는 것은 당시에는 매우 이례적인 일이었다.

당시의 시대 풍조는 '그저 경영자의 비위를 맞추는 것은 올바른 노동운동이 아니다. 노동자는 불황일 때 경영진들이 조건을 받아들이도록 협박해 자신의 권리를 지켜야 한다'라는 것이었다. 이러한 시대 상황에서 교세라 노조는 자신들의 관점은 이와 다르다고 설명하고 의연하게 상급 노조를 탈퇴했다. 이 사건은 교세라의 노사관계가 양호하고 올바르다는 것을 증명했을 뿐 아니라 경영자인 이나모리 가즈오에게 큰 용기를 주었다.

교세라의 직원들은 한결같이 회사를 이해하고 지지했다. 불황기에 발휘된 이 같은 헌신 정신으로 교세라 내부 인간관계가 얼마나 양호한지 확인할 수 있었다. 이처럼 직원과 경영자 간의 견고한 유대감은 교세라의 발전에 큰 영향력을 발휘했다.

교세라는 다양한 대책을 연구함으로써 경제의 불황을 겪은 후 새롭게 태어났고 튼튼한 기업발전의 기초를 닦았다.

Point

'살아있는 경영의 신'이라 불리는 이나모리 가즈오는 불황이 되자 동요하는 직원들에게 다음과 같이 말했다.
"불황은 어려움과 고통을 의미합니다. 경제불황과 불경기는 날이 갈수록 심해지고 있지만 우리는 그럴수록 적극적이고 낙관적인 태도로 이에 맞서야 합니다. 전 직원은 일치단결해 곤경을 돌파해야 합니다. 내가 얻은 결론은 '불황을 성장의 기회로 삼는다', '불황은 기업이 재도약하는데 발판이 된다'라는 것입니다."

새로운 가치 창조의 방정식

'교세라의 성공 방정식=사고+열정+능력'이다.

이를 구체적으로 해석하면 올바른 사고방식과 높은 열정에 끊임없이 새로운 것을 창조할 수 있는 능력을 더하면 성공할 수 있다는 뜻이다. 교세라의 경영진 및 직원들의 명함 오른쪽 윗부분에는 '새로운 가치 창조(The New Value Frontier)'라는 어구가 새겨져 있다.

교세라는 새로운 기술, 새로운 창조, 새로운 시장을 실현하면서 기업을 끊임없이 확대, 발전시키고자 이를 구호로 삼았다. 교세라는 창업 이래 '언제나 창조적인 일을 한다'라는 경영이념을 계승해왔다. 환경의 변화에 적응하고 지속적인 발전을 위해 교세라는 '창조적 기업'이라는 목표를 향해 전진해왔다.

교세라 공장 내부의 알림판에는 다음과 같은 구호가 쓰여 있다.

"고정관념을 버리고 가치관과 감성의 공존을 추구하며 CCG를 실천한다."

CCG는 창조, 변화, 성장(Create, Change, Grow)을 의미한다. 교

세라는 창조력을 기업의 영혼으로 삼고 이를 모든 생산현장에서 철저하게 실행해왔다. 교세라는 기업이 활력을 유지하기 위해서는 '새로운 기술의 창조, 새로운 상품의 창조, 새로운 시장의 창조'를 바탕으로 새로운 가치를 창조해야 한다고 생각했다.

이나모리 가즈오가 교토에 제도(製陶) 회사를 설립한 것은 새로운 창조라고 할 수 있다. 회사를 설립한 것 자체도 새로운 창조였지만 회사를 설립한 방식도 당시의 관점으로 보았을 때 대단히 창조적이었다. 회사를 설립할 때 그는 아직 많이 부족한 세라믹 연구제작 기술 외에는 아무것도 가진 것이 없었다. 이나모리 가즈오와 그의 동반자들은 '빌리는' 책략을 발휘했다. 돈을 빌리고, 사람을 빌리고, 토지를 빌려서 회사를 설립하기 위해 필수적인 요소를 확보했고 기술에 투자해 회사의 대주주가 되었다. 이러한 방식은 당시 일본에서 매우 보기 드물었다. 현재 교세라 본사 빌딩은 교토 시의 상징적인 건축물로 오래된 도시 교토에 생기와 활력을 불어넣고 있다.

교세라는 새로운 기술을 창조하는 방면에서 무한한 잠재력이 있었다. 회사를 설립할 때 이나모리 가즈오가 가지고 있던 유일한 자본은 기술이었다. 게다가 이 기술은 세라믹 기술 분야의 선두에 있었다. 그래서 그는 세라믹 제조기술을 기업발전의 근본으로 삼았다. 이나모리 가즈오는 생존을 위해 반드시 기술적인 난관을 돌파해야 했다. 정해진 시간 내에 제조업자가 정한 기준의 상품을 제공하기 위해 그는 끊임없이 연구개발 능력을 향상시켰고 세라믹 연구개발 기술 분야에서 교세라를 세계 최고의 위치에 올려놓았다.

후임 사장인 니시구치 야스오도 창조적인 능력을 갖춘 사람이었다.

그는 31세 때 전자 손목시계의 심장부라 할 수 있는 수정 진동자를 발명했다. 이러한 발명은 최첨단 사업으로의 길을 열어주었다. 교세라가 새로 개발한 세라믹 진공 포장기술은 보는 사람마다 칭찬을 아끼지 않았다.

교세라의 대다수 생산품은 전자통신과 관련이 있는데 이들은 세계 최초로 인터넷 접속과 전자 메일 기능이 탑재된 PHS 전화와 휴대 가능한 무선 영상 전화를 개발했다. 이 성과로 교세라는 일본 업계에서 기술 연구개발형 기업으로 이름을 얻게 되었다.

일본 시장은 유명제품이 아닌 경우 시장이 매우 좁았기 때문에 교세라는 창립 후 새로운 시장을 개척하는 데 많은 노력을 기울였다. 이나모리 가즈오는 당시 미국을 숭상하는 일본의 풍조를 이용해 우선 미국 시장을 개척한 후 일본 국내 시장에 침투하는 영업 판매전략을 세웠다. 이러한 우회적인 영업 판매전략은 당시 사람들의 관점으로 보기에는 상식을 벗어난 행동이었다. 그러나 이후에 교세라의 기술이 미국의 큰 제조업체에 받아들여지자 일본 기업들은 교세라를 다시 보게 되었다. 일본에서 제조업체들의 주문이 쇄도했고 교세라의 제품은 공급이 수요를 따르지 못하게 되었다. 이어서 교세라는 유럽, 남미, 아시아 시장으로 눈을 돌려 공략하기 시작했고 교세라의 제품은 전 세계로 뻗어 나갔다. 교세라 제품이 한때 세계 시장 점유율의 90%를 차지할 정도로 획기적인 성공을 거두었다.

교세라의 경영관리는 전통적이면서도 현대적이고 참신한 부분이 많다. 교세라는 대가족식 경영을 시행하고 있어 교세라와 직원은 '운명 공동체'로 볼 수 있다. 심지어 교세라가 직접 관리하는 직원 묘지가 있을 정도이다. 또한 교세라는 경영관리 방면에 있어 완전히 현대화된 참신한 기업이다. 그중에서도 가장 대표적인 것은 이나모리 가즈오가 개발한 '아메바식 경영'이다.

아메바는 매우 민첩하고 변화무쌍한 생물로 가짜 다리를 이용해 움직인다. 열악한 환경에 처하면 아메바는 외부의 보호막을 원형 주머니로 변형시켜 생존에 유리하게 만든다. 환경이 좋아지면 주머니는 갈라져서 다시 아메바로 변한다. 여기에서 힌트를 얻은 이나모리 가즈오는 독창적인 관리 시스템인 아메바 제도를 만들었다. 그는 '발전이란 바로 끊임없는 구축과 해체의 반복이다'라고 이야기했다. 아메바 제도의 기본 원리를 가장 잘 해석해주는 문장이라고 할 수 있다.

교세라에 있어 아메바란 관리하고 협조할 수 있는 하부 조직 단위라 할 수 있다. 각각의 아메바를 구성하고 있는 인원수는 확실치 않으나 최소 3명이고 일반적으로 생산 부문의 아메바는 평균 30명 정도, 영업 부문의 아메바는 일반적으로 30명이 채 못 된다. 아메바 간에는 서로 구성원을 이동시킬 수 있는데 이러한 인사이동은 영구적일 수도 있고 임시적일 수도 있다.

아메바는 일종의 조직 구성 방식이기도 하다. 교세라의 경영은 모든 직원에게 개방되어 있고 모든 직원은 회사의 경영과 관리업무에 전면적으로 참여할 기회가 있다. 이는 노사 간의 협력관계를 구축하고 몸과 마음을 하나로 단결하게 해주었다. 이나모리 가즈오의 아메바식 경영은 공동 경영이념을 기반으로 전 직원이 경영에 참여할 수 있게 했으며 교세라를 새로운 세기에 지속적인 발전을 이룰 수 있는 창조적인 기업으로 만들었다.

1. '교세라의 성공 방정식은 사고+열정+능력'이다. 이는 올바른 사고방식과 높은 열정에 끊임없이 새로운 것을 창조할 수 있는 능력을 더하면 성공할 수 있다는 뜻이다.

2. 교세라 공장 내부의 알림판에는 다음과 같은 구호가 쓰여 있다.
"고정관념을 버리고 가치관과 감성의 공존을 추구하며 CCG를 실천한다."
CCG는 창조, 변화, 성장(Create, Change, Grow)을 의미한다. 교세라는 창조성을 기업의 영혼으로 삼고 이러한 이념을 생산현장에서 철저하게 실행해왔다.

결과에 집착하지 마라

이나모리 가즈오는 사람은 일반적으로 짧은 시간에 사물을 평가하고 판단하는 습관이 있지만 사고나 언행을 판단하기 위해서는 그에 상응하는 시간이 필요하므로 2~3년이라는 짧은 시간 안에 결과를 내기 어렵다고 생각했다. 만약 20~30년 정도의 긴 시간의 간격으로 본다면 원인과 결과는 대부분 꼭 들어맞게 된다.

이나모리 가즈오가 사업을 시작한 지 이미 40여 년의 세월이 흘렀다. 그동안 그는 많은 인물의 흥망성쇠를 보아왔다. 만약 수십 년 간격으로 사람의 인생을 본다면 거의 모든 사람의 최후는 그들이 평소 하는 행동과 활법으로 말미암은 총체적인 결말이라 할 수 있을 것이다.

몇 년 전 교세라는 경영난에 빠진 복사기 제조회사 '미타(三田) 공업'에 구원의 손길을 뻗친 적이 있었다. 그들은 새로운 회사 '교세라 미타'를 설립하고 재건 사업을 시작했다. 당시 미타 공업은 업계 경기의 순풍을 타고 빠르게 발전하기 시작한 회사였으나 열기가 사라지고 나자 실적이 악화되기 시작했다. 회사를 지원해 주었으면 좋겠다는 부탁을 받은 후 교세라는 미타 공업을 돕기로 결정하고 자신들의 그룹 체제 안으로 받아들였다. 훗날 이 회사는 실적이 원만하게 개선되었고 막대한 채무를 앞당겨 상환할 수 있었다. 교세라 미타는 현재 교세라 그룹의 중심적인 산업 중 하나가 되었다.

기업을 재건하게 되면서 교세라의 정보설비 부문을 담당했던 보조 사원 한 사람이 교세라 미타의 대표자로 파견되었다. 그는 기업의 재건 업무를 책임졌고 이에 상당한 공헌을 했다. 그는 이전에 어느 신흥 통신설비 공장의 공장장으로 일하며 관리 경험을 쌓다가 이나모리 가즈오에게 발탁되어 교세라로 오게 된 사람이었다.

회사를 재건한다는 것은 원래 매우 고생스러운 일이다. 게다가 급진파 노조에 속한 어떤 직원은 교세라에 여러 가지 분수에 맞지 않는 요구를 해왔고 심지어 이나모리 가즈오의 자택에 침입해 그를 번거롭게 했다. 이는 이나모리 가즈오에게 불쾌한 기억을 남겼을 뿐 아니라 당시 교세라 회사에도 부정적인 영향을 끼쳤다.

도산이 임박한 회사와 직원들을 구해주면서도 이런 시달림을 받아야 하다니. 비록 이나모리 가즈오는 깊은 서운함을 느꼈지만 이를 악물고 힘든 상황을 참아낼 수밖에 없었다. 다행히도 얼마 지나지 않아 많은 직원이 점점 상황을 이해하고 교세라의 원조와 이나모리 가즈오의 도움에 감사하기 시작했다.

그중 한 사람이 바로 앞서 이야기한 교세라 미타의 초임 대표자였다. 그는 이전에 도움을 받았던 입장이었지만 현재는 다른 회사에 도움을 주는 입장이 되었다. 그는 이 사실에 매우 감개무량해했다.

"제가 신흥 통신설비 공장의 공장장으로 있을 때 경영이 악화되어서 이나모리 가즈오 사장님의 도움을 받았습니다. 지금의 저는 도움을 받았던 입장에서 도움을 주는 입장이 되었습니다. 이를 생각하면 실로 운명이란 알 수 없는 것입니다. 이전에 받은 은혜를 지금 교세라 미타 회사의 재건을 통해 보답하게 되어 진심으로 기쁩니다."

이나모리 가즈오는 긴 관점에서 보면 원인과 결과가 돌고 돈다고 생각했다. 선한 행동은 절대 악한 결과를 가져올 수 없다. 비록 많은 어려움을 겪기는 했지만 결과적으로 회사를 다시 세울 수 있었고 직원들의 감사도 받았다. 이나모리 가즈오는 '선행의 순환'은 거듭될수록 더욱 커진다는 사실을 굳게 믿었다.

Point

이나모리 가즈오는 다음과 같이 말했다.
"결과가 나오기 위해서는 반드시 시간이 필요합니다. 이를 마음에 깊이 새기고, 짧은 시간에 좋은 결과가 나오지 않았다고 해서 초조해할 필요는 없습니다. 매일 부지런하게 마음을 다해 선행을 쌓아간다면 결국에는 좋은 결과가 있을 겁니다."

제 7 장

미쓰이

- 숨겨진 제국 -

미쓰이 그룹의 창시자 미쓰이 다카토시는 1673년 에도(江戶, 지금의 도쿄)와 교토(京都)에 포목점을 열고 미쓰이 에치고야(현재 일본의 미쓰코시 백화점)를 창립했다. 당시 미쓰이 다카토시는 소량의 상품판매와 박리다매 등 창조적인 상업 수완을 발휘해 막대한 성공을 거두었고 점차 막부의 어용(御用)상인이 되어 일본에서 제일가는 부호로 발돋움했다.

메이지 이후 미쓰이 그룹은 미노무라 리자에몬, 마스다 다카시, 나카미가와 히코지로 등의 경영 인재를 초빙해 임용했고 점차 근대화된 경영의 길을 걷기 시작했다. 1876년에는 미쓰이 은행과 미쓰이 물산을 창립했다. 그후 미쓰이 그룹은 계속해서 사업 영역을 확대해 나갔고 방직업, 광산업, 기계 제조업 등의 분야에 진출했다. 그리고 1909년에 미쓰이 합명(合名) 회사를 설립하여 일본 최대 규모의 재벌이 되었다.

이후 도요타 자동차, 도시바 전기 등을 포함하는 거대한 산업 그룹을 세웠다. 그러나 제2차 세계대전이 끝나고 미국이 일본을 관할하게 되면서 재벌 해산 명령을 선포함에 따라 미쓰이 재벌도 해체하게 되었다.

1950년대 초, 미쓰이 은행은 게쓰요카이(月曜會)라는 회의 조직을 결성했고 이어서 미쓰이 물산의 합병 촉진을 목적으로 일급 경영진이 이쓰카카이(五日會)를 설립했다. 이것은 1960년에 니모쿠카이(二木會)로 개명되어 점차 미쓰이 그룹의 총괄적인 지도 기구가 되었다.

1950년대 말에는 원래 미쓰이 재벌의 직계와 방계 회사였던 회사들이 기업 집단이라는 새로운 형식으로 집결해 대재벌로 다시 태어났다. 미쓰이 그룹 경영진 회의의 구성원인 회사와 그 자회사 및 연대 회사는 모두 합쳐 150여 개에 달했다.

미쓰이 그룹은 후에 새롭게 조직을 편성하면서 니모쿠카이를 미쓰이 그룹의 총괄적인 지도 기구로 만들었다. 현재 미쓰이 그룹의 자산 총액은 360조 엔에 달하며 직원은 약 24만 명이다. 주요 부분으로 24개의 대형 독점 기업을 가지고 있으며 이들은 종합상사의 형태를 띠고 있다.(경영분야는 계란에서부터 인공위성에 이르기까지 다양하다.)

제조업 부문에서는 소니, 도요타, 도시바와 같은 세계적인 기업을 망라하고 있으며 이 회사들은 비교적 독립성이 강한 편이다. 이러한 기업으로 구성된 경영진 회의 니모쿠카이는 그중에서도 미쓰이 은행, 미쓰이 물산, 미쓰이 부동산 등 그룹 3대 지주 기업의 수뇌격인 인물을 중심으로 최고 지도 기구를 꾸려 대외적으로 미쓰이 그룹을 대표하고 있다.

니모쿠카이의 멤버인 기업 외에도 니모쿠카이에는 참가하지 않으나 게쓰요카이에 참가하는 16개의 직계 자회사가 있다. 그밖에도 미쓰이 그룹은 대출, 주식 보유 및 인사 관계를 통해 대량의 방계 회사를 거느리고 있으며 그중 주식 보유율이 10%가 넘는 연대 회사가 114곳에 달한다.

서로 화목하게 지내며
가운(家運)을 트이게 하다

　미쓰이 그룹의 기원은 1673년으로 거슬러 올라간다. 이때 51세의 미쓰이 다카토시는 에도에 '미쓰이 에치고야'라는 기모노 상점을 열었다.

　미쓰이 다카토시는 14세 때 아버지를 도와 장사를 하기 시작했다. 비록 자신의 가게를 연 것은 좀 늦은 편이었지만 장사 경험이 풍부한 그는 가격은 저렴하게 책정하되 할인을 하지 않으며 소량의 상품을 소매로 취급하는 등 자신만의 '에치고야 상법'을 발판으로 경영의 새로운 국면을 열었다. 그 결과 1683년에는 영업 총액이 10년간 5배가 넘게 성장했으며 이를 바탕으로 분점을 개설하고 상점의 규모를 확대했다.

　이 작은 기모노 상점은 점점 발전해 훗날 일본 최고의 백화점인 미쓰코시 백화점이 되고 2008년 4월에는 이세탄(伊勢丹) 백화점과 합병해 일본 최대의 백화점 그룹이 되었다.

　1683년 미쓰이 다카토시는 미쓰이 환전소를 열었다. 환전소는 원래 기모노 상점의 보조 기구였으나 훗날 그 유명한 미쓰이 은행(현재는

242

합병으로 미쓰이 스미토모(三井住友 은행)이 된다. 그 후 미쓰이 가문은 미쓰이 다카토시, 미쓰이 고헤이, 미쓰이 다카기미 등 역대 총책임자의 지도 아래 끊임없는 변화를 거쳐 규모와 업무 분야를 점점 확대하면서 장족의 발전을 이루게 되었다. 1688년에는 에도, 교토, 오사카(大阪), 마쓰자카(松坂) 등지에 11개의 점포를 지니고 전국의 주요 도시를 아우르는 명실상부한 거상이 되었다.

미쓰이 다카토시는 슬하에 11명의 아들과 5명의 딸을 두고 있었다.(그중 4명은 일찍 죽고 1명은 양자로 보냈다.) 그는 세상을 떠나기 전에 〈미쓰이 가문규범〉을 써서 자녀들이 가문의 사업을 발전시키는 데 뜻을 모아 협력하도록 했다.

〈미쓰이 가문규범〉은 자녀교육에 있어 특히 단결과 협력을 강조하여 기술하고 있다.

"홀로 선 나무는 부러지기 쉬우나 숲을 이루면 파괴하기 어렵다. 고로 너희는 서로 화목하게 지내며 함께 미쓰이 가의 가운이 번성하도록 힘써야 한다. …… 같은 식구끼리 절대 싸워서는 안 된다."

그는 또한 가장을 존중해야 한다고 가르친다.

"각각의 집안은 가문에서 연장자를 뽑아 노분(老分)으로 칭하고 가문의 수령으로 삼는다. 각 집안의 가장은 모든 일에 노분의 명령에 따라야 한다."

그리고 권력의 독점을 방지하고 가운을 트이게 하기 위해 유서에 자녀들의 소유권을 합당하게 분배해 놓았다. 그는 유산을 70으로 나누어 7명의 아들, 장녀 부부 및 이미 다른 집에 양자로 보낸 아들과 딸에게 주었다. 그중에서 장자인 고헤이의 몫은 41.4%로 다른 자녀에게 할당된 몫보다 훨씬 많았다. 그러나 다른 3명의 아들이 소유한 몫을 더하면 고헤이보다 0.8% 더 많았는데 이는 만약 미쓰이 고헤이가 미쓰이 가의 사업 혹은 가문에 손해를 입히는 행위를 했을 경우 다른 자녀들이 합심해서 이에 맞설 수 있도록 하기 위해서였다.

미쓰이 다카토시가 세상을 뜨고 얼마 지나지 않아 미쓰이 가의 형제들은 가문규범에 따라 합의했다. 합의 내용은 다음과 같다.

"형제들이 살아 있는 동안에는 가문의 자산은 절대 분할하지 않으며 모두 기업발전에 사용한다. 형제 중 만약 사업 자산을 요구하는 사람이 있을 시에는 반드시 장남 고헤이의 판단에 근거해 이를 처리한다."

미쓰이 가의 형제들은 '각각의 집안은 나뉘어 있지만, 사업은 나누지 않는다'라는 협의로 가업의 안전을 도모했고 이는 이후 미쓰이 그룹이 크게 발전하는 데 초석이 되었다.

한편, 장남 미쓰이 고헤이는 사업에 천부적인 재질을 가지고 있었다. 그는 가업을 계승한 뒤 부친의 뜻에 따라 곧바로 국외 사업을 시작했고 미쓰이 그룹을 국제화하여 해외 시장을 개척한다.

미쓰이 고헤이는 부친 미쓰이 다카토시의 사상을 체계화하고 자신이 터득한 바를 더해 〈소치쿠 유서(宗竺遺書)〉를 지었다. 그는 가문을 관리할 때 가족 간의 화목을 최우선으로 여겨야 함을 강조했다.

"가문의 구성원 모두가 합심하고 협력하면 가업이 번성한다."

총 아홉 집안으로 이루어진 미쓰이 가문은 본가를 중심으로 각각의 집안은 주종관계에 있지만 각 집안은 본가를 상당히 제약할 수 있다고 규정하고 있다. 그리고 각 집안은 명의상 계승권을 가지나 미쓰이의 자산은 계속 공동으로 소유한다.

미쓰이 고헤이는 '형제 일치'의 가족 단결 사상을 강조하기 위해 〈소치쿠 유서〉에서 단결은 곧 힘이라는 예를 들었다.

어느 나라의 왕이 자식들을 불러 모아 각각 화살 한 촉을 부러뜨리게 했더니 모두가 쉽게 부러뜨렸다. 왕은 또 화살 열 촉을 한 다발로 묶어 자식들에게 부러뜨리라고 했다. 그러나 이번에는 아무도 부러뜨릴 수 있는 사람이 없었다. 이를 통해 왕은 자식들을 교육했다.

"사람은 마치 이 화살과도 같아서 혼자 있으면 부러지기 쉽지만 열 촉을 모으면 부러지기가 어렵다. 이처럼 너희는 반드시 단결해야 나라를 보전하는 데 걱정이 없을 것이다."

미쓰이 고헤이는 이 교훈을 들어 가족들을 훈계하며 반드시 단결하고 서로 도와야만 미쓰이 그룹이 번영할 수 있다고 가르쳤다.

그가 가족들에게 단결과 화목을 거듭 요구한 것은 절대 비합리적인 주장이 아니었다. 하나의 가업을 이루기 위해서는 여러 대에 걸쳐 고군분투해야 한다. 그러나 품행이 바르지 못한 자손이 가업을 이어받으면 한 대에 심지어는 몇 년 만에 가업을 망칠 위험이 있다. 이처럼 품행이 바르지 못한 자손은 미쓰이 사업의 최대 복병이 될 수 있기 때문에 일이 벌어지기 전에 반드시 막아야 했다. 〈소치쿠 유서〉에서는 이런 자손에게 내릴 수 있는 호된 징벌 조치를 규정하고 있다.

"가장에게 복종하지 않고 가업을 태만히 하는 자는 가문 내의 결정에 따라 은거 혹은 구금에 처한다. 또한 처분에 복종하지 않는 자는 가문 내의 합의를 거쳐 제명한다."

은거와 구금은 계승권 등의 권리를 잃었음을 의미하고 제명은 미쓰이 가문에서 쫓겨난다는 것을 의미했다.

그 밖에 '행실이 악하고 가문의 명성과 가족들에게 해를 끼치는 사람은 비록 그가 장남이거나 독자라고 하더라도 반드시 부자관계를 끊는다'라고 되어 있다. 실제로 미쓰이 다카토시의 다섯째 아들 무네히데가 바로 이러한 처벌을 받았다. 무네히데는 15세 때 마쓰야고로우에몬(松屋五郎右衛門)의 양자로 보내졌으나 그의 방탕함과 제멋대로인 행실 탓에 양부가 경영하는 에도의 상점이 파산하고 말았다. 게다가 그는 미쓰이 가문에서 빌린 돈을 갚지 않았고 악의를 품고 거래처의 경비로 쓰일 돈을 빼돌려 큰 분쟁을 일으켰다. 결국에는 마쓰야 가와 미쓰이 가 모두 그와 부자의 인연을 끊었다.

경제적인 도움이 끊긴 무네히데는 얼마 지나지 않아 거지로 전락했다. 그는 가족에게 부탁해 부친에게 용서를 구하고 누군가 나서서 부친과의 관계를 중재해달라고 애걸했다.

미쓰이 다카토시는 비록 훗날 무네히데와 부자관계를 회복하기는 했지만 그의 성을 이시이(石井)로 바꾸게 하고 후시미(伏見)에 정착하도록 했다. 결국 두 사람은 명의상 부자관계를 유지했을 뿐 가문 내에서 무네히데의 권익은 조금도 회복되지 않았고 처지 또한 그대로였으며 그저 소량의 생활비를 받는 것에 그쳤다.

무네히데가 죽은 후에도 계속해서 그의 부인에게 생활비가 지급되긴 했지만, 훗날 전 가족이 흩어지고 재산을 분배할 때에도 그의 후손에게는 은전 5만 냥이 주어졌을 뿐이었다. 이를 통해 비록 친아들, 친형제라고 하더라도 가문의 규범을 거스르면 무정한 처벌을 받아야 했음을 알 수 있다.

또한 〈소치쿠 유서〉는 '남편이 죽고 과부가 된 자가 임의로 분별없는 행동을 하고 가장 및 가문의 구성원에게 무례하게 했을 경우 반드시 경고한다. 만약 복종하지 않을 때는 설령 그에게 성년이 된 아들이 있다고 하더라도 가족 내의 합의를 거쳐 이세(伊勢)에 은거시킨다'라고 규정하고 있다. 아버지를 여의면 홀어머니가 아이를 양육해야 하지만 만약 모친의 품행이 나빠 아이에게 좋지 않은 영향을 끼칠 수 있다고 판단될 경우에는 모자를 떨어뜨려 놓아 악영향을 막는다.

미쓰이의 조상은 가업을 오래도록 보전하기 위해 혈연관계도 끊었고 가문에 적합하지 않은 사람을 가려냈다. '피는 물보다 진하다'는 일반적인 개념이 미쓰이에서는 통하지 않았다.

보통 상인은 부덕하고 무능한 자기 자식을 염려해 혈연의 정으로 재산을 분배해 주거나 심지어 전 재산을 넘겨주기도 하지만 그 결과는 상상하기 어렵지 않다.

'부자가 삼대를 못 간다'는 속담이 공연히 나온 말이 아닐 것이다.

Point

1. 〈미쓰이 가문규범〉에는 자녀가 화목하고 단결하도록 교육하라는 내용이 있다. "홀로 선 나무는 부러지기 쉬우나 숲을 이루면 파괴하기 어렵다. 고로 너희는 서로 화목하게 지내며 함께 미쓰이 가의 가운이 번성하도록 힘써야 한다. …… 같은 식구끼리 절대 싸워서는 안 된다."

2. 〈소치쿠 유서〉에서는 가족들이 화목하게 지내야 한다는 것을 강조했다. "가문의 모든 사람이 마음을 합쳐 협력하면 가업은 번성할 것이다."

지휘에 복종하는
통일된 관리체제

　미쓰이 다카토시의 인솔 아래 미쓰이 가문의 사업은 큰 발전을 거두었다. 그러나 1693년, 오랫동안 병상에 누워 있던 미쓰이 다카토시는 자신의 생이 얼마 남지 않았음을 깨달았다. 생의 마지막에 그가 가장 신경을 썼던 일은 어떻게 하면 사업과 가문의 자산을 영원히 보존할 수 있을까 하는 것이었다. 그는 오랜 생각 끝에 자녀들을 불러 모아 유산 상속 문제를 논의하고 〈소치쿠 유서〉를 썼다.

　후계자였던 8명의 형제들은 부친을 안심시키기 위해 장남 미쓰이 고헤이에게 가정 협의서를 건네주며 '비록 부친 다카토시는 자본의 분배를 유언으로 남겼지만 우리 형제들이 살아 있는 동안에는 자산을 분할하지 않고 운용한다. 만약 형제 중 누군가가 사업 자산을 필요로 할 때에는 장남인 고헤이의 판단에 근거해 이를 처리한다. 우리는 에도, 교토, 오사카, 이세 등지의 기모노 상점, 환전소 및 기타 상점의 건물 및 토지와 사업 자산의 대리인이지만 그렇다고 해서 이것이 우리 소유의 건물 및 토지, 사업 자산이라는 것을 의미하지는 않는다'라고 분명히 합의했다.

얼마 지나지 않아 미쓰이 다카토시가 세상을 떠나자 유언과 가정 협의서에 따라 미쓰이 가문의 사업은 제2대 후계자인 미쓰이 고헤이가 물려받게 되었다. 그는 가문의 공동 사업으로서 이를 운영해 나갔다. 또한 미쓰이 고헤이는 부친이 세상을 떠난 후 형제들과 합의한, 재산을 분할하지 않는다는 이념을 실현하고 〈소치쿠 유서〉에서 각각의 집안은 나뉘어 있지만 사업은 나누지 않는다는 이념을 더욱 강화했다. 그는 유언에 적힌 대로 가문 구성원 모두의 협력으로 가업을 번영시키기 위해 최선을 다했다.

〈소치쿠 유서〉에 쓰인 미쓰이 재산 분배에 관한 규정들을 보면 미쓰이 가업은 개인의 소유가 아니라 가문 내 각각의 집안이 중심이 되어 운영된다. 비록 본가와 다른 집안의 재산은 각자 단독으로 계승할 수 있지만 그것은 단지 부분적인 수익 분배권에 불과하며 재산의 분할 청구권 및 처분권은 누구도 가질 수 없다. 미쓰이의 이러한 소유권 계승방식은 가업 중 어느 한 곳에 자금의 융통이 어려운 상황일 때 집안의 모든 재력을 집중해 위기를 극복하는 시스템을 구축하기 위한 것이다.

미쓰이 가문은 가족기업이 성장하는 데 발생하는 어려움을 해결하고 오래도록 지속할 수 있는 통일된 관리체계 정비를 위해 가족 전체의 사업과 사무를 처리할 최고 정책결정 기구, 즉 가문을 관리하는 기구를 설립했다. 이 관리 기구는 주로 가문의 구성원 간, 가족기업 간 및 가족과 기업 간의 관계를 처리하는 기구다.

미쓰이 가문 관리 기구의 최초 형태는 1710년에 계획된 오오모토카타(大元方)다. 오오모토카타는 6개의 본가와 3개의 관련 집안으로 구성되었는데 본가는 미쓰이 일가의 직계 가족이고 관련 집안은 방계 가족을 뜻한다. 오오모토카타는 교토, 에도, 오사카의 에치고야와 환전소 그리고 미쓰이 가족의 재산을 통일해 관리했고 각 지점의 자금 융통을 책임졌다. 미쓰이 가문 사람들과 나카니시 소스케, 마쓰노 지헤이 등 관리층 간부는 오오모토카타에서 정기적으로 회의를 개최해 간부의 임용 및 미쓰이 사업의 발전을 결정했다. 그에 따라 오오모토카타는 실질적인 경영 정책을 결정하는 최고 기구가 되었고 미쓰이의 모든 사업은 이 오오모토카타가 각 지점을 지배하는 형태로 운영되었다.

가문은 나누되 가업은 나누지 않는다는 소유권 통제의 규범을 더욱 확실하게 실현하기 위해 〈소치쿠 유서〉는 오오모토카타를 최고 기구로 하는 조직체제에 일련의 개혁을 단행했다. 이 유서는 근대에 이르기까지 미쓰이 가문의 협력관계와 사업에 가장 기본적인 방침이 되었다. 〈소치쿠 유서〉는 오오모토카타의 운영에 대해 상세히 규정하고 있다.

"가문 내에서 나이가 지긋하고 덕망이 높은 세 사람을 선택해 수뇌 역할을 맡겨 오오모토카타의 각 직책을 책임지고 각 지점의 업무를 돌보게 한다. 매달 내부 회의를 개최해 총 관리자, 수습 직원을 불러모아 업무에 대한 의견을 교환하도록 한다."

"오오모토카타는 일가 경영의 근본으로 금전, 실, 직물 및 기타 상품 일체의 시세를 종합 분석하고 각 지점의 모든 업무의 운영을 지휘한다."

"오오모토카타는 반드시 매달 정기적으로 회의를 열어 업무에 대한 의견을 교환한다. 절대 태만해서는 안 되며 회의 시에는 소정의 가문규범을 반복해서 낭독한다."

이를 통해 오오모토카타는 미쓰이 사업 전체를 통괄하고 가문의 업무를 처리했으며 개인 소유권의 자유 행사를 저지함으로써 미쓰이 가문의 사업에 전 가문의 자본을 집중시켜 영속적인 경영을 할 수 있었다.

오오모토카타는 메이지 유신 이후 또 한 차례 중대한 변혁을 겪게 된다.

1870년 6월, 미쓰이 기업은 일본 경제를 이끌어 가기 위해 먼저 오오모토카타에 대한 개혁을 감행했다. 그 결과 오오모토카타는 가족 사업 경영에 직접적으로 참여할 수 없게 되었으며 미쓰이 가문 사람이 임의대로 가문의 자산을 운용할 수 없도록 방침이 바뀌었다.

1891년에 미쓰이 가는 임시 평의회를 설립했다. 평의회는 미쓰이 가문 사람 8명에 시부자와 에이이치, 마스다 다카시, 나카미가와 히코지로 등의 고문 7명을 더해 총 15명으로 구성되어 미쓰이 가문의 영업자산 운용과 보관에 대한 책임을 담당하게 되었다. 그러나 미쓰이 가문 임시 평의회는 개설된 지 약 2년 만에 해산했고 동시에 미쓰이 가문 동족회가 설립되었다. 또한 미쓰이 오오모토카타를 '미쓰이 모토카타(三井元方)'로 이름을 바꾸었고 미쓰이 모토카타는 미쓰이 동족회에 속한 전담기구로서 전체 업무를 총괄했다.

1909년에 이르러 당시 일본의 경제, 사회적 조건에 적응하고 직면한 위험에 대비하기 위해 미쓰이 모토카타는 민법, 상법에 부합하는 법인기관, 미쓰이 공동 경영 회사로 개편되었다.

1930년대에 들어선 후 일본 제국주의의 확대와 전쟁 체제정비로 말미암아 의회에서는 세금을 늘리는 방안이 통과되었다. 거액의 세금 납부를 피하기 위해 미쓰이 모토카타에서는 심사숙고 끝에 미쓰이 재벌 중 수장 격인 미쓰이 물산을 미쓰이 공동 경영 회사에 흡수 합병시키기로 최종 결정을 내렸다. 미쓰이 공동 경영 회사와 미쓰이 물산을 합병함과 동시에 새로운 회사의 기구 중에서 여전히 미쓰이 기치 아래에 있는 모든 사업을 총괄하기 위해 미쓰이 소모토카타(總元方)를 설치했다.

미쓰이를 이끌어 나가는 다카기미 씨에게 미쓰이 소모토카타의 책임을 맡기고 미쓰이 물산을 필두로 하는 주요 직계 회사의 대표자가 이사회에서 정책을 결정하게 했다. 이것은 이전의 미쓰이 오오모토카타와 마찬가지로 실질적인 통솔권을 가지고 있었다.

미쓰이 공동 경영 회사의 흡수 합병으로 미쓰이는 세금을 피하려던 목적을 달성했다. 그러나 미쓰이의 재무적인 문제 등 여러 가지 요인으로 1944년 3월에 미쓰이 물산을 상업 부문과 공업 부문에서 분리하여 미쓰이 본사를 창립하게 된다.

미쓰이 본사는 미쓰이 물산, 미쓰이 광산 등 총 10개의 직계 회사와 기타 자회사 및 자회사에 속한 회사로 이루어진 준 직계 회사, 그리고 기타 방계 회사로 구성되어 있었다.

결국 통일된 관리체계 정립을 위해 미쓰이 가문 전체의 사업과 가문 전체의 사무를 총괄할 수 있는 기구인 오오모토카타가 설립되었고 이를 통해 소유권을 통제하고자 한 목표를 달성했다. 오오모토카타의 이름이나 형식은 그 후에도 몇 차례의 변화를 거쳤으나 이는 당시 환경적인 요인, 즉 복잡성과 불확실성에 적응하기 위한 변화로 본래 가지고 있던 기능은 약화되기는커녕 오히려 강화되었다. 오오모토카타는 가족기업과 가족구성원, 그리고 가족 외부 사람들 사이의 관계를 조정하는 데 있어 탁월한 능력을 발휘했다. 이는 또한 가족 외부의 경영인들이 계속해서 새로운 것을 창조할 수 있도록 유익한 기반을 제공해 주었다.

Point

〈소치쿠 유서〉는 관리를 통일하고자 하는 목적을 달성하기 위해 다음과 같이 규정했다.
"오오모토카타는 일가 경영의 근본으로 금전, 실, 직물 및 기타 상품 일체의 시세를 종합 분석하고 각 지점의 모든 업무 운영을 지휘한다."
"오오모토카타는 반드시 매달 정기적으로 회의를 열어 업무에 대한 의견을 교환한다. 절대 태만해서는 안 되며 회의 시에는 소정의 가문규범을 반복해서 낭독한다."

상호 이익과 공동 번영

미쓰이에 속해 있는 각각의 기업은 서로 대단히 밀접한 관계를 유지하고 있다. 그리고 '상호 이익과 공동 번영'을 규범으로 삼아 운영된다.

제2차 세계대전 후, 일본의 4대 재벌(미쓰이, 미쓰비시, 스미토모, 야스다)은 미국이 일본을 점령한 가운데 강제로 해산되었다.

미쓰이 그룹은 170개의 소기업으로 해체된 후 한동안 매우 느리게 발전했다. 1952년에 이르러 일본 정부의 강력한 지지 아래 원래 미쓰이 계열이었던 많은 소기업이 계속해서 합병하기 시작했고 1960년대에 이르러 미쓰이는 다시금 일본 최대 규모의 그룹이 되었다. 그러나 이 시기의 미쓰이는 이미 전통적인 의미의 가족 경영 기업이 아니었다.

직계 자녀를 후계자로 삼는 것은 일본 기업에서는 매우 보편적인 현상이다. 많은 일본 기업가들은 사업을 계승하는 데 혈통을 중시했고 능력 있는 아들에게 물려주거나 데릴사위를 맞는 방법을 통해 가업을 계승하는 경향이 있었다. 그러나 이러한 가족기업의 경영은 몇 대가 지나면 이미 최초 창업자의 가족과는 그다지 관련이 없는 사람이 맡게 된다. 어떠한 의미에서 자녀 혹은 데릴사위는 이미 기업에 충성하는 전문 경영인으로 대체되었다고 볼 수 있다.

고위직 경영관리인이 그룹 내부에서 유동성 있게 옮겨 다니는 것은 미쓰이 그룹에 있어 매우 보편적인 현상이다. 백여 년 전 도요타가 아직 작은 공장에 불과할 시절, 미쓰이 물산은 도요타 사키치를 위해 이게타(井桁) 상회를 설립하고 그에게 유럽과 미국의 선진 자동차 제조기술을 배울 수 있는 기회를 주었다. 또한 회사가 신속하게 발전할 수 있도록 급히 필요한 자금을 융통해 주었고 도요타가 해외 시장에 진출할 수 있는 활로를 마련해 주었다. 결국 미쓰이 그룹은 도요타 자동차를 세계에서 가장 유명한 자동차 브랜드로 만드는 데 성공했다. 도요타의 '중흥의 아버지'라 불리는 이시다 다이조도 젊은 시절 미쓰이 물산에 속해 있던 상점의 업무를 담당한 적이 있었다.

현재 니모쿠카이(총 경영진 회의)는 미쓰이 그룹의 최고 경영 기구로 그룹 내의 26개 주요 대형 기업 그룹에 의해 공동으로 조직되었다. 이들은 정기적으로 회의를 개최하며 정보를 나누고 통일된 정책을 결정한다. 도시바와 도요타는 모두 니모쿠카이의 구성원이다.

당시 미쓰이 그룹의 총 자산액은 이미 100조 엔이 넘었고 고용인은 24만 명에 달했으며 20여 개의 대기업이 핵심 구성원이 되어 있었다. 미쓰이에 속한 그룹들은 모두 각각의 분야에서 특출한 기업이었으며 그중에는 세계 500대 기업 명단에 이름을 올리는 기업도 적지 않았다.

그들은 식량, 기계, 원자력, 섬유, 물자, 금융 등 다양한 분야에 분포되어 있었다. 이렇게 거대한 구조가 되면 이미 자연적인 혈연관계에만 의지해 유지하는 것은 불가능하다. 기업 구성원끼리 서로 주식을 보유하고 공동으로 투자하며 인재를 파견하는 것이 미쓰이 그룹 공동의 이익을 유지하고 보호하는 데 있어 효과적인 수단이라는 사실은 다년간의 실천을 통해 증명된 바 있다. 특히 서로 인재를 파견하는 제도는 능력 있는 경영자 한 사람이 계열사를 옮기면서 전에 그가 이끌었던 기업과 돈독한 관계를 형성할 수 있어 상호 이익과 공동 번영이라는 목표에 부합했다.

미쓰이 그룹 내에서 가장 유명한 경영자는 바로 도코 도시오다. 일본 비즈니스업계의 전설적인 인물인 그는 강경한 수단을 써서 미쓰이 그룹에 속한 이시카와지마하리마(石川島播磨) 중공업(현 IHI)을 파산 위기에서 구해내어 일약 일본의 50대 공업 기업 중 하나로 이끌었고 이 덕분에 대단한 명성과 영예를 얻었다. 그리하여 1965년, 당시 미쓰이에 속해 있던 기업 중 하나인 도시바가 위험한 고비에 놓여 있었을 때 도코 도시오는 이를 해결할 첫 번째 구원타자로 물망에 올랐다. 68세가 넘은 나이에도 기력이 왕성한 이 노인은 곧 도시바의 사장으로 임명되었고 확실하게 문제를 해결했다. 그는 도시바가 '하라는 장사는 안 하고 벼슬자리에만 앉아 있다'며 문제점을 명확하게 지적했고 그의 현명한 지도 아래 도시바는 결국 곤경에서 빠져나왔다.

미쓰이 그룹은 탄생에서부터 재벌에 이르기까지 모든 단계에 전문 경영인들이 개입함으로써 이익을 얻었다. 전문 경영인은 기업 내부에서 승진하거나 외부에서 모집하는 형태로 기업에 오게 된다. 각 전문 경영인들은 미쓰이 가문의 총책임자보다 비교적 진보적이고 창조적인 정신을 지니고 있었다. 그들은 선발된 경영인을 매우 신임했으며 가족 내부의 압력을 견뎌낼 수 있었다. 또한 대담하게 충분한 권한을 위임해 전문 경영인이 기업의 통제권을 장악하도록 했다.

미쓰이가 성장하는 과정에서 내부에 큰 파동이 일어날 때마다 전문 경영인이 나타나 힘든 위기를 바로잡았다. 이러한 경영인으로는 나카니시 소스케, 미노무라 리자에몽, 나카미가와 히코지로, 마스다 다카시, 단 타쿠마, 이케다 시게아키 등이 있다. 그중에서도 나카니시 소스케는 미쓰이 내부의 직원 중에서 승진을 통해 전문 경영인이 된 케이스로 미쓰이와 아무런 혈연관계가 없는 사람이었다. 그는 경영자의 직위에 오른 후 미쓰이 그룹에 일련의 개혁을 감행했다. 그중에서 가장 영향력이 컸던 것은 바로 오오모토카타를 설립한 것으로 이는 미쓰이 그룹의 관리에서 통치에 이르기까지 커다란 변화를 가져왔다.

미노무라 리자에몽은 미쓰이가 위기에 닥쳤을 때 외부로부터 초빙된 인재다. 그는 미쓰이 내부의 어용금(御用金) 사건을 해결한 후, 에도 재정소의 대출금 어용상인으로 임명된 것을 계기로 미쓰이의 정식 사원이 되었다. 그 후 세상을 떠날 때까지 미노무라 리자에몽은 계속 미쓰이의 대권을 장악했다.

미쓰이가 다시 재무적인 곤경에 빠졌을 때 이노우에 가오루의 추천으로 나카미가와 히코지로가 미쓰이의 지도자적인 위치에 올랐다. 그도 전형적으로 외부에서 초빙된 인재였다.

미쓰이에 들어온 후 그는 은행 정리를 돌파구로 삼아 대학 졸업생들을 채용하고 직원들의 월급을 인상해주는 등을 주요 내용으로 한 개혁을 시행했다. 이를 통해 그는 미쓰이와 정부 사이의 관계를 청산하고 동시에 미쓰이에서 자신의 위치를 확립했다.

나카미가와 히코지로의 뒤를 이은 마스다 다카시도 미쓰이의 외부

경영인이었고 1876년에 미쓰이 물산을 창설한 것을 계기로 미쓰이의 정식 일원이 되었다. 마스다 다카시의 경영 아래 미쓰이 물산은 날로 번창해 미쓰이 그룹의 3대 직계 회사 중 하나로 발전했다.

미쓰이 내에서의 그의 위치는 나날이 견고해져 갔고 나카미가와 히코지로가 세상을 떠난 후 미쓰이 사업의 운영을 책임지기 시작했다. 단 다쿠마와 마스다 다카시의 경력은 매우 비슷한데 마스다 다카시는 미이케(三池) 광산 매수를 계기로 미쓰이에 들어왔고 매수에 성공하자 단 다쿠마를 미이케 광산의 사장으로 임명했다. 그런 다음 마스다 다카시는 퇴임하여 1914년 8월에 미쓰이의 자문을 맡는 고문이 되었고 이때부터 단 다쿠마가 미쓰이의 사업을 주관하는 시대에 들어섰다. 그러나 단 다쿠마는 암살당했고 미쓰이 기업은 어려운 시기를 맞는다. 이때 오랫동안 미쓰이 은행의 사장으로 있던 이케다 시게아키가 임명을 받아 미쓰이를 움직이는 역할을 맡게 된다. 그는 당시 직면한 위기를 타개하기 위해 재벌 혁신정책을 채택했고 미쓰이는 또 한 번 위기를 넘겼다.

여기서 볼 수 있듯이 미쓰이 그룹을 위해 공헌한 전문 경영인들은 대다수가 기업경영이 어려운 시기에 미쓰이에 들어온 사람들이다. 그들은 외부로부터 초빙되거나 미쓰이 내부에서 장기간 인재로 길러진 이들이었고 기업이 위기를 맞았을 때 초빙되어 자신의 능력을 다해 미쓰이 백년사업의 기초를 닦았다.

미쓰이의 전문 경영인들은 기업의 성장에 대단한 공헌을 했을 뿐 아니라 미쓰이 가문 사람들에게도 상당한 영향력을 끼쳤다. 미쓰이 내부의 직원 중에서 승진해 전문 경영인이 된 나카니시 소스케는 당시 힘든 상황이었던 미쓰이의 재무 관계를 해결했을 뿐 아니라 제도를 개혁해 오오모토카타를 설립했다.

미노무라 리자에몽은 막부 말기에서 메이지 유신의 동란에 이르는 동안 미쓰이 그룹을 정상(政商)의 길로 이끌었고 당시 매우 곤란했던 융자 문제를 해결했다. 마스다 다카시는 일정 주식을 소유함으로써 미쓰이에 속해 있는 사업을 통제했고 이 방식은 미쓰이의 고질적 문제인 환경의 복잡성과 불확실성을 대폭 감소시켰다. 단 다쿠마는 외부와 적극적으로 교류하여 업계와 정계에서 높은 명성을 얻었다. 그리고 이케다 시게아키의 재벌 혁신정책은 당시 격변하던 환경에 적합했을 뿐 아니라 미쓰이 그룹과 정부 간의 새로운 관계의 장을 여는 계기가 되었다.

현재 미쓰이 그룹은 가문의 구성원이 통치하는 제국이 아니다. 미쓰이에 속한 각각의 기업은 매우 밀접한 관계를 맺고 있으며 '상호 이익과 공동 번영'을 규범으로 운영되고 있다.

Point

미쓰이 물산의 사장 우에시마 시게지는 말했다.
"우리 미쓰이 그룹은 대형 그룹이지만 우리 그룹에 속하는 많은 기업이 미쓰이라는 이름을 달지 않고 있습니다. 예를 들어 자동차 생산기업인 도요타 자동차, 전자제품 생산 브랜드인 도시바, 섬유제품을 생산하는 도레이(TORAY), 제지 기업인 오지(王子) 제지 등이 있죠. 이들은 비록 미쓰이라는 이름을 달고 있지 않지만 세계적인 기업이라 할 수 있습니다."

긴밀한 협조와
통일된 정책결정

　미쓰이 물산은 미쓰이 그룹의 핵심 기업이자 세계 최대의 종합상사다. 종합상사는 완전한 산업이 연쇄적으로 연결되어 구성된 회사를 이르는 말로 모든 산업이 협조해 함께 발전하는 것이 목표이기 때문에 어느 한 분야가 특출나게 뛰어나거나 뒤떨어지게 하지 않는다.

　미쓰이 물산은 도대체 어떤 일을 하는 기업일까?

　미쓰이 물산의 중국 부대표 웨이린은 이에 대해 의미 있는 소개를 하고 있다.

　"우리가 무슨 일을 하는가 묻는 것보다는 무슨 일을 하지 않는가 묻는 편이 나을 겁니다. 우리는 독약, 무기나 탄약 등 법률에 위배되는 일을 제외한 모든 분야를 기회가 되는대로 전부 합니다."

　일본에서 미쓰이 물산은 '산업의 조직자'라 불린다. 대형 종합상사로서 미쓰이 물산은 일본 본토 외에도 93개국에 89개의 지사 혹은 사무소, 그리고 471개의 자회사 및 관련 회사를 소유하고 있다.

　미쓰이는 창업 이래 몇백 년 동안 식량, 기계, 원자력, 섬유, 물자,

금융 등 많은 영역에서 다양한 산업자본을 육성해왔다. 미쓰이 물산의 경제 성장 지점과 조직 네트워크는 전 세계에 분포되어 있어 진정한 다국적 기업이라 할 수 있다. 특히 미쓰이 물산의 업무 지역은 전 세계에 분포하고 있고 업무 산업 영역 또한 다각도에 걸쳐 있는데 이는 일본의 대형 종합상사 경영에 있어 가장 큰 특색이다. 이렇듯 지역과 업무 분야에 있어 경영의 위험을 분산시켜 분산된 경제 성장 지점을 형성했다. 미쓰이 그룹의 발전사는 바로 지역의 다양화, 상품의 다양화, 분야의 다양화, 특히 기능의 다양화를 전개하여 종합적으로 운용·협조함으로써 이루어진 역사라 할 수 있다.

미쓰이 같은 대형 그룹은 어떻게 정책결정을 진행할까? 니모쿠카이는 미쓰이 그룹의 최고 경영 기구로 그룹 내의 26개 주요 대기업 그룹으로 조직되어 있다. 그중에서도 미쓰이 물산, 미쓰이 은행, 미쓰이 부동산은 그룹의 3대 지주 기업이다. 이 3대 기업의 최고 경영자는 경영의 핵심이자 대외적으로 미쓰이 그룹을 대표한다. 니모쿠카이 정기 모임의 목적은 서로 정보를 주고받으며 긴밀한 협조를 통해 통일된 정책을 결정하기 위함이다.

니모쿠카이는 표면적으로 보면 단지 연장자들의 모임 같지만 실제로는 매우 긴밀한 관계를 유지하고 있으며 최고 경영자의 임용을 결정하는 역할을 한다. 도시바는 미쓰이 그룹의 중요 구성원 중 하나이다. '재건의 왕'이라 불리는 도시바의 전 사장 도코 도시오는 원래 미쓰이 그룹의 또 다른 기업인 이시카와지마하리마 중공업의 사장이었다. 도시바의 경영에 중대한 문제가 발생했을 때 당시 도시바의 회장을 맡고 있던 이시자카 다이조가 직접 도코 도시오를 도시바의 사장으로 임명했다.

이러한 고급 경영인들이 그룹 내부에서 유동적으로 옮겨 다니는 일은 당시에도 그렇고 현재에도 미쓰이 내부에서는 매우 보편적인 일이었다. 그룹에서 비교적 주식 출자를 많이 한 회사에는 상사(商社)에서 고층 간부를 보내어 관리하도록 했다. 그러나 주식 출자 비율이 그다지 높지 않은 회사에는 관리할 사람을 파견하지 않았고 이러한 회사들의 명칭에 '미쓰이'라는 글자를 사용하도록 허가하지 않았다.

미쓰이 그룹의 일상적인 업무 협조 및 정책결정 기구는 종합상사인 미쓰이 물산이다. 미쓰이 물산에서는 업무 부문에서 투자 항목을 발견해 초기 단계의 분석과 판단을 진행하고 나면 부문을 이끄는 관리자들이 1년 정도 조사하여 연구 고찰을 진행한다. 고찰이 끝나고 나면 미쓰이 물산에 속한 부문의 부장에게 보고하고 부장은 투자 여부를 결정한다. 미쓰이 물산은 통상 그룹에 소속된 기업의 공동 투자를 요청하지만 만약 요청을 받은 어느 기업이 투자에 참여하기를 원하지 않더라도 상관없다. 어쨌든 그룹의 구성원은 매우 많으므로 이미 고찰한 항목에 대해 흥미를 느끼는 구성원이 있기 마련이다. 심지어 미쓰이 그룹은 다른 그룹의 기업이 그 항목에 투자하도록 요청하기도 하는데 이는 이미 상당히 보편적인 현상이다.

그러므로 미쓰이 물산 내부에는 그룹 소속 기업에 대한 강제적인 관리와 통제가 존재하지 않는다. 왜냐하면 그럴 필요가 없기 때문이다. 미쓰이 물산은 한편으로는 그룹에 소속된 기타 기업의 주주이고 다른 한편으로는 이러한 기업의 유휴 자금 통제권을 가진 명령권자이다. 이들은 모두 공급과 수요 관계에 따라 이익 관계를 같이 하므로 미쓰이 물산은 그룹 소속 기업이 일일이 명령에 따르게 할 필요가 없다. 미쓰이 그룹은 어느 한 부분이 손해를 보면 다 같이 손해를 보고, 어느 한 부분이 번창하면 다 같이 번창하는 상업구조 형식으로 되어 있다.

미쓰이가 투자 및 주식 출자를 한 기업은 전 세계적으로 분포되어 있다. 그러나 미쓰이 관련 기업 중 기본적으로 미쓰이의 명칭을 쓰는 기업은 찾아볼 수 없다. 미쓰이는 마치 한 척의 잠수함처럼 우리 주위에 잠복하고 있지만 우리는 그 존재를 깨닫지 못한다.

일본 경제는 하나의 대형 종합상사라고 해도 과언이 아니다. 심지어 서양 사람들은 일본을 일컬어 '대일본 회사'라고 하기도 한다. 일본 경제는 어떻게 이러한 형식의 경제구조를 형성했는가?

2차 세계대전 후 일본의 경제는 전면적으로 붕괴되었고 일본 기업의 경쟁력은 유럽과 미국의 기업보다 훨씬 뒤처졌다. 기업의 국제 경쟁력을 높이기 위해 1950년대에 일본에서는 대기업 간의 합병, 협력 및 생산을 재조직하는 일이 빈번하게 이루어졌다. 이는 당시 시대의 흐름이기도 했다.

1953년 일본 정부는 〈독점 금지법〉을 수정해 제재를 완화했고 미쓰이, 미쓰비시 등 오래된 재벌을 다시 모으기 시작했다. 그 밖에도 일본 정부는 그룹 간의 상호 주식 보유와 인사 파견 등을 격려해 그룹 간의 유대를 형성시켰고 이를 통해 대외 경쟁력을 강화했다. 예를 들어 미쓰이 물산의 도쿄 본부에서 일하는 직원은 미쓰비시 상사 모 부장의 아들이었다. 이러한 정책으로 일본 그룹의 형성과 발전을 촉진했으며 정부의 전폭적인 지원 아래 대형 그룹들은 모든 분야의 산업에 걸쳐 일본 경제의 기초를 구성하고 국가 경제의 명맥을 장악하고 있었다.

미쓰이 물산은 생산설비를 갖추지 않았고 직접적으로 생산에 종사하지도 않는다. 미쓰이의 임무는 전 세계의 정보, 인력, 재력 등 각종 자원을 동원해 그룹에 속한 각각의 기업을 위해 봉사하고 각 산업을 연결하며 또한 그룹이 새로운 업무를 창립하거나 새로운 산업에 진입하는 일에 도움을 주는 것이다. 바로 이 때문에 미쓰이 물산이 '산업 조직자'라는 별칭을 얻은 것이다.

철강산업을 예로 들어보자. 오스트레일리아, 브라질 등 매장지가 밀집된 지역에서는 곳곳에서 미쓰이에 속해 있는 회사인 신닛테쓰의 상표를 볼 수 있다. 미쓰이 상선은 각국의 철강기업에 철광석 운수 서비스를 제공한다. 또한 운수에 쓰이는 대형 선박은 미쓰이 선박에서 제조한다. 미쓰이 물산은 모든 산업이 연쇄적으로 연결되어 있고 서로 협조하고 있다. 미쓰이는 중개자로서 공급자 측의 조건과 수요자 측의 수요를 알고 있기 때문에 당연히 업계 내에서 강력한 발언권을 가질 수밖에 없다.

그 밖에도 미쓰이 물산은 대주주가 되는 경우가 극히 드물다. 그들은 일반적으로 투자한 기업의 5~10% 주식을 소유하거나 심지어 이보다 더 적게 소유하는 경우도 있다. 그러나 그들은 통상 미쓰이에 속한 관련 기업들과 연계해 공동으로 투자하는데 이는 대주주로서 투자하는 경우보다 이익이 몇 배나 된다. 이 때문에 미쓰이 물산은 업계에서 '투자 확대기'라고도 불린다.

종합상사는 일본 경제에서만 존재하는 매우 독특한 스타일의 기업

형태이다. 미쓰이 물산의 전 사장 우에시마 시게지는 종합상사에 대해 매우 훌륭하게 설명했다.

"종합상사가 왜 유독 일본에서만 발전할 수 있었을까요? 왜냐하면 일본은 자원이 전혀 없는 나라라고 할 수 있기 때문입니다. 바로 이것이 근본적인 이유입니다. 자원이 없으므로 현대화된 공업 국가로 발전하기 위해서는 외국의 자원에 의존해야만 합니다. 외국의 자원과 기술을 일본에 들여와 일본의 산업을 발전시킵니다. 자원이나 기술을 사들이기 위해서는 외화가 필요하고 그러기 위해서는 일본의 상품을 해외에 팔아야 합니다. 종합상사는 바로 이러한 일을 하는 회사이며 우리는 전 세계를 대상으로 일을 진행합니다."

미쓰이 물산은 모든 사람이 다 알고 있는 자동차 생산회사인 도요타, 전자제품 생산기업 도시바, 조선 공장, 미쓰이 선박, 제지공장인 오지 제지, 미쓰이 광산, 미쓰이 생명보험, 미쓰이 신탁 은행에 관여하고 있으며 심지어 일본의 주요 신문 중의 하나인 〈일본 게이자이(經濟) 신문〉도 미쓰이 그룹에 속해 있다. 창립 초기에 〈일본 게이자이 신문〉은 미쓰이 물산의 사내 신문이었고 당시에는 〈국내외 물가 신문〉이라 불리며 미쓰이에 속한 각 기업에 경영 정보를 제공했다.

미쓰이 물산뿐 아니라 미쓰비시, 스미토모, 이토추, 마루베니와 같은 일본의 종합상사들은 대부분 모든 산업이 연쇄적으로 구성되어 있다. 그들의 목적은 전체 산업이 고른 발전을 이루는 데 협조하고 지나치게 뛰어나거나 뒤처지는 분야가 없도록 하는 것이다. 이러한 종합상사는 일본의 산업구조조정에 대단한 공헌을 했다.

일본 종합상사의 전략은 집중된 것을 분산시키는 것이다. 2004년에 미쓰이 물산은 경영 액수가 가장 큰 원자력과 광산업 부문을 분립시켰다. 이 결정으로 미쓰이 물산은 세계 500대 기업 순위에서 177위로 뒤처지게 되었다. 누군가 말했다.

"만약 미쓰이 물산이 마음만 먹었다면 부분적인 투자회사의 수익을 회계에 합치거나 그룹 내의 기업과 합병해서 간단하게 세계 500대 기업 순위에서 1위를 차지했을 겁니다."

미쓰이 그룹의 전략은 마치 그림자처럼 기업의 배후에 서서 자신들이 가진 풍부한 자본과 발달한 무역 체계 및 풍부한 자원을 이용해 세계 경제 구석구석에 침투하는 것이다.

도시바가 2006년 웨스팅하우스(Westinghouse) 일렉트로닉과 경쟁 입찰에 붙었을 무렵, 미쓰이 물산은 전 세계 시장의 우라늄 자원을 사들이기 시작했다. 카자흐스탄의 우라늄 매장량은 세계 3위로, 전 세계 매장량의 25%를 차지하고 있다.

2006년 2월 카자흐스탄과 미쓰이 물산, 간사이 전력주식회사는 합작 투자회사를 설립했고 1분기 투자 예산액은 1억 달러에 달했다. 2010년 이전 합작회사의 우라늄 채굴량은 매년 1,000톤에 달했고 이는 주로 일본에 팔려나갔다.

일반 사람들에게는 도시바와 웨스팅하우스 일렉트로닉의 입찰 경쟁과 미쓰이가 우라늄을 구매한 일이 아무 상관이 없는 것처럼 보일지도 모른다. 하지만 일단 도시바와 미쓰이의 밀접한 관계를 알고 나면 경쟁 입찰과 우라늄 구매의 배후 관계를 쉽게 추측할 수 있을 것이다. 미쓰이가 대규모로 우라늄을 사들인 이유는 바로 도시바의 원자력 발전 사업에 충분한 원료를 제공하기 위해서였다.

농작물, 광산 자원 및 소비품, 그리고 원재료, 중간재 혹은 최종 단계 상품의 생산 및 무역과 유통에 이르기까지 미쓰이 그룹은 모든 단계에서 전체 산업이 통일된 정책 아래 긴밀하게 협조하고 있다. 그들은 배후에서 자신의 하위 회사 및 관련 기업을 이끌고 시장 및 자원, 분야를 끊임없이 확대하여 이윤의 최대화를 모색한다.

Point

미쓰이 물산은 도대체 어떤 일을 하는 기업일까?
미쓰이 물산의 중국 부대표는 이에 대해 의미 있는 소개를 하고 있다.
"우리가 무슨 일을 하는가 묻는 것보다는 무슨 일을 하지 않는가 묻는 편이 나을 겁니다. 우리는 독약, 무기나 탄약 등 법률에 위배되는 일을 제외한 모든 분야를 기회가 되면 전부 합니다."

제 **8** 장

미쓰비시

― 탁월한 품질 ―

미쓰비시 그룹은 오늘날 195개의 관련 기업 및 자회사를 거느리고 있다. 그들은 일본 공업의 현대화에 있어 아주 중요한 역할을 담당하고 있다. 미쓰비시 그룹은 1870년 10월에 이와사키 야타로가 토사번(土佐藩. 현 일본의 시코쿠(四國) 남부 고치(高知) 현에 해당)에 쓰쿠모 상회(九十九商會)를 설립하면서 시작되었고 1873년 3월 미쓰비시 상사(商社)로 명칭이 바뀌었다. 미쓰비시는 채광, 조선, 은행, 보험, 창고 및 무역 분야에 발을 들였고 이어 제지, 철강, 유리, 전기설비, 항공, 석유, 부동산 등의 사업을 경영하게 된다.

미쓰비시 그룹은 100년이 넘는 역사를 가지고 있다. 메이지 유신 이후 미쓰비시 그룹은 진정한 의미의 발전 기로에 들어섰다. 메이지 정부의 산업 진흥정책에 따라 미쓰비시 그룹은 정부 관할의 탄광업, 조선업을 사들여 경영 범위를 더욱 확대했다. 이와사키 야타로가 세상을 떠난 후 이와사키 야노스케, 이와사키 히사야가 미쓰비시 그룹을 이어받으면서 경영 범위는 더욱 확장되었고 정치권과 특별한 관계의 상인에서 재벌로 전환하게 된다. 제1차 세계대전 덕분에 미쓰비시의 사업은 비약적으로 발전했고 미쓰비시 합자회사는 은행 부문, 조선 부문, 영업 부문 등을 소유한 대기업이 되었다. 1917년부터 1921년에 이르기까지 미쓰비시 합자회사는 직접 경영하던 산업을 점점 분리하고 재벌 독점체재를 확립했다.

미쓰비시 그룹은 해양 운수업으로 시작해서 연료, 탄광업 및 조선업에 이르렀고 이는 후에 미쓰비시 중공업으로 바뀌었다. 이와 동시에 중화학 공업 분야에도 착수했다. 그러나 2차 세계대전 후 일본의 재벌은 모두 강제 해산되었고 미쓰비시 그룹의 본사 또한 마찬가지였다. 미쓰비시 중공업, 미쓰비시 탄광업도 경제력이 과도하게 몰려 있다는 이유로 분리되어 미쓰비시 재벌은 중대한 타격을 받았다.

하지만 1950년 한국 전쟁을 계기로 미쓰비시는 다시금 대기업의 지위를 회복한다. 원래 미쓰비시 재벌의 이름 아래 있던 회사들이 새롭게 합병을 시작했던 것이다. 미쓰비시 그룹의 중역 회의는 통칭 금요일 회의라 불리는데 총 29개의 미쓰비시 그룹 직계 기업으로 구성되어 있다. 이 외에도 미쓰비시 광고 위원회라는 조직이 있는데 이 위원회는 금요일 회의의 구성원을 제외한 17개 회사로 구성되어 있다. 그 밖에도 수많은 미쓰비시 계열 혹은 준 미쓰비시 계열로 간주되는 회사가 있다.

미쓰비시 중공업은 군수 물자를 생산하는 기업 중 일본에서 최대 규모였다. 미쓰비시 자동차는 미쓰비시 기업의 일부분에 불과하지만 일본 자동차업계에서 가장 뛰어난 연구개발 능력을 보유한 자동차 제작사다. 미쓰비시 창고, 닛폰유센(日本郵船), 미쓰비시 상사는 모두 오랜 전통을 자랑하는 일본의 대형 기업으로 투자 범위는 조선업 및 기타 중공업, 보험, 은행, 원자력 연구 및 컴퓨터 전자 설계에까지 이른다. 또한 일본의 우주 연구계획의 주간(主幹)이 되는 우주 로켓의 설계와 제조도 포함된다.

가족 내에서의 기업 계승으로
단결을 도모하다

  미쓰비시는 현재 일본의 6대 대기업 중에서 최고의 위치를 차지하고 있다. 100년이 넘는 긴 시간 동안 미쓰비시는 일본에서 '가장 강력하고 가장 거대한 기업'이 되었다.

  조화와 단결은 미쓰비시 그룹의 흥성에 있어 중요한 요소로 작용했다. 특히 이와사키 가문은 계속해서 인재를 배출해왔다. 이와사키 야타로가 세상을 떠난 후에는 그의 동생 이와사키 야노스케가 그 자리를 이어받았다. 제3대 총수는 이와사키 야타로의 아들 이와사키 히사야, 제4대 총수는 이와사키 야노스케의 아들 이와사키 고야타이다. 이와사키 일가는 비교적 결속력이 강하며 지금까지 권력과 이익을 다투는 내분이 일어난 적이 한 번도 없었다.

  미쓰비시 그룹의 창시자 이와사키 야타로(1834~1885)는 주로 막부 말기와 메이지 초기에 활약했던 인물로 메이지 전기의 저명한 기업가다. 그는 대담하고 도전적인 성격으로 1873년에 관직을 그만두고 장사를 시작해 사유기업인 해운회사 '미쓰비시 상회'를 세웠다.

1874년 그는 일본 정부의 대만 침략을 위한 군사 운수의 임무를 맡아 해운업계의 정상(政商)이 되었다. 그의 경영 아래 미쓰비시는 탄탄한 경제적 기초를 다졌고 해상업계의 제왕이 되었다. 기업관리 방면에서 이와사키 야타로는 '사장 독재주의'를 고수하며 회사의 규정〈미쓰비시 기선회사 규칙〉을 제정했고 또한 경영 방면에서 '이와사키 사장의 진두지휘 체제'의 기초를 다지기 위해 회사의 중대한 업무는 본인이 직접 결재했다. 1885년 2월, 이와사키 야타로는 위암으로 53세에 세상을 떠났다.

이와사키 야타로와 동생 이와사키 야노스케는 매우 밀접한 관계였다. 이와사키 야노스케는 형 이와사키 야타로보다 17살이나 어렸고 전혀 다른 성격을 가지고 있었지만 형의 경영 포인트를 전수받아 사업기반을 이어받은 후 곧 정상에 올려놓았다. 즉 이와사키 야노스케는 이와사키 야타로의 유지를 이루어냈다고 할 수 있다.

이와사키 야노스케는 형을 매우 존경했고 그의 말이라면 무조건 따랐다. 두 형제는 우애가 매우 두터웠다. 이와사키 야타로는 동생의 이런 마음을 저버리지 않고 책임지고 인재로 길러 냈다. 그는 그전부터 동생의 미래를 위해 구상해 놓은 계획이 있었다. 이와사키 야타로의 경영이념은 '가족 경영'이 기본으로 그가 기반을 닦아 놓은 기업을 당연히 동생이 계승해야 한다고 생각했던 것이다. 그래서 그에게는 동생을 바르게 교육하는 일이 미쓰비시의 사업과 마찬가지로 매우 중요했다.

이와사키 야타로는 영어를 잘하지 못해서 사업을 발전시키는 데 많은 불편을 겪었다. 그래서 그는 동생의 견문을 더 넓히기 위해 유학을 권유한다. 이와사키 야노스케는 이런 형의 제안을 받아들여 1872년에 미국 뉴욕으로 유학을 떠났다. 이와사키 야타로는 이 유학에 매우 큰 기대를 하고 있었다. 그는 동생에게 보내는 편지에 썼다.

"앞으로 네가 내 사업에 가장 좋은 조력자가 되기를 희망한다."

이와사키 야타로는 동생에게 필요한 학비를 아낌없이 제공해 주었다. 이와사키 야노스케가 유학하는 동안 야타로는 계속 편지를 보내 그의 학업을 격려했다. 그는 편지에 썼다.

"사람의 사업이 성공할지 여부는 바로 그의 의지에 달려 있다. 우리는 반드시 이를 견지해야 큰일을 이룰 수 있다. 네가 언제 돌아올지는 모르겠지만 어쨌든 나는 너의 유학생활을 계속 지지하마."

그뿐만 아니라 이와사키 야타로는 사실상 부친이나 다름없는 형으로서 이와사키 야노스케를 위해 혼처까지 정해 두었다. 지금까지 무슨 일이든지 형의 말을 따랐으니 이번에도 동생이 반드시 동의할 것으로 생각했다.

한편 이와사키 야타로는 자신을 보조하는 몇 명의 직원들에게 그다지 만족하지 못했고 시간이 지날수록 동생의 도움이 간절해졌다. 그는 가문의 사업은 동생에게 맡겨야 가장 안심할 수 있다고 생각했다.

1873년 2월, 그는 야노스케에게 편지를 써서 빨리 귀국해 자신의 경영을 도와달라고 부탁했다. 그러나 이때 야노스케는 형의 부름에 즉각 응하지 않았다. 같은 해 7월에 부친 이와사키 야지로가 세상을 떠나자 이와사키 야타로는 이를 구실로 다시 한 번 부탁했다.

"아무래도 한창 학업 중이니 귀국하고 싶지는 않겠지. 네 심정은 나도 충분히 이해한다. 그래도 나는 네가 귀국했으면 한다. 나중에 기회가 있을 때 다시 유학을 가도록 해라."

이 편지를 받고 이와사키 야노스케는 즉각 짐을 싸서 귀국길에 올랐다. 귀국 후 그는 이와사키 야타로의 상회에서 부사장 직책을 맡아 형을 보조했다. 외국 유학 경험이 있는 이와사키 야노스케는 진보적인 현대 엘리트로서 이와사키 야타로를 도왔다. 그는 총명하고 침착하며 일 처리가 꼼꼼하기로 유명했다. 그는 유학에서 배운 지식을 활용해 선진적인 관리 방법과 개념을 도입하여 미쓰비시의 발전을 더욱 신속하게 이끌어 갔다.

이와사키 야노스케(1851~1908)는 형 야타로의 뒤를 이어 미쓰비시의 제2대 사장을 맡았다. 그는 미쓰비시 우정(郵政) 증기선 회사를 미쓰비시사(三菱社)로 개명하고 주로 광산업과 조선업을 경영했다. 또한 1893년에는 150만 엔을 투자해 도쿄 마루노우치 일대의 10만 평이 넘는 토지를 매입하고 부동산을 경영했다. 이렇게 미쓰비시는 종합적인 기업으로 발전해 나갔다. 이와사키 야노스케는 미쓰비시의 주요 업무였던 해운업을 광산업과 조선업 분야로 바꾸고 정계와 결탁한 상인에서 공업 자본가로 탈바꿈시켰다. 그는 미쓰비시를 다시 세웠고 기업의 근대화에 중요한 역할을 한 인물이었다.

비록 이와사키 야노스케가 사업에서 대단한 성공을 거두었지만 그는 형 이와사키 야타로가 자신을 기르고 기회를 주었다는 사실을 한시도 잊은 적이 없었다. 그는 형의 영향을 받아 가족의식이 짙은 사람이었다. 그는 항상 미쓰비시는 야타로의 개인 사업이며 단지 자신은 형을 대신해 가업을 운영하고 있을 뿐이라고 생각했다.

이와사키 야타로는 죽기 전에 자신의 아들 이와사키 히사야를 야노스케에게 맡기고 히사야가 성인이 된 후 그가 사장을 맡을 수 있게 도와달라고 부탁했다. 이와사키 야노스케는 형의 유언에 한 번도 다른 마음을 품은 적이 없었다. 그는 형의 유언을 지켜 조카를 정성스럽게 교육했다. 그리고 형이 예전에 자신에게 한 것처럼 1886년에 이와사키 히사야를 미국으로 유학 보낸다.

이와사키 히사야가 학업을 마치고 귀국하기 전에 이와사키 야노스케는 조카가 귀국한 후 사장 자리에 오를 수 있도록 기반을 마련하기 시작했다. 그는 이전에 이와사키 야타로와 함께 창업을 했던 가와다 고이치로(그는 야노스케보다 15세 연장자였다.)에게 자발적인 퇴임을 권유했다. 동시에 그는 미쓰비시 사를 미쓰비시 주식회사로 바꾸고 이와사키 히사야가 비교적 순조롭게 경영에 임할 수 있도록 안배해 놓았다.

1893년 12월, 이와사키 야노스케는 사장직에서 물러났고 이와사키 히사야가 사장을 맡았다. 이와사키 야노스케 자신은 이선으로 물러나 감독자로서 활동했는데 그때 그의 나이는 고작 42세에 불과했다. 그러나 실질적으로 미쓰비시는 1907년까지 이와사키 야노스케의 지휘 아래 있었다. 그리고 이와사키 히사야는 사장에 취임한 후에도 숙부의 의견을 매우 존중했다.

한편 이와사키 야노스케는 가업을 견고히 하기 위해 이와사키의 가풍을 개혁했다.

1891년에 그는 도요카와, 요시무라, 후지오카 등 친족을 이와사키 가에서 분리시키고 이와사키 야타로 가를 본가로 삼은 다음 자신은 분가가 되었다. 이는 이와사키 야타로가 천신만고 끝에 창설한 가업이 유실되는 것을 막기 위해서였다. 또한 그는 재산을 분할할 때 자신처럼 미쓰비시 창업에 중대한 공헌을 한 사람을 배재하고 이와사키가가 가지고 있는 미쓰비시의 모든 권익을 전부 이와사키 야타로에게 귀속시켰다. 분가가 얻은 재산은 본가의 4분의 1에 지나지 않았다.

미쓰비시의 제3대 사장 이와사키 히사야(1865~1955)는 미국에서 5년간 유학하며 경영학 학위를 받았다. 그는 이성적이고 성실하게 일을 처리했으며 기업관리 방면에 전문적인 지식을 가지고 있었다. 그는 가업 발전 노선을 견지하는 가운데 광산업을 계속해서 발전시키고 군수 관련 조선업을 중점적으로 진흥시키며 다양한 업종의 경영을 실행했다.

1913년을 전후로 미쓰비시는 일본의 광산업과 조선업 분야에서 중요한 지위를 확립했고 동시에 무역업, 금융업, 부동산 경영을 병행했다.

이와사키 히사야는 미쓰비시를 굴지의 종합적인 대기업으로 발전시켰고 이러한 발전은 1916년까지 순탄하게 계속되었다. 숙부 이와사키 야노스케의 은혜에 보답하기 위해 이와사키 히사야는 52세에 미쓰비시 사장의 직권을 이와사키 야노스케의 장남 이와사키 고야타에게 넘겨주고 자신은 물러나 묵묵하게 농장을 경영했다.

이와사키 고야타(1878~1945)는 미쓰비시에서 가장 오랫동안 사장 직을 맡은 사람이었다. 그는 영국에서 5년간 유학하고 역사학 학사 학위를 받았다. 그는 결단력 있게 업무를 처리했고 기백이 넘치는 사람이었다. 사장 취임 후 그는 미쓰비시의 관리체제를 조정하고 부속 회사에 대한 본사의 통제 능력을 강화시켰다.

이와사키 가문은 연속으로 걸출한 기업가 4명을 배출해냈을 뿐 아니라 가문 내에서 권력이나 이익을 다투는 분쟁이 일어난 적이 없었다. 오히려 이와사키 야노스케와 이와사키 히사야는 인생의 황금기에 스스로 물러나 자신의 지위를 다른 능력 있는 사람에게 물려주었다. 이로 말미암아 미쓰비시 사장의 직권은 이와사키 가문 내에서 안정적으로 전해질 수 있었고 가족의 내분과 단절 현상을 막았다. 이는 미쓰비시 재벌의 지속적인 발전에 매우 유리했다. 이와사키 가문 대대로 배출한 능력 있는 경영자와 가족 내부의 조화와 단결은 미쓰비시 재벌의 발전에 있어 중요한 요소였다.

Point

이와사키 야타로는 임종 시에 다음과 같이 말했다.
"이와사키 가는 자고로 본처의 자식을 중시해 왔다. 나는 히사야가 이와사키 가를 계승하고 야노스케가 보조해주기를 바란다. …… 야노스케는 우리 사업을 쇠퇴시켜서는 안 된다."

인재를 제일로 여기다

이와사키 야타로는 미쓰비시 왕국을 이루는 데 있어 인재를 제일 우선적인 조건으로 여겼다. 그는 평생 배움에 힘썼고 인재의 육성을 적극적으로 주장했다. 인재를 초빙하는 일이 얼마나 중요한지 잘 알고 있었기 때문이었다. 이와사키 야타로는 일본에서 처음으로 상업 분야에 지식층을 기용한 사람이었다. 그는 말했다.

"전에는 우리 회사에서도 일반적인 사람들을 임용했지만 그런 사람들은 그다지 좋은 교육을 받지 못해서 일의 경중을 모릅니다. 보통 사람을 학자로 만들기는 매우 어렵지만 배운 사람은 어떻게 하면 장사를 비교적 쉽게 할 수 있을지 훤히 알고 있습니다. 그러므로 요즘 저는 일부러 배운 사람을 초빙해 임용하고 있습니다."

그는 우수한 인재를 많이 발굴했고 회계와 출납 업무도 장사꾼이 아닌 지식인을 고용하기를 원했다. 그는 지식인은 대부분 열심히 일하고 청렴하므로 장부를 위조할 염려가 없다고 생각했다. 또한 상점의 주인이나 점원은 대부분 무학무능한 사람들이어서 업무를 담당하기에 부족했다.

　이와사키 야타로는 사람을 고용하는 데 있어 자기만의 원칙이 있었다. 그는 절대 개인주의자를 고용하지 않았다. 누구든지 일단 회사에 들어가면 이와사키 야타로와 주종관계를 지켜야 한다. 이와사키 야타로 본인이 자아의식이 매우 강한 사람이기 때문이었다.

　이와사키 야타로는 비록 독단적인 사람이었지만 인재를 대우할 줄 알았다. 그는 토사번의 하급 무사 중에서 날카롭고 결단력 있는 이시카와 시치자이를 발탁했고 토사번 빈민촌 촌장 집안의 가와다 고이치로를 기용했다. 그는 자신의 안목을 믿었고 동료를 신임했다. 그는 이러한 인재들에게 중책을 맡기고 더욱 아끼고 대우해 주었다. 그는 부하직원들에게 다음과 같이 말한 적이 있다.

　"나는 개구리가 올챙이 적 생각을 하지 못하는 것을 가장 싫어합니다. 우리 회사 사원 중에서 근면하고 회사에 충성하는 사람이 있다면 나는 반드시 마음을 다해 그를 대우할 것입니다. 절대 그들에게 배고프고 고통스러운 경험을 겪게 하지 않겠습니다."

　1868년에 이와사키 야타로는 이시카와 시치자이와 가와다 고이치로를 간부로 승진시켰고 많은 신입 직원을 채용했다. 그중에는 곤도 렌페이(닛폰유센 사장을 역임)도 포함되어 있었다. 이시카와의 첫 월급은 150엔이었으나 곤도의 첫 월급은 단지 5엔에 불과했다. 당시 곤도 렌페이는 가장 높은 학력을 가진 사람이었지만 그가 처음으로 맡은 일은 편지 봉투를 쓰는 일이었고 그는 매우 실망했다. 그러나 얼마 지나지 않아 곤도 렌페이는 높은 평가를 받아 오사카에 있는 이와사키 저택 내의 영어 학교 교장을 맡게 되었다. 또한 쇼다 헤이고로는 일본 최초의 화이트 컬러라는 영예를 얻은 인물로 원래 통역사였으나 미쓰비시에 입사한 지 2년째 되는 해에 회계국 사무장으로 승진했고 파격적으로 125엔의 월급을 받았다.

이와사키 야타로는 예리한 안목으로 학력의 높고 낮음에 상관없이 재능 있는 인재를 발견해냈고 부하직원들의 능력을 발휘시켰다.

메이지 시대 이전의 일본에서는 상업에 종사하는 것을 부끄럽게 여겼다. 이와사키 야타로가 상업 분야에서 종횡무진 활약하던 시기는 일본 사회가 이제 막 도쿠가와 막부가 지배하던 봉건제도에서 벗어난 무렵이었다. 당시 사람들의 도덕관, 가치관은 여전히 막부의 전통을 답습하고 있었기 때문에 무사를 영광스럽게 여기고 상업에 종사하는 것을 부끄럽게 여겼다.

이와사키 야타로는 이미 하급 무사의 빈곤을 지긋지긋하게 맛보았던 터라 오직 상인으로서의 가치관을 추구했고 상업 분야의 사업을 일으키는 데 주력했다. 그리고 그는 회사 내부의 사원들도 교육을 통해 진정한 상인으로 거듭나게 했다.

처음 미쓰비시라는 글자가 새겨진 회사의 제복을 입고 고객을 방문했을 때 이시카와 시치자이는 마음속으로 매우 불편해했다. 그러자 이와사키 야타로는 그에게 다음과 같이 가르쳤다.

"당신은 당신보다 신분과 지위가 낮은 사람에게 머리를 숙인다고 해서 굴욕감을 느끼면 안 되오. 한번 생각해보시오. 당신은 돈을 향해 머리를 숙이는 것이지 사람에게 하는 것이 아니오. 그렇게 생각하면 좀 더 받아들이기 쉬울 것이오."

그는 이시카와에게 부채 하나를 보냈는데 부채에는 당시의 일본 화폐가 붙여져 있었다.

"앞으로 당신이 마음이 답답하고 괴로울 때 이 부채를 꺼내어 보시오. 그러면 마음이 좀 나아질 것이오."

이 일화는 일본에서 유명하다. 증기회사와 경쟁을 할 때 이와사키 야타로는 미쓰비시의 직원 모두에게 번호가 달린 제복을 입도록 해 진정한 상인의 모습과 마음가짐으로 고객 앞에 나서게 했다. 결국 이러한 경영방식은 관료식 경영방식보다 더 고객의 환영을 받았다.

Point

이와사키 야타로는 일본에서 처음으로 상업 분야에 지식층을 기용한 사람이다. 그는 다음과 같이 말했다.
"처음에 저는 기선 공사에 일반 사람들을 임용했지만 그들은 그다지 좋은 교육을 받지 못해서 일의 경중을 구별하지 못합니다. 보통 사람을 학자로 만들기는 매우 어렵지만 배운 사람은 어떻게 하면 장사를 비교적 쉽게 할 수 있을지 훤히 알고 있습니다. 그러므로 요즘 저는 일부러 배운 사람을 초빙해 임용하고 있습니다."

집중적인 관리와 협력

1870년대에 들어선 후 미국과 서유럽의 여러 나라는 스태그플레이션 (stagflation)으로 어려움을 겪고 있었다. 그러나 유일하게 일본만은 흔들리지 않았다. 그 이유는 무엇일까? 일반적으로 사람들은 일본 경제의 강대한 근원이 바로 일본식 경영, 즉 가족주의 경영체제에 있다고 생각한다.

미쓰비시 그룹은 일본식 가족주의 경영체제의 전형적인 본보기라 할수 있다. 2차 세계대전 이전에 미쓰비시에서는 사원들이 회사에 충성을 바쳤고 이와사키 가문이 그 안에서 절대적인 위치를 차지하고 있었다. 제4대 사장 이와사키 고야타는 직원들에게 공개적으로 이야기한 적이 있다.

"여러분은 이와사키 가문의 신하가 아닙니다."

이를 통해 미쓰비시 직원들의 머릿속에는 가족주의 의식이 존재하고 있었음을 짐작할 수 있다.

이와사키 야타로는 가족주의 경영이념을 실천하기 위해 평생 고군분투했다. 가족주의 경영은 이와사키 야타로가 창립한 미쓰비시를 대표하는 이념이라 할 수 있다. 이와사키 야타로의 공헌으로 일본 대다수 기업에 가족의식이 대입되었고 이러한 이념은 일본의 기업에 깊이 뿌리내리게 되었다. 이는 현재 일본과 서양의 기업문화를 구별하는 가장 큰 특징이다.

미국의 기업을 예로 들면 기업 전체의 구성원은 주주, 관리자, 직원의 세 계층으로 명확하게 구분되어 있다. 각 계층은 독립적인 권리와 이에 상응하는 의무를 가진다. 이와 달리 일본은 직원과 경영자의 관계가 일종의 대가족식 결합체의 양상을 띠고 있으며 모든 직원과 경영자의 이익은 상통한다. 또한 그들 사이의 정감은 매우 밀접하다. 직원들은 기업에 강한 귀속감을 갖고 있으며 이것이 바로 일본 기업이 종종 종신고용제를 채택하는 내재적인 원인이다.

이와사키 야타로의 왕국이라 할 수 있는 미쓰비시에서 그는 일가의 가장으로 절대적인 권위를 누렸다. 미쓰비시는 비록 회사라고 불리기는 하지만 실제로는 완전히 한 가문의 사업이고 순수한 개인 기업이다. 미쓰비시가 다른 주식회사와 크게 다른 점은 회사와 관련된 일체의 업무를 사장 한 사람이 독단적으로 처리한다는 점이다. 회사의 이윤은 전부 사장에게로 귀속되며 회사의 손해 또한 전부 사장 한 사람의 책임이다.

미쓰비시에서 이와사키 야타로는 왕 같은 존재였다. 그는 직원들에게 자신에 대한 절대적인 충성을 요구하고 자신을 기만하는 행위를 절대 허락하지 않았다. 미쓰비시의 사지(社志)에는 다음과 같은 사항이 기재되어 있다.

"모 고위층 간부는 이번 달 5일에 사정을 알고도 보고하지 않았고 7일이 되도록 본인이 나서서 일을 마무리하지 못했으므로 이에 감봉과 강등 처분을 내린다. 무라노리 마코토, 몬덴 사네카타는 선원들의 공동 식사 구매담당을 맡고 있었으나 영수증을 제출할 때 쌀의 가격을 높게 보고했으므로 이에 면직한다."

2차 세계대전이 일어나기 전 미쓰비시는 4대째 이와사키 가문 사람이 사장이 되어 직접 경영하고 있었다. 이는 미쓰이와 스미토모 등의 재벌이 대리인을 초빙하는 방식과 완전히 상반된다. 후에 미쓰비시 그룹의 규모가 확대되고 경영이 다원화됨에 따라 미쓰비시에 속한 하급 회사도 점점 많아졌다. 그리고 이러한 회사들은 미쓰비시 본사가 그 주식을 소유하고 생산 경영 방면의 모든 사무를 통제하고 있었다. 또한 미쓰비시 본사는 여전히 이와사키 가문의 소유였는데 쇼와(昭和, 일본의 연호 중 하나로 1926년부터 1989년을 지칭—역주) 시대에 들어서 재벌이 소유한 주식에 대한 강제적인 공개가 시행된다. 이때 미쓰비시 중공업을 필두로 미쓰비시 재벌에 속한 기업의 주식이 어쩔 수 없이 공개되었다. 그렇지만 이와사키 가문은 여전히 기업 주식에 대한 통제권을 확보하고 있었다.

2차 세계대전 후 미쓰비시는 그룹으로 다시 조직되었고 더는 이와사키 가문이 지배하지 않게 되었다. 직원들은 이와사키 가문에 충성을 맹세할 필요가 없었고 대신 회사 자체에 충성을 맹세했다. 경영자나 일반 사원 모두 법인 회사에 충성을 다하면 되었다. 세계대전 전에 직원들이 재벌 가문에 충성한다는 것은 오로지 회사와 재벌 가문의 이익을 위해 자신의 모든 것을 아끼지 않는다는 의미였다. 그러나 세계대전 후 직원들의 충성은 회사를 위해서이기도 하지만 본인의 이익을 위해서이기도 하다. 직원은 회사를 위해 일하고 회사가 발전하면 회사의 복리와 직원의 월급은 자연히 증가한다. 자본주의 체계에서 경영자와 종업원은 회사를 위해 최선을 다하지만 이는 궁극적으로 자신의 이익을 위해서라고 할 수 있다. 그리고 경영자와 종업원, 법인으로서의 회사는 이미 일체화되어 회사와 개인의 이익이 밀접한 관계에 놓이게 되었다. 이것이 바로 현재와 세계대전 전의 재벌시대가 뚜렷하게 다른 부분이다.

일본의 대기업에서는 종종 노사분규가 나타난다. 그러나 미쓰비시 그룹은 대규모의 노사분규로 말미암아 세간의 주목을 받았던 적이 없다. 신(新)미쓰비시 중공의 연혁에는 다음과 같이 기술되어 있다.

"신미쓰비시 중공 직원의 기업의식은 매우 강하다. 매우 튼튼한 단결의식과 협력을 자랑한다."

미쓰이가 사람을 중시하는 기업이라면 미쓰비시는 조직을 중시하는 기업이라고 할 수 있다. 미쓰이 그룹은 사람 중심의 경영관리방식을 채택했기 때문에 가문의 내분 및 경영 지도자 계층 간의 권력투쟁과 이익 다툼이 흔하게 발생했다. 그러나 조직 중심의 미쓰비시는 대규모 인사분쟁이 발생하는 경우가 극히 드물었다. 미쓰비시는 연공서열을 기초로 직원을 임용하는 전통을 만들었고 격을 넘는 인재 발탁을 지양했기 때문에 인사분쟁이 발생하는 경우가 드물었다.

가족주의 기업으로서 미쓰비시는 줄곧 종신고용제를 고수해왔다. 1977년 대대적인 경영 감축 바람이 불었을 때조차 미쓰비시 상사는 직원을 해고하지 않는다는 원칙을 고수했다. 당시 사장이었던 다베

분이치로는 다음과 같이 말했다.

"모두 회사의 발전을 위해 전력을 다하고 있는데 지금 그들을 정리해고한다는 것은 있을 수 없는 일입니다. 우리는 지금까지 고락을 함께 해왔습니다. 이번에도 마음을 다해 협력해서 이 난관을 이겨냅시다."

이렇게 미쓰비시는 종신고용의 원칙을 지켰고 그 후에 직원들을 대상으로 65세 이전에 제2의 양로금 제도를 시행했다. 미쓰비시 직원들은 제2의 양로금과 정부에서 주는 양로금을 합쳐 매월 30만 엔을 받을 수 있었다. 이전의 종신고용제는 퇴직 후에 대한 보장은 없었지만 미쓰비시 그룹은 직원이 사망할 때까지 돌보았다.

Point

이와사키 야타로가 제정한 '회사 제도'에서는 다음과 같이 설명하고 있다.
"미쓰비시는 비록 회사의 명칭과 형태를 하고 있지만 실제로는 완전히 이와사키 가문의 사업이고 자금을 모아 설립된 기타 회사와 다르다. 그러므로 회사와 관련된 일체의 사무와 흥망성쇠는 모두 사장의 독단에 의거한다."

사원들의 품행과 탁월한 품질

이와사키 야타로는 일본에서 업계 최초로 지식층을 채용했고 게이오 기주쿠(慶應義塾, 현 게이오 대학의 전신—역주) 출신의 우수한 인재를 다수 발탁했다. 그리하여 미쓰비시 초기의 간부는 모두 고등교육을 받았고 이와사키 가문과 혈연관계가 있는 사람들이 많았는데 바로 그들이 미쓰비시 그룹의 보호막 역할을 했다. 그들은 라이벌 그룹인 미쓰이와의 경쟁에 있어서 중요한 요소로 작용했다.

지식층을 임용하는 전통은 지금까지도 변함이 없다. 미쓰비시는 고등교육기관 졸업생을 선발해 간부 후보생으로서 양성하고 나중에 기업의 최고 관리 부문에 배치한다. 다른 재벌들과 비교했을 때 미쓰비시의 역대 간부 중에는 정규교육을 받았거나 학력이 높은 사람이 차지하는 비중이 비교적 높다.

기업을 일상적으로 관리할 때 이와사키는 사소한 일부터 주의를 기울였다. 우연한 기회에 야타로는 고위 간부 한 사람을 그의 사택으로 불렀다. 그는 회사의 전용 용지를 사용한 결근계를 고위 간부에게 내밀며 그를 질책했다.

"당신 지금 뭐하는 겁니까?"

고위층 간부는 갑작스러운 불호령에 어찌 된 영문인지 몰라 어리둥 절해 있다가 야타로가 내민 종이를 자세히 살펴보고는 그때야 그 종이가 자신이 며칠 전에 회사의 전용 용지를 사용해 제출한 결근계라 는 것을 알게 되었다.

이와사키 야타로는 더욱 매서운 말투로 말했다.

"회사의 고위 간부라는 사람이 공사를 구분하지 못하고 회사의 물 건인 전용 용지를 낭비해 개인적인 결근계의 용도로 쓸 수 있는 겁니 까? 당신을 엄하게 처분하도록 하겠소."

그리하여 당장에 1년 동안의 감봉 처분이 내려졌다. 간부는 본인이 큰 잘못을 저질렀다는 사실을 깨닫고 바로 이와사키 야타로에게 사과 했다. 그는 자신에게 내려진 처분을 달게 받았으며 그 후로 더욱 적극 적으로 업무에 임하게 되었다.

이러한 일은 우리에게도 큰 교훈을 준다. 회사 생활을 하면서 그깟 회사 전용 용지 정도는 가볍게 쓸 수도 있지, 1년간의 감봉 처분은 너 무 심한 것 아닌가? 일반적으로 그런 가벼운 실수에는 무거운 처벌을 내리기보다는 기껏해야 '앞으로 조심하라'거나 '앞으로는 절대 그러지 마라' 경고를 주면 끝날 일이다. 그러나 직원들에게 경각심을 일깨워 주고 잘못을 바로잡기 위해 이와사키 야타로는 사소한 일에도 주의를 하고 그에 맞는 처벌을 내렸다.

'천 리 길 되는 제방이 개미구멍 하나로 무너진다'라는 말이 있듯이 보잘것없는 종이 한 장의 낭비가 회사경영 위기의 시작이 될 수도 있다. 만약 이와사키 야타로의 근검절약과 품행을 중시하는 정신이 없었다면 오늘날과 같은 강대한 미쓰비시는 상상할 수 없었을 것이다. 가난한 집안 출신으로 자신의 노력만으로 자수성가해 미쓰비시 같은 대단한 그룹을 세운 그의 업적은 이러한 정신과 불가분의 관계에 있다.

품행을 중시하는 그의 가치관은 미쓰비시 그룹의 경영이념에서 품질 제일주의를 강조하는 것으로 실현되었다. 미쓰비시는 끊임없이 새로운 과학 기술의 창조를 추구해왔다. 미국 미쓰비시 그룹의 위탁판매 책임자의 말에 의하면 다른 사람들은 박리다매의 형식으로 이윤을 얻지만 미쓰비시는 상품의 품질로 성공을 거두었다고 한다. 그들은 우수한 작업 기술로 높은 품질의 상품을 생산함으로써 세계적인 브랜드로 이름을 떨칠 수 있었다. 다만 한 가지 아쉬운 점은 이러한 이념이 미쓰비시의 하위 기업에서는 철저하게 지켜지지 않아 미쓰비시 브랜드 이미지에 손상을 준다는 점이다.

신용이 떨어지면 기업의 이미지가 심각하게 망가질 수 있다. 미쓰비시 모터스는 일본 자동차업계에서 4위를 차지하고 있고 1970년대에 파제로(Pajero)를 출시하면서 세상에 널리 이름을 알리게 되었다. 그러나 국적을 초월한 대기업이 되었음에도 불구하고 번번이 좋지 않은 소문이 돌았다. 연이은 자동차의 결함 탓에 리콜을 하기도 하고 고객의 소송을 은폐하는 등의 사건이 발생했는데도 미쓰비시 모터스는 오히려 자신들과 상관없다는 태도를 보였다.

비록 미쓰비시가 자동차 제조에 있어 선진 기술을 가지고 있기는 했지만 소비자는 미쓰비시가 단지 기술만 중요시할 뿐 품질은 등한시하며 양질의 사후 서비스를 제공하지 않는다는 것을 깨닫게 되었다.

가장 기본이 되는 신용이 떨어지면 격렬한 경쟁이 벌어지는 세계적 자동차 시장에서 그 기업은 발 디딜 곳이 없어진다.

미쓰비시 모터스의 가장 큰 문제는 바로 맹목적으로 기업 이미지와 상품 이미지를 옹호했다는 것이다. 그들은 그저 적절한 해결 방안을 찾기에만 급급했고 책임을 회피했다. 이런 편협한 생각은 기업 내부에 좋지 않은 풍조를 형성했다. 그들은 외부의 의견과 대중의 목소리에 무관심했고 소비자의 권익을 소홀히 여겼다. 미쓰비시 모터스의 이러한 문제는 비단 일본 국내에서만 발생한 것이 아니다. 그들은 해외 소비자들의 권익도 등한시했다. 중국에서 판매한 지프 파제로의 품질에 문제가 발견됐을 때 미쓰비시 측은 관련 부서에 이를 전달하지도 않았다. 문제가 대중에게 폭로되었을 때에도 미쓰비시는 소비자에게 사과하고 이에 대해 책임지기를 거절했고 이로 말미암아 중국 매체와 대중의 비난을 받았다. 이 일로 미쓰비시는 소비자에게 상처를 줌과 동시에 자신도 깊은 상처를 입게 되었다.

2001년 2월 9일, 중국의 수출입 검증 검역국은 긴급 공지를 발표해 일본 미쓰비시가 생산한 파제로의 PAJERO V31, V33 모델에 심각한 안전상의 결함이 있다는 점을 지적하며 즉시 수입상품 안전 품질 허가증을 취소했고 수입을 금지했다. 그에 따라 2001년 2월 12일 미쓰비시 모터스는 어쩔 수 없이 구형 파제로를 회수해 점검하기로 했다는 결정을 각 매체에 통보했다. 또한 중국 4개 지역에 있는 미쓰비시 총 대리점과 44곳의 특약 수리 서비스 센터의 관련 부서에 이미 이 사실을 통지했음을 알렸다.

2004년 6월 초, 미쓰비시 모터스는 리콜로 빚어질 수 있는 생산비의 손실을 피하기 위해 과거 10년 동안 발생한 차량의 결함을 숨겨왔다고 공개적으로 시인했다. 또한 16만 3천 대의 자동차를 리콜해 엔진 및 오일 탱크를 포함한 26군데의 결함을 수리할 것임을 발표했다. 결함을 속이다가 16만여 대의 차량을 리콜해야 한다고 공개적으로 시인한 일은 미쓰비시 모터스에 엄청난 타격을 주었다.

2004년 3월, 미쓰비시 모터스는 1년간 적자가 약 20억 달러에 달하며 2005년에도 손해액의 증가가 예상된다고 발표했다. 미쓰비시 모터스는 심각한 경영 위기를 맞고 있었다.

경쟁이 치열한 국내외 시장에서 최근 몇 년 동안 미쓰비시 모터스의 상황이 갈수록 악화된 것은 어찌 보면 당연한 일이다. 다른 자동차 생산 메이커가 손실을 만회하고 이윤을 증대하고 있는 상황에서 유일하게 미쓰비시 모터스만이 막대한 손해를 입고 있었다.

일련의 불미스런 사건은 미쓰비시 모터스의 브랜드 이미지에 짙은 먹구름을 드리웠고 상상할 수 없을 정도로 심각한 영향을 끼쳤다. 동시에 다른 기업들에게는 브랜드 이미지란 착실한 기업문화에 의해서 유지되는 것이라는 깨달음을 주었다.

Point

이와사키 야타로는 사소한 일부터 주의를 기울이고 품행을 중시했다. 그는 회사의 전용 용지를 개인적인 용도로 사용한 고위층 간부에게 다음과 같이 질책한 적이 있다.

"회사의 고위 간부라는 사람이 공사를 구분하지 못하고 회사의 물건인 전용 용지를 낭비해 개인적인 결근계의 용도로 쓸 수 있는 겁니까? 당신을 엄하게 처분하도록 하겠소."

그에게는 당장에 1년 동안의 감봉 처분이 내려졌다.